RIESENKRAKEN DER TIEFSEE

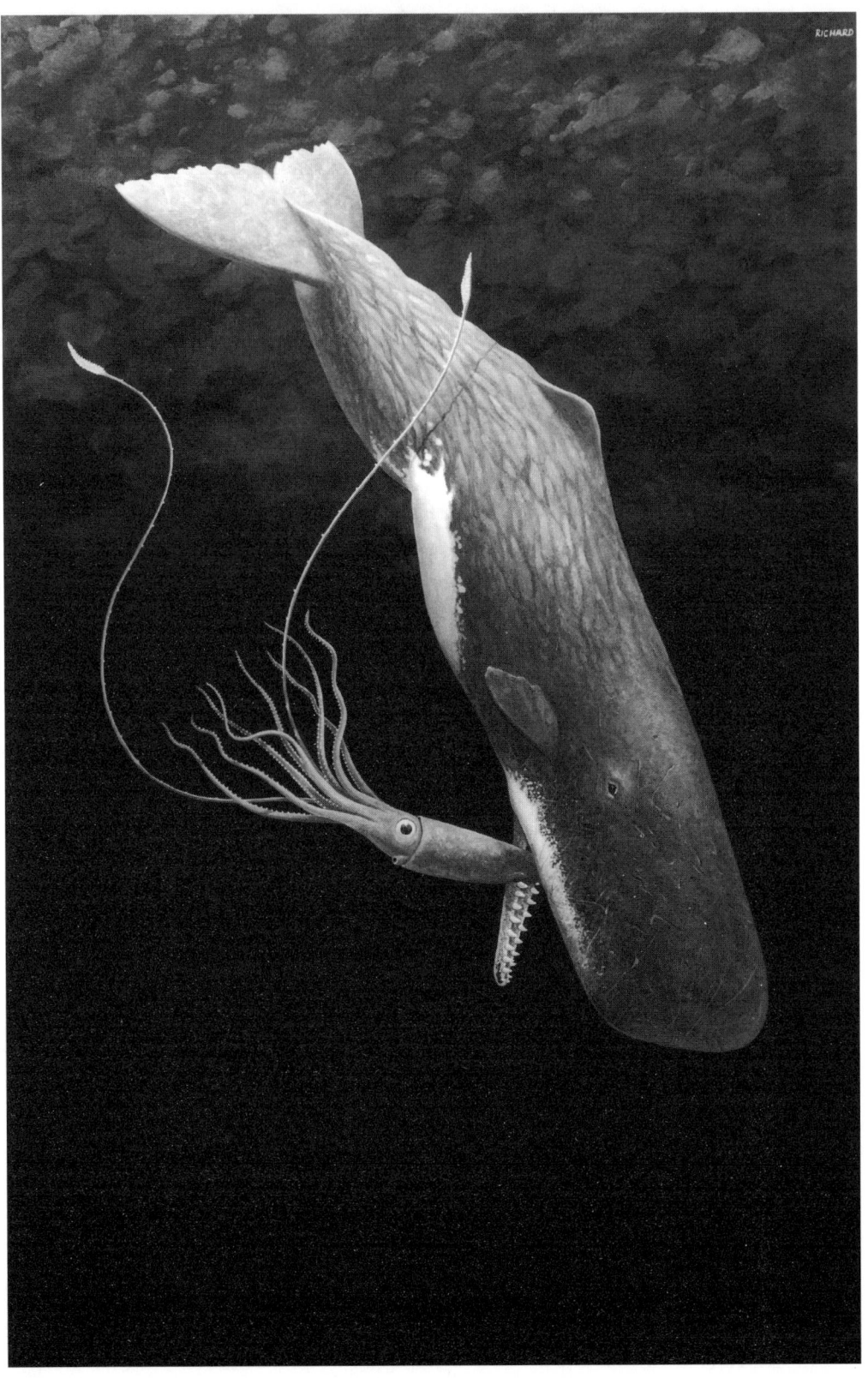

In der sagenhaftesten Begegnung in der Tiefsee fängt ein Pottwal einen Riesenkalmar. Obwohl die Geschichten etwas anderes erzählen, ist es immer der Wal, der den Kontakt sucht, da der Wal sich vom Kalmar ernährt und nicht umgekehrt.

Richard Ellis

RIESENKRAKEN DER TIEFSEE

**Die aufregende Suche nach den letzten
unbekannten Wesen unserer Welt.**

HEEL

HEEL Verlag GmbH
Gut Pottscheidt
53639 Königswinter
Tel.: (0 22 23) 92 30-0
Fax: (0 22 23) 92 30 26
www.heel-verlag.de
service@heel-verlag.de

Deutsche Ausgabe:
© 2002 by Heel Verlag GmbH

Englische Originalausgabe:
The Lyons Press
31 West 21 Street
New York, NY 10010
USA
© 1998 by Richard Ellis
Englischer Originaltitel: The Search for the Giant Squid

Deutsche Übersetzung: Kurt Beginnen, Köln
Lektorat: Antje Schönhofen
Satz: Artcom, Königswinter, Ruth Jungbluth
Druck: Ebner Graphische Betriebe, Ulm

Printed and bound in Germany

ISBN 3-89365-876-9

Inhalt

Eine ungeheure, schlüpfrige Masse, wohl an die zweihundert Meter lang und breit, von sahnig weißem Glanz, trieb auf dem Wasser; unzählige lange Arme strahlten von ihrer Mitte aus und schlangen und wanden sich wie ein Knäuel Anakondas, als wollten sie blindlings jedes unselige Geschöpf ergreifen, das sich in ihre Reichweite verirrte. Kein Vorn und Hinten, kein Gesicht war erkennbar, kein fassliches Zeichen von Empfindung oder Instinkt: Vor uns auf den Wellen schlängelte sich ein gespenstisch formloses, wesenloses Stück Leben, unergründlich wie der Zufall.

Noch als es mit einem leisen, saugenden Laut langsam wieder verschwand, starrte Starbuck unverwandt weiter auf die bewegten Wasser, in denen es versunken war, und er rief mit wilder Stimme: „Lieber hätte ich Moby Dick gesehen und mit ihm gekämpft, als dass ich dich erblicken musste, du blasser Geist!"

„Was war das, Sir?", fragte Flask.

„Der weiße Krake. Wenige Walfänger, heißt es, haben ihn gesehen und sind zu ihren Häfen heimgekehrt, um davon zu berichten."

Moby Dick, 1851

Einführung –
Architeuthis
wird vorgestellt

*A*rchiteuthis ist die wissenschaftliche Bezeichnung für den Riesenkalmar. Eigentlich ist sie nur die erste Hälfte seines wissenschaftlichen Namens. Die zweite Hälfte ist von Spezies zu Spezies unterschiedlich – vorausgesetzt, es gibt verschiedene Arten und nicht nur eine, die je nach geographischer Lage unterschiedlich ausfällt. Im Kapitel 4 („Wie sollen wir den Riesenkalmar nennen?") wird die Möglichkeit erörtert, dass es verschiedene Arten gibt. Da aber das ganze Buch hindurch der Name *Architeuthis* verwendet wird, muss es auch eine angemessene Einführung geben.

1758 hat der schwedische Naturforscher Carl von Linné ein System entwickelt, demzufolge jedes Lebewesen zwei Namen haben muss: eine Gattungsbezeichnung, die angibt, zu welcher Gattung es gehört, sowie einen eigenen Namen für die Art oder Spezies. Da unser Hund und der Wolf zur selben Gattung gehören, werden sie als *Canis familiaris* beziehungsweise *Canis lupus* bezeichnet. Der Kojote heißt *Canis latrans*. Der Fuchs gehört, da er andere anatomische Merkmale besitzt, zu einer anderen Gattung: sein wissenschaftlicher Name lautet *Vulpes vulpes*.

Häufig, aber nicht immer, verwendet das Linné'sche System der binominalen Nomenklatur Begriffe aus dem Griechischen oder Lateinischen, die das entsprechende Tier auch gleich beschreiben. Den Namen *Architeuthis* kann man in die beiden Bestandteile *Archi* und *teuthis* zerlegen. Dem ersten Teil liegen die griechischen Worte *archae* oder *archi* zu Grunde; das heißt „anfangs" oder „früh"; das griechische Wort für Kalmar lautet *teuthis*. Somit bedeutet *Architeuthis* schlicht „erster Kalmar". Da er sicher nicht der erste Kalmar war, der beschrieben wurde, soll der Name wahrscheinlich andeuten, dass er zumindest als der wichtigste und größte gilt.

Trotz seines spektakulären Auftretens in Filmen wie „20000 Meilen unter dem Meer" und „Beast", sind wir mit dem Lebewesen, das man in der Antike „Krake" nannte, nicht vertraut. Modelle aus Pappmaché oder Fiberglas in Museen vermitteln uns zwar einen Eindruck von der Größe und Form des Tieres, haben jedoch weder das Geheimnisvolle, das es umgibt, noch seine Lebenskraft einfangen können. Nur mit Hilfe von Dokumentarfilmen, die das Tier in seinem natürlichen Lebensraum zeigen, könnte uns der bislang unerreichbare *Architeuthis* als das nahe gebracht werden, was er wirklich ist: das einzige Lebewesen, auf das der Begriff *Seeungeheuer* wirklich zutrifft.

Im Januar 1997 brach eine von der *National Geographic Television*, der *Smithsonian-Institution*, dem *New England Aquarium* und verschiedenen anderen Institutionen gesponsorte Expedition in der Hoffnung nach Neuseeland auf, die ersten Bilder von lebenden Riesenkalmaren aufnehmen zu können. Geleitet wurde die Expedition von Clyde Roper, einem Kalmarspezialisten des *Smithsonian*, fraglos der weltweit führende Fachmann für *Architeuthis*. Er hatte die Expedition zusammengestellt und die Million Dollar gesammelt, die sie kosten sollte. Über Riesenkalmare hatte er bereits zahlreiche Arbeiten veröffentlicht und wann immer jemand etwas über diese Tiere hören wollte – wie groß sie seien, wo sie lebten und wovon sie sich ernährten – so wandte er sich an ihn. In jedem dieser Interviews im Fernsehen, in Zeitungen und Magazinen sagte er, dass bisher keiner einen lebenden Riesenkalmar gesehen habe. „Woher wissen wir dann, dass es sie wirklich gibt?", lautete dann natürlich die nächste Frage des Interviewers. „Sie sind in den letzten 400 Jahren überall auf der Welt an Land gespült worden", war jeweils die Antwort.

Neben Roper gehörte ein britischer Kalmarexperte zur Gruppe, der besonders viel über ihr Verhältnis zu Pottwalen wusste, ferner jemand von den Bermudas, der sich ganz der Jagd nach Ungeheuern verschrieben hatte, ein Fotograf des *National Geographic* sowie sehr viel Hilfspersonal. (Als Chronist der Expedition war ursprünglich Peter Benchley vorgesehen gewesen; er musste aber in letzter Minute auf Grund von Rückenproblemen absagen.) Die Expeditionsteilnehmer benutzten zwei Schiffe, auf die sie alle Ausrüstungsgegenstände luden, die zum Erfolg der Mission beitragen sollten: Unterwasserkameras, automatische Kameras sowie Kameras, die man an Pottwalen befestigen konnte – in der Hoffnung, dass ein Wal als Kameramann dienen würde, während er seiner Mahlzeit hinterherjagte.

Als Ziel der Expedition hatte man Kaikoura Canyon gewählt – einen beliebten Treffpunkt großer Pottwale, die sich, wie man weiß, vor allem von Riesenkalmaren ernähren. Das Vorhandensein der riesigen Wale mit ihren Elfenbeinzähnen war ein sicheres Indiz dafür, dass *Architeuthis* nicht weit weg war. Roper und seinem Team hatte die Tatsache Auftrieb gegeben, dass Fischer im vorigen Jahr bei Neuseeland mit dem Schleppnetz vier Riesenkalmare gefangen hatten, in Gebieten, in denen die Wahrscheinlichkeit, dort auf *Architeuthis* zu treffen, noch geringer war als in Kaikoura Canyon. Jetzt steuerten diese Kalmarjäger eine Stelle an, die sie für einen idealen Platz hielten, um ein lebendes Exemplar dieser traditionell schwer zu fangenden und rätselhaften Tiere zu finden.

Es war nicht die erste Expedition dieser Art. In den späten Achtzigern des 20. Jahrhunderts hatte Frederick Aldrich, ein Wissenschaftler aus Neufundland und Ropers Vorgänger als „weltweit größte Autorität auf dem Gebiet der Riesenkalmare", es bereits schon einmal mit einem Tauchboot und einer weniger raffinierten Kameraausrüstung versucht. Natürlich wollten auch Aldrich und seine Leute damals einige Bilder machen, aber im Grunde genommen hatten sie nur den Wunsch, das verdammte Ding endlich einmal zu Gesicht zu bekommen. Roper und sein Team hatten dagegen sehr viel ehrgeizigere Pläne. Anfangs war auch bei ihrer Expedition ein Tauchboot eingeplant gewesen, doch fehlten dann die dafür nötige Zeit und das Geld. Sie beschlossen daher, bei ihrer Suche unbemannte, ferngesteuerte Kameras in die Tiefen des Canyon hinabzulassen – in der Hoffnung, ein Riesenkalmar würde an einer der Linsen vorbeitreiben.

Es ließ sich jedoch kein einziger Riesenkalmar blicken. Die Teilnehmer sammelten allerdings Daten und Erfahrung, die für spätere Untersuchungen von unschätzbarem Wert sein und weiteren Expeditionen den Weg ebnen sollten.

Wir kennen eine Menge anderer verrückter und mysteriöser Lebewesen aus der Tiefsee: Fische, die leuchten, andere, die eine Beute schlucken können, die größer ist als sie selbst, wieder andere, die sich permanent an Mitglieder des anderen Geschlechts anheften, damit sie in der tiefen Dunkelheit nicht noch nach einem Geschlechtspartner Ausschau halten müssen. Wir haben darüber hinaus Fotos und sogar Videoaufzeichnungen von anderen Kalmaren, von denen einige eine beachtliche Größe erreichen. 1976 wurde vollkommen überraschend aus den Tiefen der hawaiianischen Gewässer eine Haiart an Land gezogen, die über vier Meter lang und 1400 Pfund schwer war. Noch größer war die Überraschung, als Forscher 1977 völlig unerwartet eine Ansammlung ungewöhnlicher Lebewesen entdeckten: drei Meter lange Röhrenwürmer; riesige, schneeweiße Muscheln und Krabben, die Wasserstoffsulfid statt Sauerstoff benötigten, um zu überleben.

Wie konnte ein Tier, das eine Länge von 18 Metern erreichen und über eine Tonne wiegen kann, unseren Blicken nur so lange verborgen bleiben?

Der Riesenkalmar ist ein wirkliches Rätsel. Er unterscheidet sich vollkommen von Tieren wie dem Einhorn, dem Drachen und der Seeschlange, von denen man sich schon lange Sagen und Legenden erzählt, die aber körperlich nie in Erscheinung getreten sind. Sie ähneln auch nicht Kreaturen wie dem Okapi, dem Quastenflosser und dem Riesenmaulhai – großen Tieren, von denen man nie angenommen hat, dass sie existieren, bis zufällig ein Exemplar von ihnen einem Wissenschaftler in die Hände fiel.

Jahrhundertelang stammten die Beweise für die Existenz solcher Kreaturen meist nur aus Erzählungen von Seeleuten, die man aus Unwissenheit und ebenso großer Furcht entsprechend ausschmückte. Vereinzelt wurde auch ein Exemplar an Land geschwemmt. Aber selbst, wenn das geschah, haben die Beobachter häufig etwas frei dazu erfunden und ihrer Phantasie freien Lauf gelassen, vor allem, weil man viele dieser Tiere vorher niemals gesehen hatte und man sie mit nichts vergleichen konnte, dem Landbewohner jemals zuvor begegnet waren – noch nicht einmal in ihren schrecklichsten Albträumen. In jüngerer Zeit wurden Kadaver von Riesenkalmaren in Tiefseenetzen gefangen oder sogar auf der Oberfläche treibend aufgefunden.

Bisher hat der Riesenkalmar seine Geheimnisse nur sehr zögernd preisgegeben. Beinahe alles, was wir über ihn wissen, kennen wir durch die Untersuchung toter oder sterbender Tiere. Niemand hat je einen lebenden gesunden Riesenkalmar gesehen. Vom 16. Jahrhundert an bis heute wurden an weit voneinander entfernt liegenden Stellen rund um den Globus riesige Cephalopoden (Kopffüßer) mit 12 Meter langen Tentakeln und Augen von der Größe eines Tellers an Land gespült. Ganz selten sind Fischer bisher – meist in Gewässern vor Neufundland, Neuseeland oder Norwegen – auf einen noch lebenden, aber schon dem Tod geweihten Kalmar gestoßen, der auf der Oberfläche dahintrieb; diese Tiere starben jedoch alle ohne Ausnahme, kurz nachdem sie entdeckt worden waren. (Die Tatsache, dass sich diese normalerweise in der Tiefsee lebenden Tiere an der Oberfläche gezeigt haben, deutet darauf hin, dass sie bereits in Schwierigkeiten waren.) Bei den glaubwürdigsten Beschreibungen eines lebenden *Architeuthis* war in der Regel auch ein Pottwal zugegen und in den meisten Fällen war er gerade dabei, den Kalmar zu verschlingen. Das führt uns zu den Berichten von Personen, die Tentakel ohne Körper oder Körper ohne Tentakel gesehen haben. Die Pottwalfänger wussten immer schon, dass es Riesencephalopoden gibt, weil die riesigen Wale manchmal direkt vor ihrem Tod große Stücke von irgendetwas ausspien, das die Walfänger dann häufig am Haken hatten und längsseits an das Schiff heranzogen. Obwohl diese Kalmarfragmente beweisen, dass es Riesenkalmare gibt – Melville beschrieb sie 1851 in *Moby Dick* – wurde das erste Exemplar erst 1861 auf dem Meer beobachtet.

Besatzungsmitglieder des französischen Kriegsschiffs *Alecton*, das vor den Kanarischen Inseln segelte, entdeckten einen großen dahintreibenden Kadaver und fuhren näher heran, um ihn an Bord zu nehmen. Nur um sicher zu gehen, schossen sie dabei auch auf ihn. Sie zogen ein Seil rund um den 5,50 Meter langen Körper des Tieres, aber als sie ihn hochhievten, löste sich der Körper vom Schwanz, sodass sie nur den Schwanz zurückbehielten. Trotzdem brachten sie das, was sie hatten, nach Teneriffa. Der daraufhin angefertigte Bericht, der in einer französischen Wissenschaftszeitung veröffentlicht wurde, enthielt die erste Beschreibung eines *poulpe géant* (Riesentintenfisch). 1856 nannte der dänische Forscher Japetus Steenstrup, der an einem Schnabel und einigen 300 Jahre alten Darstellungen von „Seeungeheuern" arbeitete, den Riesenkalmar *Architeuthis*. Es dauerte aber noch eine Reihe von Jahren, bis man davon überzeugt war, dass Kalmare wirklich so groß werden können.

Seit der Mitte des 19. Jahrhunderts wurden eine ganze Anzahl von Riesenkalmaren an nur wenigen Plätzen rund um den Globus gefunden. In letzter Zeit haben jedoch Fischer vor den Küsten Neuseelands und den anliegenden Inseln eine bisher beispiellose Anzahl von ihnen an Bord gehievt. 1994 veröffentlichten die neuseeländischen Wissenschaftler Gauldie, West und Förch eine Arbeit, in der die sensationelle Mitteilung stand, dass *„man zwischen 1983 und 1988 in neuseeländischen Gewässern 24 Exemplare von Riesenkalmaren geborgen habe."* Das größte war ein weibliches Tier mit einem 2,10 Meter langen Mantel, das kleinste ebenfalls ein Weibchen mit 92 Zentimetern Mantellänge.

Im März 1995 sah man vor der Küste Südaustraliens den Kadaver eines gerade gestorbenen 9 Meter langen Weibchens auf dem Meer treiben. Es wurde von einem ansässigen Fischer an Land geholt und zur genaueren Bestimmung nach Adelaide ins *South Australian Museum* gebracht. Kopf und Körper waren 1,80 Meter, die längeren Tentakel 7,30 Meter lang, und das Auge hatte einen Durchmesser von 15 Zentimetern.

Zwischen Januar und August 1996 fingen australische Fischer vor der Küste Tasmaniens drei große Riesenkalmarweibchen. Eines hatte noch in zwei seiner Fangarme Spermapakete. Was das genau für das Paarungsverhalten und die Vermehrung von *Architeuthis* bedeutet, lässt sich nur vermuten. 1996 wurden in australischen Gewässern insgesamt vier und vor den Küsten Neuseelands noch mal vier Riesenkalmare gefangen. Konzentrierten sich die früheren Untersuchungen von Riesenkalmaren auf den Nordatlantik, vor allem auf Neufundland und Norwegen, so haben sie sich mittlerweile in die Meere rund um die Antarktis verlagert. Warum das so ist? Wir haben nicht die leiseste Ahnung!

Der Riesenkalmar ist eines der größten Tiere der Erde. Wir wissen jedoch nicht, wie groß er wirklich wird. Darüber, wie groß Riesenkalmare maximal werden können, haben Wissenschaftler, Seeleute, Walfänger, Schriftsteller und nahezu jeder, der an den größeren Meeresbewohnern interessiert ist, schon seit langem Vermutungen angestellt. Nach der selbst ernannten Autorität in solchen Fragen, Gerald Woods *„The Guinness Book of Animal Facts and Feats"*, war das 1878 gefundene Exemplar Thimble Tickle „der bisher größte registrierte Kalmar": Er maß von der Schwanz- bis zur Tentakelspitze 16,8 Meter. (Hier ist es angebracht, an die Bemerkung von Arthur C. Clarke zu erinnern, „es wäre in der Tat seltsam, wenn zu den wenigen Exemplaren, die an Land geschwemmt und von den Naturforschern untersucht und gemessen worden sind, ausgerechnet der größte Kalmar der Erde gehören würde. Es gibt sicher Exemplare, die über 30 Meter lang sind.") In Clarkes Videoserie *„Mysterious World"* von 1988 untersuchte Frederick Aldrich ein 6 Meter langes, nicht geschlechtsreifes Exemplar des *Architeuthis* und sagte: „Ich glaube, dass der Riesenkalmar höchstens eine Größe von etwa 45 Metern erreicht." Man kann sich kaum vorstellen, warum Aldrich so eine unverantwortliche Aussage gemacht hat – es sei denn, es hätte damit zu tun, dass er vor der Kamera stand. (Da man eine negative Aussage nicht widerlegen kann, kann man nicht behaupten, eine solche Länge sei unmöglich.) Wenn man nach dem physischen Beweismaterial geht, dann sieht es so aus, als sei das 17,4 Meter lange Tier, das im Jahre 1887 in Neuseeland gestrandet ist, das bisher größte bekannte Exemplar.

Da *Architeuthis* ein Lebewesen ist, das immer viel Aufsehen erregt, machen es diejenigen, die es für ein Ungeheuer halten, häufig erheblich länger und oft auch schwerer. Im Time-Life-Buch *„Dangerous Sea Creatures"* beispielsweise leitet Thomas Dozier seine Besprechung des Riesenkalmars mit den Worten ein: „Ein gefangener Wal hat in einem Aquarium zwei 13 Meter lange Tentakel ausgespien. Nach Berechnungen von Experten müssten diese zu einem Ungetüm gehört haben, das mindestens 20 Meter lang und über 77000 Pfund schwer war." Später bezeichnet Dozier ein 15 Meter langes Exemplar als „normal" und meint, es seien Pottwale mit „Tentakelmarkierungen von 45 Zentimetern im Durchmesser" gefangen worden, „die von einem gewaltigen Kalmar von mindestens 60 Metern Länge stammen müssten."

Es gibt keinerlei Hinweise darauf, dass irgendein Kalmar eine Art Ammoniakschleim absondert oder absondern kann, wie es der Killerkalmar in Peter Benchleys Buch *„Beast"* tut. In diesem Roman wissen die „Meeresbiologen", dass es *Architeuthis* sein muss, der all diese unschuldigen Menschen umbringt, weil er einen fürchterlichen Ammoniakgestank hinterlässt, wo immer er hinkommt, und weil er hin und wieder eine seiner Krallen verliert. Es gibt tatsächlich Kalmare, die Krallen besitzen; *Architeuthis* gehört allerdings nicht dazu.

Wir wissen nicht, ob *Architeuthis* ein einsamer Jäger ist oder ob er sich zu Schwärmen zusammenschließt. Herkömmlicher Ansicht nach ist er jedoch ein Einzelgänger. Ein einzelner, 18 Meter langer Riesenkalmar mit seinen sich windenden Armen und mit Augen von der Größe einer Untertasse ist der Stoff, aus dem die Albträume sind. Der Pottwal mit einer Länge bis zu 18 Metern, der Seiwal mit seinen 20 Metern, der Finnwal mit 24 und der Blauwal mit über 30 Metern sind die einzigen lebenden Tiere, die noch größer sind als der Riesenkalmar.

Darüber hinaus vereinigt *Architeuthis* in sich eine so sonderbare Ansammlung von Körperteilen, dass man ihn eher für ein Lebewesen aus einer anderen Welt hält als für eines, mit dem wir vertraut sind. Selbst wenn wir die bedrohliche Größe von *Architeuthis* außer Acht lassen, hat sein Bauplan immer noch etwas Übernatürliches. Es ist nichts Vertrautes oder Beistand Verheissendes an einem spindelförmigen Lebewesen, an dessen einem Ende sich eine Reihe windender Arme und an dessen anderem Ende sich ein spitzer Schwanz befindet. Es scheint keinen Kopf zu haben – zumindest nicht da, wo man einen erwarten würde. Stattdessen besitzt es riesige, lidlose Augen, acht Greifarme, die mit bezahnten Saugnäpfen besetzt sind, lange peitschenartige Tentakel, mit denen es nach seiner unglücklichen Beute greift, sowie einen Schnabel an einer Stelle, an der man ihn bei keinem Tier vermuten würde: zwischen seinen Armen. Es ist das am wenigsten bekannte große Tier der Erde, das letzte Monster, das es zu bezwingen gilt.

Ist das Seeungeheuer ein Riesenkalmar?

Below the thunders of the upper deep,
Far, far beneath the abysmal sea,
His ancient, dreamless, uninvaded sleep
The Kraken sleepeth; faintest sunlight flee
Above his shadowy sides: above him swell
Huge sponges of millennial growth and height;
And far away into the sickly light,
From many a wondrous grot and secret cell
Unnumber'd and enormous polypi
Winnow with giant arms the slumbering green.
There hath he lain for ages and will lie
Battening upon huge seaworms in his sleep,
Until the latter fire shall heat the deep;
Then once by man and angels to be seen,
In roaring he shall rise and on the surface die.
        „*The Kraken*" von Lord Alfred Tennyson
        aus „*Poems, Chiefly Lyrical*" (1830).

*A*rchiteuthis, der Riesenkalmar, hat die Menschen wahrscheinlich schon zu mehr Mythen, Fabeln, Phantasien und Erzählungen inspiriert als alle anderen Meeresungeheuer zusammen. In der Odyssee ist von Scylla die Rede, einem schrecklichen Ungetüm:

Siehe, das Ungeheuer hat zwölf abscheuliche Klauen
Und sechs Häls' unglaublicher Läng', auf jeglichem Halse
Einen grässlichen Kopf, mit dreifachen Reihen gespitzter,
Dicht geschlossener Zähne voll schwarzen Todes bewaffnet.
Bis an die Mitte steckt ihr Leib in der Höhle des Felsens,
Aber die Köpfe bewegt sie hervor aus dem schrecklichen Abgrund,
Blickt heißhungrig umher und fischt sich rings um den Felsen
Meerhund' oft und Delphine und oft noch ein größeres Seewild
Aus der unzähligen Schar der brausenden Amphitrite.
Noch kein kühner Pilot, der Scyllas Felsen vorbeifuhr,
Rühmt sich verschont zu sein; sie schwinget in jeglichem Rachen
Einen geraubten Mann aus dem blaugeschnäbelten Schiffe.

Der Riesenkalmar, der auch als „Krake", „Polyp" oder „Seeschlange" bezeichnet wird, ist neben dem Hai das vielleicht berüchtigtste Meerestier. Aristoteles erwähnte als Erster *teuthos*, den Riesenkalmar, im Gegensatz zum *teuthis*, seinem kleineren Verwandten. Etwas später berichtete Plinius in seiner *„Naturalis historia"* von einem „Polypen", der aus den Fischteichen von Carteia (Stadt an der spanischen Atlantikküste) gesalzenen Fisch herausklaubte und „so die Wut der Besitzer auf sich lud". Die Wachtposten, die um den Polypen herumstanden, waren

> erstaunt, wie sonderbar er aussah: Vor allem seine Größe etwas noch nie Dagewesenes – und ebenso seine Farbe. Es war über und über mit Lake besudelt und stank furchtbar. Wer hätte erwartet, hier einen Polypen vorzufinden, oder ihn unter solchen Umständen erkannt? Sie hatten das Gefühl, etwas Unheimlichem gegenüberzustehen, denn mit seinem schrecklichen Atem quälte er die Hunde, die er zeitweise mit den Enden seiner Tentakeln geißelte oder mit seinen längeren Armen schlug, die er wie Keulen benutzte. Unter großen Anstrengungen gelang es ihnen, ihn mit einer Reihe dreizackiger Harpunen zu töten.

Der Kopf war so groß wie ein Fass und hatte ein Volumen von 340 Litern. Seine Arme, die „wie in einem Pulk ineinander verknäuelt waren", maßen 9 Meter und besaßen Saugnäpfe, die so groß wie Schüsseln waren und 11 Liter fassen konnten, sowie entsprechend große Zähne. Seine sterblichen Überreste wogen über 300 Kilogramm. Auf Grund seiner längeren Tentakel war dieser Polyp ein Kalmar und kein Tintenfisch. Aber was auch immer es war, dies ist in jedem Fall der einzige Bericht von einem Cephalopoden (Kopffüßer), der aus einem anderen Grund an Land kam, als um zu sterben. (Plinius berichtet, dass „er aus der offenen See in die nicht abgedeckten Kessel geriet"; diese müssen daher auf irgendeine Weise Tiefseebewohnern zugänglich gewesen sein. Die Tatsache, dass die Kessel „gesalzenen Fisch" enthielten, weist darauf hin, dass sie sich jedenfalls nicht im Meer befanden.) Plinius war natürlich für seine *„Naturalis historia"* auf die Berichte von Gewährsleuten angewiesen. Wenn wir jedoch annehmen, dass etwas Derartiges in der Antike wirklich passiert ist – selbst wenn manches übertrieben ist – so ist dies der einzige Fall dieser Art in der gesamten Literatur.

Das vielarmige Seeungeheuer lebte weitgehend im Verborgenen, bis Olaus Magnus (1490-1557), der katholische Erzbischof von Schweden und eine gute Informationsquelle für Fragen über Seeungeheuer, es wieder aus der Versenkung holte. In seiner *„Historia de gentibus septentrionalibus"* (Geschichte der Völker aus den nördlichen Regionen) beschreibt und skizziert er mehrere „Riesenfische":

Der „Soe Orm" von Olaus Magnus (1555).

Sie sahen fürchterlich aus, mit quadratischen Köpfen, die über und über mit Stacheln besetzt sind. Ringsherum ragen lange spitze Hörner heraus wie bei einem Baum, der mit seinen Wurzeln ausgerissen wurde: Sie sind zehn bis zwölf Ellen* lang, vollkommen schwarz und haben riesige Augen ... Der Augapfel hat die Größe einer Elle und ist rotglühend gefärbt, sodass er in der Dunkelheit der Nacht den Fischern wie ein weit entfernt unter Wasser brennendes Feuer erscheint. Haare wie Gänsefedern hängen dick und lang wie ein Bart herab. Der übrige Körper ist wegen des großen quadratischen Kopfes sehr klein und nicht mehr als vierzehn bis fünfzehn Ellen lang. Eines dieser Seeungeheuer kann leicht viele große Schiffe versenken, die mit zahlreichen kräftigen Seeleuten besetzt sind.

Olaus Magnus' „*Historia de gentibus septentrionalibus*" erschien 1567 auf Deutsch unter dem Titel „Historien der mittnaechtligen Laender". Die Beschreibungen und Zeichnungen auf seinen Karten galten als sicherer Beweis für die Existenz zahlreicher Fabelwesen. Sie wurden jahrhundertelang kopiert, reproduziert, abgewandelt, und sicherten so seinen Platz als eine der wichtigsten Persönlichkeiten in der Geschichte der Zoologie. Den „*Soe Orm*" beschrieb er beispielsweise folgendermaßen: „Eine sehr große Seeschlange von über 200 Fuß** Länge und mit einem Durchmesser von 20 Fuß, die in der Nähe des Strandes von Bergen in Felsen und Höhlen lebt."

---

* Eine Elle ist ein lineares Maß, das auf der Entfernung vom Ellbogen bis zur Spitze des Mittelfingers (55-85 Zentimeter) beruht. Die Arche Noah mit ihren 300 Ellen war daher ungefähr 170 Meter lang.
** Ein Fuß (englisches Längenmaß) entspricht 30,48 Zentimeter (12 Inches).

Eine der bekanntesten Zeichnungen aus Olaus Magnus' Werk ist *„Les marins monstres & terrestres, lelquez on trouve en beaucoup de lieux es parties septentrionales"* (See- und Landungeheuer, wie man sie an vielen Stellen im Norden findet). Dieser Holzschnitt, vermutlich das Werk von Hans Rudolph Manuel Deutsch, der um die Mitte des 16. Jahrhunderts in der Schweiz arbeitete, zeigt auch den *Soe Orm*. *„Les marins monstres"* bildete dann die Grundlage für Conrad Gesners *„Historia animalium"* (1551-1558), die als Beginn der modernen Taxonomie in der Zoologie gilt. Daniel Boorstin schrieb dazu in *„The Discoverers"*:

> Seine *„Historia animalium"*, die der aristotelischen Ordnung folgte, enthielt alles, was damals über jedes bekannte Tiere bekannt war, vermutet wurde, man sich vorstellte oder berichtet wurde. Wie Plinius beschrieb er ein ganzes Sammelsurium, darüber hinaus jedoch all die Dinge, die in den dazwischen liegenden anderthalb Jahrhunderten dazugekommen waren. Er war zwar etwas kritischer als Plinius, beließ aber in den langen Geschichten sämtliche Übertreibungen. So kam bei ihm beispielsweise eine 90 Meter lange Seeschlange vor.

Wenn man auf Conrad Gesners Zeichnung ein „Schlangenungetüm" mit seinen sieben Köpfen, seinem langen schuppigen Körper und seinem nach unten eingerollten Schwanz aus dem Jahre 1555 sieht, ist es nicht schwer sich vorzustellen, dass dieser die Beschreibung eines Riesenkalmars zu Grunde liegt. Die Füße sind allerdings ein kleines Problem.

1734 berichtete Hans Egede, der Bischof von Grönland, von diesem Ungeheuer mit Schwimmhäuten an den Füßen. Trotz seiner etwas unwahrscheinlichen Haltung, hielt Henry Lee einen Riesenkalmar für eine mögliche Erklärung.

Eine von Gesners interessanteren Zeichnungen stellt eine Hydra dar: ein Geschöpf mit sieben Köpfen, einem langen schuppigen Körper, zwei mit Krallen besetzten Füßen und einem nach unten eingerollten Schwanz. Im Text steht, ihr Hinterkopf ähnele angeblich einem Fes, was auf der Zeichnung nicht zu erkennen ist – es sei denn die „Krone", die auf jedem der sieben Köpfe sitzt, ist ein Fes. Es ist schwer, anhand dieser siebenköpfigen Darstellung irgendein bekanntes Tier zu erkennen. Wenn wir aber annehmen, dass der Künstler etwas abzubilden versuchte, das ihm völlig unbekannt war, und er dabei vielleicht auf Beschreibungen angewiesen war, die sich mit der Zeit änderten, so kann man in den „Köpfen" durchaus Arme und im Körper den eines großen Cephalopoden erkennen. Nur die mit Krallen besetzten Füße mit ihren sechs (!) Zehen sehen aus, als seien sie frei erfunden. Wir werden zwar nie wissen, was Gesner vorschwebte, sein „Schlangenungetüm" könnte jedoch eine der frühesten Darstellungen eines Riesenkalmars sein.

Natürlich kamen in Gesners Werk auch viele der ursprünglich von Olaus Magnus gezeichneten Tiere vor. Diese hat dann der Renaissance-Enzyklopädist Edward Topsell, dessen *„Historie of Foure-Footed Beastes"* 1607 erschien, oft unverändert übernommen*. Obwohl Topsells „Meerestiere" keine Füße haben, basieren sie unverkennbar auf den Zeichnungen von Olaus Magnus. Es folgten die

---

* Topsell druckt auch Gesners Zeichnung erneut ab und bezeichnet sie als „Die HYDRA, vermutlich von Herkules getötet". Er wiederholt Gesners Bericht von einem Kadaver, der 550 n.Chr. aus der Türkei nach Venedig gebracht worden war. Dieser wurde dem französischen König überreicht, der in dem Monster eine „Verkörperung weltlicher Affären" sah, die eine bevorstehende Katastrophe vorhersagte.

Enzyklopädien von Ulysses Aldrovandi („*De piscibus*" 1613) und John Jonstonus („*Historia naturalis*" 1649); beide kopierten getreulich Magnus' Zeichnungen und fantastische Erzählungen einschließlich der Seeungeheuer mit den Charakteristika eines Riesenkalmars.

Zwei Jahrhunderte nach Olaus Magnus, Anfang des 18. Jahrhunderts, besuchte ein anderer Geistlicher, der dänische Missionar und spätere Bischof von Grönland Hans Egede, diese eisige Insel in der Hoffnung, die Einheimischen zum Christentum bekehren zu können. Zwei Siedlungen entstanden: die erste 1721, die zweite 1723. Die Grönländer fanden zwar keinen Zugang zu dem Glauben, der ihnen aufgedrängt werden sollte, waren jedoch in einem erschreckenden Ausmaß für das Pockenvirus empfänglich, mit dem einer der dänischen Missionare infiziert war; die meisten von ihnen starben daran. In der Geschichte „*Det gamble Grønlands nye perlustration*" (1741) erzählt Egede folgende Begebenheit:

> Was die anderen Seeungeheuer anbelangt ... so haben weder wir noch einer unserer Zeitgenossen, von dem mir je zu Ohren gekommen wäre, eines von ihnen gesehen, außer dieses wahrhaft Furcht erregende Ungeheuer, das sich im Jahre 1734 vierundsechzig Grad vor unserer Kolonie auf der Wasseroberfläche gezeigt hat. Das Ungetüm war derart gewaltig, dass sein Kopf, als es aus dem Wasser kam, bis zum Mastkorb reichte. Sein Körper war so wuchtig wie ein Schiff und drei- bis viermal so lang. Es hatte eine lange spitze Schnauze und spritzte wie

In „Sea Monsters Unmasked" vermutete Henry Lee, dass man die Seeschlange von Bischof Egede auf diese Weise erklären könnte.

ein Walfisch. Es besaß große breite Pranken, und der Körper schien wie mit Muscheln überzogen zu sein; seine Haut war sehr rau und uneben. Der untere Teil seines Körpers ähnelte einer außergewöhnlich großen Schlange und, als es wieder untertauchte, so warf es sich rückwärts ins Meer und hob dabei seinen Schwanz in die Höhe, der von den massigsten Teilen seines Körpers eine ganze Schiffslänge entfernt zu sein schien.

Zu dieser Zeit waren die Holländer und Briten gerade mit großem Eifer dabei, Grönlandwale vor Grönland und Baffin Island wegen ihrer Barten und ihres Öls abzuschlachten. Daher muss Egede mit Walen vertraut gewesen sein. Er veranlasste Pastor Bing, das Ungeheuer zu zeichnen. Diese Zeichnung war in seiner *„Perlustration"* (1745 in England unter dem Titel *„A Description of Greenland"* veröffentlicht) abgebildet und war, da Egede als ernst zu nehmender, zuverlässiger Beobachter galt, eine der frühesten Darstellungen eines Meeresungeheuers, die auf einen verlässlichen Augenzeugenbericht zurückging. Sieht Bings Zeichnung wie ein Riesenkalmar aus? Eigentlich nicht. Wenn man aber die Veränderungen berücksichtigt, die Unwissenheit und Übertreibung zuzuschreiben sind, so bleibt keine andere Möglichkeit.

Geistliche scheinen eine ungeheure Affinität für Meeresungeheuer gehabt zu haben – vielleicht auch umgekehrt. Denn der nächste, der über die riesigen Geschöpfe schrieb, war der Bischof von Bergen, Erik Ludvigsen Pontoppidan, der Autor der 1755 erschienenen *„Natural History of Norway"*. Der gute Bischof war fest davon überzeugt, dass es den „Kraken" gab, und behauptete, die Fischer, mit denen er gesprochen habe, hätten ihm erzählt, das Tier habe einen Umfang von anderthalb Meilen gehabt. Er bezeichnete dieses Ungeheuer als das „größte und sonderbarste aller tierischen Geschöpfe" und „unbestreitbar das größte Meeresungetüm der Welt" und fährt fort:

> Man nennt es Kraken* oder Kraxen; einige sagen auch Krabben ... Selbst wenn sein Körper nicht als Ganzes auftaucht, sieht man doch genug von ihm; insgesamt hat ihn wahrscheinlich noch kein menschliches Auge erblickt (höchstens schon einmal ein Jungtier dieser Spezies). Der Rücken oder der obere Teil des Körpers, der anderthalb englische Meilen Umfang zu haben scheint – einige sagen, es ist mehr, ich aber wähle der Sicherheit halber den kleinsten Wert –, ähnelt auf den ersten Blick einer Anzahl kleinerer Inseln, die von etwas

---

* Da der Körper und die Fangarme eines Riesenkalmars dem Stamm und den Wurzeln eines Baumes ähneln, wird häufig angenommen, das norwegische Wort krake stamme von einem Wort ab, das „entwurzelter Baum" bedeutet. Jan Haugum, ein norwegischer Biologe und Linguist, hat mir jedoch erklärt, dass das alte norwegische Wort erstmals in Pontoppidans Werk von 1755 auftaucht und dort nicht mehr und nicht weniger als „Meeresungeheuer" bedeuten sollte. Kraken ist übrigens Plural, der Singular lautet krake. Eine Krakenbanke war ein Riff oder eine Sandbank, an der das Wasser flacher war, als man das vermutet hatte, da dort ein riesiger krake auf dem Boden lag. Krabben ist laut Haugum eine vollkommen falsche Bezeichnung, denn sie bedeutet einfach „Krabbe".

Bischof Erik Pontoppidan beschrieb in seiner 1755 veröffentlichten „Naturgeschichte Norwegens" diese schlangenartige Seeschlange mit Mähne.

umgeben sind, das treibt und wie Meeresalgen hin- und herschwappt ... Zuletzt erkennt man mehrere helle Punkte oder Fühler, die dicker und dicker werden, je mehr sie aus der Wasseroberfläche emporragen. Manchmal sind sie so hoch und kräftig wie die Masten eines mittelgroßen Schiffes.

Nach allem, was man weiß, war das, was der Bischof beschrieben hat, ein Riesenkalmar.** „Der Tierkörper, der so groß ist wie zwei Schweinsköpfe", fügte er hinzu, „verjüngt sich nicht wie beim Aal oder der Landschlange allmählich, sondern wird genau da, wo der Schwanz ansetzt, auf einmal erstaunlich schmal. Der Kopf hat bei allen Arten eine hohe und breite Stirn. Bei einigen ist die Schnauze spitz, bei anderen dagegen flach wie etwa bei einer Kuh oder einem Pferd, mit langen Nasenlöchern und mehreren steifen Haaren, die auf jeder Seite wie ein Schnurrbart abstehen."

Die Nasenlöcher und Schnurrbarthaare sind nicht unproblematisch, das übrige Porträt ist jedoch eine bemerkenswert präzise Beschreibung von *Architeuthis* – und das von jemand, der keine Ahnung hatte, was für ein Tier er da gerade vor Augen hatte. Landratten, die an Tiere mit einem Kopf an dem einen und einem

---

** In dem Kapitel „Der Kraken" aus „Moby Dick" erwähnt Herman Melville den guten Bischof: „Vielleicht besteht einiger Grund zu der Annahme, dass der Große Kraken des Bischofs Pontoppidan sich am Ende in unseren Zehnfüßer auflösen wird. In vielem, was der Bischof beschreibt, dem abwechselnden Aufsteigen und Versinken zum Beispiel, und in manchen anderen Einzelheiten stimmen die beiden überein. Mit großer Zurückhaltung sind freilich die ungeheuren Körpermaße aufzunehmen, die er seinem Kraken angedichtet hat."

Schwanz am anderen Ende gewöhnt sind, halten den Schwanz des Kraken mit seinem spitzen Ende für einen Kopf und die Fangarme, die er hinter sich herzieht, offensichtlich für einen Schwanz. Pontoppidan fährt fort: „Sie gaben darüber hinaus an, dass die Augen dieses Tieres sehr groß und blau gefärbt sind und einem Paar heller Zinnteller ähneln. Das ganze Tier hat eine dunkelbraune Farbe, ist aber wie die Schale einer Schildkröte mit hellen Punkten und Streifen gesprenkelt und gescheckt." Er erwähnte zwei Plätze, Amunds Vaagen in Nordfjord sowie die Insel Karmen, an der bei Flut tote Tiere angetrieben worden waren.

Bischof Pontoppidan berief sich auf die Aussage eines gewissen Kapitäns von Ferry, der behauptet hatte, er habe im August 1746 eine „Seeschlange" an seinem Schiff vorbeischwimmen gesehen. Als ihm die Schlange gemeldet wurde, ließ von Ferry beidrehen, um näher an sie heranzukommen. Auf das Ersuchen des Bischofs hin beschrieb er sie in einem Brief an den Gerichtshof von Bergen:

> Der Kopf der Seeschlange, den diese mehr als einen halben Meter über Wasser hielt, ähnelte dem eines Pferdes. Insgesamt von eher gräulicher Farbe war nur das Maul der Schlange ganz schwarz und sehr groß. Sie besaß große schwarze Augen und eine lange weiße Mähne, die bis auf die Wasseroberfläche reichte. Außer dem Kopf und dem Nacken sahen wir sieben oder acht Falten oder Windungen aus dem Wasser ragen, die sehr dick waren; soweit wir es beurteilen können, lag jeweils ein Abstand von etwa einem Faden* zwischen den einzelnen Falten.

Obwohl man auf Grund dieser Beschreibung nicht gleich darauf kommen würde, so ähnelt die Schlange des Kapitän Ferry mit ihren „sieben oder acht Falten, die sehr dick waren", doch mehr oder weniger einem Kalmar. Für jemanden, der Schlangen kennt, aber nie einen Riesenkalmar gesehen oder auch nur erwartet hat, einen zu sehen, sind die 10 Meter langen Tentakel nichts anderes als eine Art Schlange. Es ist daher möglich, dass Riesenkalmare nicht nur dafür verantwortlich waren, dass Seeschlangen gesichtet, sondern auch dafür, dass sie so genannt wurden.

Ein Engländer namens Charles Douglas, der 1769 während einer der ersten europäischen meereskundlichen Reisen auf der HMS *Emerald* vor Lappland segelte, befragte die Norweger über den Kraken und die Seeschlange. Zu dem Kraken konnte ihm niemand etwas sagen, dafür wussten sie aber eine Menge über etwas, das sie als „Stoor-Würmer" bezeichneten. Douglas gab eine Beobachtung von dreien dieser Würmer wieder, die der Kapitän eines norwegischen Schiffes beschrieben hatte: „Sie trieben an der Meeresoberfläche. Von dem größten ragten 12 Teile des Rückens aus dem Wasser heraus; jedes Teil war etwa sechs Fuß

---

* Ein Faden (englisches nautisches Maß) entspricht 1,829 Meter (6 Fuß).

Eine der Darstellungen, die dem Originalbericht von einer „Seeschlange" beilag, die 1848 von der Daedalus aus vor dem Kap der Guten Hoffnung gesichtet wurde. Es ist wahrscheinlich leichter, in diesem Tier einen Riesenkalmar zu erkennen, der seinen Schwanz oberhalb der Wasseroberfläche hat, als eine Seeschlange.

lang ... Daher schätzte er, dass das Tier insgesamt nicht weniger als 25 Faden lang sowie etwa einen Faden dick gewesen ist." Nach Douglas' Beschreibung, die 1770 der *Royal Society* vorgetragen wurde, könnten diese „Würmer" angesichts dessen, was wir mittlerweile über das Vorkommen von *Architeuthis* in norwegischen Gewässern wissen, sehr gut die Fangarme eines toten oder sterbenden Riesenkalmars gewesen sein.

In der Zeitschrift *Pictorial National Library* von 1849 findet man in einem anonymen Artikel über Seeschlangen einen Bericht, der wie der Autor behauptet, „zur Genüge zeige, dass die Seeschlange in den Gewässern der nördlichen und östlichen Hemisphäre keine Seltenheit ist." Die Beschreibung wird Reverend Deinboll zugeschrieben, dem Erzdiakon von Molde:

Am 28. Juli 1845 waren vier Mann draußen im Ramsdalfjord und fischten. Etwa um 7 Uhr abends sahen sie ein langes Meerestier, das sich langsam vorwärts bewegte. Der sichtbare Teil des Körpers schien vierzig bis fünfzig Fuß lang zu sein und bewegte sich wie eine Schlange auf und ab. Der Körper war rund, dunkel gefärbt und mehrere Fuß dick. Der vordere Teil endete in einer spitzen Schnauze; seinen gewaltigen Kopf hob das Tier im Halbkreis über das Wasser. Der Kopf war dunkelbraun gefärbt, die Haut glatt. Man konnte weder Augen, noch Mähne oder Borsten an der Kehle erkennen.

25

101 Jahre später fanden Fischer ebenfalls im Romsdalfjord in Vike Bay einen insgesamt 9 Meter langen Riesenkalmar. Denen, die glauben, das Tier aus dem Jahre 1845 sei eine Seeschlange gewesen, lässt sich kaum etwas entgegensetzen. Tatsächlich berichtete Bjorn Myklebust, als er den Vorfall von 1946 beschrieb, der Kalmar sei, bevor er strandete, durch den Fjord geschwommen. „Es ist daher möglich", schrieb er, „dass die beobachteten Seeschlangen einfach Riesenkalmare gewesen waren, die auf der Oberfläche lagen und planschten. Wahrscheinlich handelten viele der Erzählungen von Seeschlangen in Wirklichkeit nur von Riesenkalmaren."

1848 segelte die Fregatte *Daedalus* vor dem Kap der Guten Hoffnung. Plötzlich erblickte die Mannschaft

> eine riesige Schlange, die ihren Kopf und ihre Schultern permanent einen Meter über Wasser hielt. Und genau so, wie wir nur schätzen konnten, indem wir sie mit der Länge des Spiegelbilds unseres Hauptmastsegels im Wasser verglichen, zeigten sich mindestens 60 Fuß des Tieres an der Wasseroberfläche, wovon, soweit wir sehen konnten, kein Teil als Antrieb benutzt wurde, um es in dieser Position – sei es mit vertikalen oder sei es mit horizontalen Schlängelbewegungen – durch das Wasser zu bewegen.

Dieser Bericht stammte von Peter M'Quhae, dem Kapitän der *Daedalus*, der damit verärgert auf das Ersuchen der Admiralität reagierte, er möge doch die Gerüchte über eine Seeschlange bestätigen oder dementieren. M'Quhae schrieb weiter, dass ihr Durchmesser „hinter dem Kopf, der zweifellos einer Schlange gehörte, 5 oder 16 Inch* betrug", und dass „sie keine Flossen hatte, aber etwas, was der Mähne eines Pferdes oder vielmehr einem Büschel Seetang glich, das ihren Rücken umspülte." *Die Illustrated London News* brachten diese Geschichte zusammen mit Zeichnungen heraus, die nach der Beschreibung von M'Quhae angefertigt worden waren. Das Ungeheuer, das die Mannschaft der *Daedalus* gesehen hatte, war daher eine der am besten beschriebenen Schlangen aller Zeiten. Sir Richard Owen, der so wenig an Darwin glaubte, dass er alles daran setzte, ihn exkommunizieren zu lassen, versuchte dagegenzuhalten, das Tier sei in Wahrheit eine riesige Robbe gewesen.

Bis zu seinem Tode weigerte sich Sir Richard Owen, auch nur die geringste Wahrscheinlichkeit dafür zuzugestehen, dass es außerhalb des ihm bekannten zoologischen Systems Ungeheuer geben könnte. Als eines „gesichtet" wurde, schrieb Owen: „Die Beobachter verfügen über kein zoologisches Fachwissen; ihre Beobachtung ist daher wertlos." Zur Beobachtung von M'Quhae bemerkte er: „Sehr wahrscheinlich hat niemand an Bord der *Daedalus* jemals zuvor eine frei im

---

* Inch: angelsächs. Längenmaß, das 2,54 Zentimeter entspricht.

26

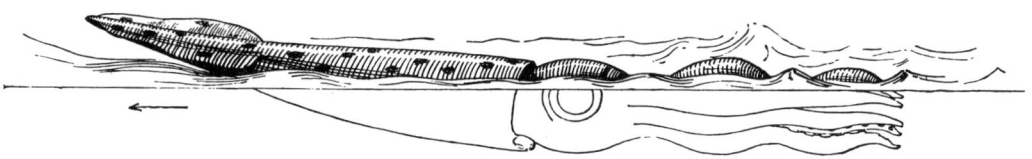

Skizze eines Riesenkalmars, der an der Oberfläche schwimmt. Eine mögliche Erklärung für das Seeungeheuer, das Seeleute von der Daedalus aus gesehen haben. Die langen Tentakel fehlen auf der Zeichnung; durch sie wäre es doppelt so lang.

offenen Meer schwimmende Riesenrobbe gesehen." Mit der für ihn typischen Vorliebe für maßlose Übertreibungen beendete Owen seine Kritik, die in der *Times* gedruckt wurde, mit der Behauptung: „Für die Existenz von Geistern könnte man mehr Augenzeugenberichte zusammenbekommen als für die von Seeschlangen." In seiner erbosten Antwort, die ebenfalls in der *Times* gedruckt wurde, beschuldigte M'Quhae Owen, er habe ihn ganz eindeutig falsch zitiert:

> Schließlich und endlich weise ich die Unterstellung, ich sei erregt gewesen oder vielleicht einer optischen Täuschung erlegen, weit von mir. Hinsichtlich der Form, der Farbe und der Ausmaße bleibe ich weiterhin bei der Darstellung, die ich in meinem offiziellen Bericht an die Admiralität abgegeben habe. An diesen Daten mögen Gelehrte und Wissenschaftler solange die „Freuden der Vorstellungskraft" erproben, bis sich eine bessere Gelegenheit bietet, mit dem „großen Unbekannten" näher Bekanntschaft zu schließen, der im vorliegenden Fall mit Sicherheit kein Geist gewesen ist.

Wenn man die Zeichnungen vom *Daedalus*-Monster mit dem Bild von *Architeuthis* vergleicht, das wir im Kopf haben, dann springt einem die Identität des „Monsters" förmlich ins Auge. Wir sehen keine „Riesenschlange" vor uns, sondern vielmehr den Schwanz eines enormen Cephalopoden. Kapitän M'Quhae zeichnete freundlicherweise dort ein Auge hin, wo seiner Ansicht nach eines hingehörte, erwähnte es jedoch in seiner Beschreibung an keiner Stelle. Was er allerdings erwähnte, war, dass „kein Teil [seines Körpers] als Antrieb benutzt wurde, um es in dieser Position – sei es mit vertikalen oder sei es mit horizontalen Schlängelbewegungen – durch das Wasser zu bewegen." Kein Wirbeltier kann sich ohne sichtbare Antriebsmöglichkeit durch das Wasser bewegen. Nur ein Kalmar, der aus dem Trichter oder dem Mantel Wasser herausstößt, um sich zu bewegen, könnte gut zu M'Quhae's Beschreibung passen.

Die HMS *Plumper* befand sich 1848 im Nordatlantik, als ein sonderbares Wesen gesichtet wurde. Ein Artikel in den *Illustrated London News* vom 10. April 1849, der mit „Ein Marineoffizier" unterzeichnet war, enthielt folgende Beschreibung:

> Direkt westlich von Oporto [Portugal] sah ich ein langes schwarzes Tier mit einem spitzen Kopf, das sich mit schätzungsweise zwei Knoten langsam in nordwestlicher Richtung durch das Wasser bewegte. Es gab zu dieser Zeit eine frische Brise, außerdem hatten wir etwas Seegang. Ich konnte nicht genau feststellen, wie lang das Tier war; sein Rücken ragte jedoch etwa 20 Fuß, wenn nicht mehr, aus dem Wasser heraus. Sein Kopf war, soweit ich das beurteilen konnte, sechs bis acht Fuß lang ... Das Tier kreuzte in unserem Kielwasser und schwamm auf der Backbordseite in Lee auf eine Handelsbarke zu.

Mit einem dunklen „Körper", einem spitzen Kopf, ohne Maul und einem nur ganz schwach angedeuteten Auge sieht die Zeichnung, die der Beschreibung von der Sichtung der *Plumper* beilag, keinem lebenden Wesen ähnlich – außer vielleicht einem Riesenkalmar.

Es ist nicht meine Absicht, alle Begegnungen mit Seeschlangen auf *Architeuthis* zurückzuführen. Es spricht aber einiges dafür, dass viele dieser Seeleute und Passagiere, die irgendein „Ungeheuer" gesehen haben, in Wahrheit einen Riesenkalmar erblickt haben. Wir wollen uns die Schlangen der skandinavischen Bischöfe Egede und Pontoppidan genauer ansehen. Wie Henry Lee in „*Sea Monsters Unmasked*" zeigt, kann man Egedes Zeichnung der Seeschlange leicht dahingehend abändern, dass sie einem Riesenkalmar ähnelt. Dafür muss man nur das Auge und die Mundöffnung entfernen und das Wasser aus dem Trichter und nicht aus dem Maul kommen lassen. Pontoppidan stützt seine Darstellungen zum größten Teil auf Hörensagen; das gleiche gilt für von Ferry's Bericht sowie für den eines Gouverneurs Benstrup; er erwähnt allerdings auch die Kadaver, die regelmäßig an die norwegische Küste angeschwemmt werden. Könnte es nicht sein, dass Norwegen in der Mitte des 18. Jahrhunderts genauso eine Invasion von Riesenkalmaren erlebt hat, wie Ende des 19. Jahrhunderts eine solche in Neufundland und in jüngster Zeit vor Neuseeland stattgefunden hat?

Selbst wenn man sich nur eine begrenzte Anzahl der „Seeschlangen"-Berichte ansieht, stößt man auf zahlreiche Fälle, in denen der Riesenkalmar ernsthaft als Kandidat in Frage kommt. Als der britische Naturforscher Philip Henry Gosse 1861 „*The Romance of Natural History*" schrieb, beendete er das Buch mit einem Kapitel, das den Titel „Der große Unbekannte" trug. Darin fasste er vieles von dem zusammen, was man damals über Seeungeheuer wusste, und erwähnte auch den Bericht über den 1845 im Romsdalfjord gesichteten Kraken.

Gosse zitiert dann Sir Richard Owen mit den Sätzen: „Nur wenige Seeküsten sind so sorgfältig, beziehungsweise von so scharfsinnigen Naturforschern untersucht worden wie die norwegischen. Wenn all diese Erzählungen zuträfen, müssten dort irgendwo schon lange vor Pontoppidan und bis in unsere Zeit hinein Kraken und Seeschlangen gelebt haben und gestorben sein. Bisher haben sie jedoch noch keinem einzigen skandinavischen Sammler auch nur ein winziges Bruchstück ihres Skeletts überlassen." Elf Jahre später tauchte vor der Küste Neufundlands ein solches „Fragment" eines Kraken auf; es bestand aus einem vollständigen Riesenkalmar. Da es jetzt eine Erklärung dafür gibt, kann man Gosses Geschichte als eine Beschreibung von etwas interpretieren, das die Norweger heute *kjempeblekksprut* nennen. Besonders charakteristisch sind die „Wellenbewegung" hinter dem Tier (auf Grund der Fangarme), der „Kopf" (eine Tentakelkeule) sowie das Fehlen von Augen.

1886 schrieb ein Australier namens Charles Gould ein Buch mit dem Titel *„Mythical Monsters"*. Es handelt größtenteils von chinesischen und japanischen Drachen sowie von anderen asiatischen Monstern – Gould reiste viel im Fernen Osten herum; ein Kapitel ist jedoch den Seeschlangen gewidmet. Es beginnt mit einer Charakterisierung der Bischöfe Pontoppidan und Egede sowie so früher Chronisten wie Olaus Magnus und Aldrovandi und kommt dann zum Kern der Sache: zu Berichten von auf dem Meer gesichteten Tieren, die nicht identifiziert werden konnten. Gould stellt einen Arthur de Capell Brooke vor, der 1820 um die Nordküste Norwegens herum gesegelt ist und seine Beobachtungen 1823 in *„Travels Through Sweden, Norway and Finnmark"* veröffentlicht hat. Brooke schien von Seeschlangen fasziniert gewesen zu sein, denn er berichtete von zahlreichen Begegnungen:

> Meldung: Vor Otersoen ... Es war von beträchtlicher Länge, jedenfalls länger, als es den Anschein hatte, da es mit mehreren großen Windungen viele Fuß hoch aus dem Wasser herausragte. Sein Kopf ähnelte dem einer Schlange. Er konnte allerdings nicht sagen, ob es Zähne besaß. Er meinte, es habe einen sehr intensiven Geruch verströmt und die Bootsleute hätten sich gefürchtet, näher heranzufahren.

> Meldung: In Alstahoeg traf ich den Bischof der Nordlande [noch ein Geistlicher!], der mit eigenen Augen gesehen hatte, wie zwei dieser Tiere in der Bucht von Sörsund im Fjord von Drontheim aufgetaucht waren ... Beim Schwimmen zogen sie sich zu großen Windungen zusammen, die teilweise außerhalb des Wassers sichtbar waren. Die Länge des längeren schätzte er auf etwa 100 Fuß. Sie hatten eine dunkelgraue Farbe, und man konnte ihre Köpfe kaum erkennen, da sie nahezu vollkommen unter Wasser waren.

Kapitän Brooke glaubte diesen Berichten – nicht nur, weil sie aus dem Mund von Fischern kamen („einem ehrenwerten, arglosen Menschenschlag, der keinen Grund hat, etwas falsch darzustellen, und der nicht verdächtigt werden kann, absichtlich etwas vortäuschen zu wollen"), sondern auch, weil einige Informanten „von höherem Rang und Bildung" waren: unter ihnen der Gouverneur der Finnmark, Herr Steen, der Geistliche von Carlsö, Reverend Deinboll von Vadsö sowie der Bischof von Nordland.

Gould erwähnte auch den Bericht eines Herrn McLean, des Gemeindepfarrers von Eigg. Dieser ruderte 1809 gerade entlang der Küste von Coll in den Hebriden, als er direkt vor der Küste ein Tier erblickte: „Als es wenige Meter vom Ufer entfernt das seichte Wasser erreicht hatte, streckte es seinen riesigen Kopf aus dem Wasser und verließ dann unter offensichtlichen Schwierigkeiten im Zickzack-Kurs die Bucht, in der unser Boot lag … Sein Kopf war etwas breit und leicht oval geformt, sein Hals dagegen etwas schmaler. Seine Schultern, wenn man das so nennen kann, waren erheblich breiter; es verjüngte sich zum Schwanz hin, den es ziemlich tief im Wasser hielt." Angesichts dieser spärlichen Einzelheiten fällt es schwer, sich das Tier vorzustellen. Ohne Maul, Augen, Ohren oder Mähne ähnelt es an sich keinem der bekannten Vierbeiner. Und erneut könnte diese Beschreibung auf irgendein wirbelloses Tier zutreffen – allerdings zugegebenermaßen sehr vage. Wir müssen annehmen, dass McLean etwas gesehen hat, das zu keinem der damals bekannten Lebewesen passte.

In „*The Zoologist*" (Untertitel: „*A Popular Miscellany of Natural History*") beschreiben zwei geistliche Herren, John Macrae und David Twopeny, in einem Essay ausführlich eine weitere Begegnung, die 1872 in den Hebriden stattgefunden hat. Macrae war der Pfarrer von Glenelg in der Grafschaft Invernesshire, Twopeny der Vikar von Stockbury in der Grafschaft Kent. Beide segelten „zusammen mit zwei Damen, F. und K., einem Gentleman, G.B., sowie einem Burschen aus dem schottischen Hochland" den Sound-of-Sleat hinunter, als die Gruppe etwa 200 Meter achtern eine dunkle Masse erblickte, die sich fortwährend in symmetrischen Formationen aus dem Wasser hob, dann abtauchte und erneut wieder zum Vorschein kam. Seine Gesamtlänge schätzten sie auf 13 Meter. Es „begann dann, uns schnell näher zu kommen und wühlte dabei sehr stark das Meer auf. Der Körper war nun beinahe, wenn nicht sogar völlig verschwunden, und der Kopf näherte sich uns mit großer Geschwindigkeit inmitten eines aufsprühenden feinen Wasserschleiers, der offensichtlich irgendwie durch die schnelle Bewegung des Tieres erzeugt wurde; man konnte allerdings nicht erkennen wie – in jedem Fall nicht durch Spritzen."

Am nächsten Tag erblickten sie das Tier erneut. Diesmal „sah es allerdings beträchtlich länger aus als am Tag zuvor … Es schien mindestens 60 Fuß lang zu sein. Bald begann es eilig umherzuschwimmen; dabei zeigte sich aber wie am Tag zuvor nur ein kleiner Teil von ihm. Es schien sich Richtung Lochourn zu bewegen." Macrae und Twopeny zufolge sahen auch einige andere Personen das Tier. Die Autoren wurden angeblich erst bei der Veröffentlichung des Buches auf „*Pontoppidans' Natural History* oder seine Drucke von der norwegischen Seeschlange, die der ersten unserer eigenen Skizzen auffallend ähnelte" aufmerksam. (Der Titel ihres Essays lautete: „*Appearance of an Animal, Believed*

Als Michael Nicoll, ein Naturforscher, 1905 an Bord der Yacht Valhalla war, sah er vor der Küste Brasiliens eine Seeschlange. Dabei machte er diese Skizze, die in den Proceedings of the Zoological Society of London veröffentlicht wurde.

to Be That Which Is Called the Norwegian Sea Serpent, on the Western Coast of Scotland, in August, 1872.")

Hier sollte darauf hingewiesen werden, dass viele der schon vor der ersten Beschreibung von *Architeuthis* verzeichneten Seeschlangen in Gewässern gesichtet wurden, die sich später als die bevorzugten Aufenthaltsorte der Riesenkalmare erwiesen haben. Olaus Magnus berichtete, dass der „*Soe Orm*" in der Nähe der Küste von Bergen lebte; die Bischöfe Pontoppidan und Egede erblickten ihre Ungeheuer vor Norwegen und Grönland; das Ungetüm von Reverend Dienboll tauchte im Romsdalfjord auf; und die umstrittene Schlange der *Daedalus* wurde vor dem Kap der Guten Hoffnung gesichtet. Es scheint mehr als eine zufällige Übereinstimmung zu sein, dass sich Seeschlangen häufig in Gewässern aufhalten, von denen man weiß, dass sich dort gelegentlich auch Riesenkalmare tummeln – und umgekehrt.

Wie um Owens Kritik zu konterkarieren, dass Wissenschaftler diese Monstren nie zu Gesicht bekommen hätten, erblickten 1905 zwei Naturforscher, E. G. B. Meade-Waldo und M. J. Nicoll, vor der brasilianischen Küste ein dunkelbraunes Tier mit einem großen Kragen auf seiner Rückseite. Sie waren auf einer wissenschaftlichen Kreuzfahrt und befanden sich an Bord der mit einem Hilfsmotor ausgestatteten Segelyacht *Valhalla* des Earl of Crawford. Meade-Waldo veröffentlichte seine Beobachtungen in den *Proceedings of the Zoological Society of London*:

Ich schaute und sah eine große Flosse oder einen Kragen aus dem Wasser ragen, dunkelbraun wie Seetang gefärbt und am Rand leicht gewellt. Er war offensichtlich etwa 6 Fuß lang und hob sich 18 Inches bis 2 Fuß weit aus dem Wasser heraus. Unter Wasser am Ende des Kragens konnte ich den Schatten eines riesigen Körpers erkennen. Ich richtete mein Fernglas darauf (ein stark vergrößerndes Glas der Firma Goerz Trieder) und fast genau in dem Moment,

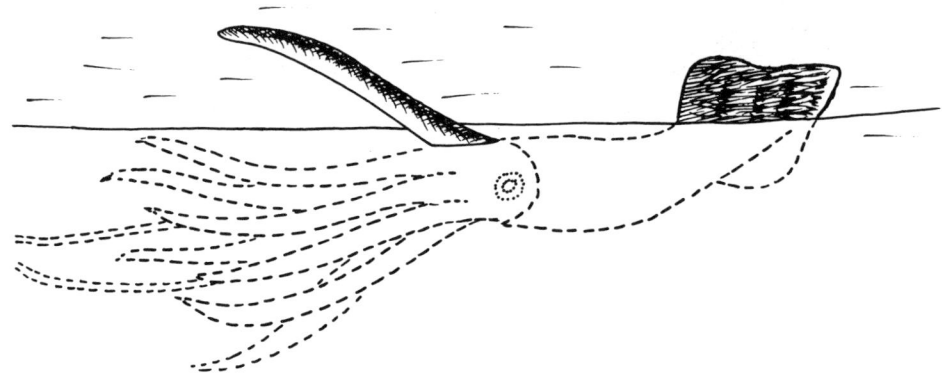

Die modifizierte Form der Skizze von Nicoll, mit der die Riesenkalmar-Hypothese gestützt werden sollte.

als ich es gerade auf den Kragen eingestellt hatte, schob sich vor dem Kragen ein großer Kopf und Hals aus dem Wasser. Der Hals berührte im Wasser nicht den Kragen, sondern tauchte vor ihm in einem Abstand von mindestens 18 Inches – wahrscheinlich mehr – aus dem Wasser auf. Der Hals war etwa so dick wie der Körper eines zierlichen Mannes und ragte 7-8 Fuß aus dem Wasser ... Der Kopf ähnelte dem einer Schildkröte, das Auge ebenfalls. Ich konnte den Umriss des Mauls erkennen, wir segelten jedoch ziemlich schnell und entfernten uns rasch von dem Objekt, das sich sehr langsam bewegte. Es bewegte seinen Kopf in einer eigenartigen Weise von einer Seite zur anderen. Kopf und Hals waren dunkelbraun gefärbt und auf der Unterseite weißlich, nahezu weiß, glaube ich.

Michael Nicolls Beschreibung ähnelte dieser und wurde zusammen mit der von Maede-Waldo abgedruckt. Nicoll steuerte auch eine Zeichnung bei, die hier abgebildet ist. Man kann in den Beschreibungen der beiden durchaus ein Ungeheuer mit einem „Kragen" erkennen; genauso gut lässt sich aus ihnen aber auch die Beschreibung eines Riesenkalmars ablesen, der an der Oberfläche schwimmt: Der Kragen könnte eine der Schwanzflossen gewesen sein, der Hals, der nicht mit dem „Kragen" verbunden war, einer der langen Tentakel und der Kopf dessen abgeplattetes Ende. Das Auge, das dem einer Schildkröte glich, ist zugegebenermaßen ein Problem. Wenn aber etwas so aussieht wie der „Kopf" eines Tieres, so erwarten wir, dass sich dort auch irgendwo ein Auge befindet. Meade-Waldo und Nicoll haben es möglicherweise nur erfunden. (Viele „Seeungeheuer", die gesichtet wurden, lassen sich als Begegnungen mit *Architeuthis* deuten, wenn man davon ausgeht, dass die Beobachter fälschlicherweise ein Auge gesehen haben.) Was die eigenartige Bewegung des Kopfes betrifft, die Nicoll als „eine seltsame schlängelnde Bewegung" beschreibt, so war das Objekt, das sie beschrieben haben, wahrscheinlich eher kein Kopf, sondern etwas anderes – vielleicht ein Tentakel. Wir wissen praktisch überhaupt nichts darüber, wie sich Riesenkalmare an der Oberfläche bewegen – wenn sie sich überhaupt jemals an der Oberfläche bewegen –, es besteht aber die Möglichkeit, dass diese Tiere beim Schwimmen einen Tentakel aus dem Wasser strecken. Das würde uns ein gutes Stück dabei weiterhelfen, das Erscheinen von Tieren mit großen Körpern und langen Hälsen zu erklären. (Wenn ein Riesenkalmar beim Schwimmen jemals beide Tentakel aus dem Wasser gehalten hätte, so besäßen wir wahrscheinlich Berichte von Ungeheuern mit zwei Köpfen.)

Der Generalmajor der US-Army H.C. Merriam sichtete eine Seeschlange, als er im August 1905 vor Wood Island im Staat Maine segelte. Er berichtete darüber in einem Brief an Dr. F. A. Lucas, den Direktor des *American Museum of Natural History in New York*. Der Brief, der im Anhang zu *„Salt Water Fishing"* von V. C. Heilner vollständig abgedruckt wurde, enthält folgende Beschreibung eines „Schlangenungeheuers":

> Sein Kopf ragte mehrere Fuß aus dem Wasser heraus und sein langer Körper war klar zu erkennen. Es bewegte sich mit windenden oder schlängelnden Bewegungen langsam auf unser Boot zu ... Es besaß keine deutlich abgesetzte Rückenflosse. Sein Rücken schien braun gefärbt und gesprenkelt zu sein; die Färbung verblasste auf dem Bauch zu einem matten Gelb. Der Kopf ähnelte dem einer Schlange und der Teil, den man über der Wasseroberfläche erblickte, der Hals, hatte wohl einen Durchmesser von etwa 15-18 Inches. Falls es eine Brustflosse gehabt haben sollte, so haben wir sie nicht gesehen. Ich schätze, dass es insgesamt 60 Fuß lang war.

Der Australier David Stead schrieb über Fische und das Fischen, Wale und den Walfang und hin und wieder auch über Ungeheuer. Er war offensichtlich der Ansicht, die Australier seien bei den Seeschlangen etwas zu kurz gekommen; daher gab er in *„Giant and Pygmies of the Deep"* mehrere Begegnungen in australischen Gewässern wieder. Die erste erfolgte 1930 vor dem Bellambi-Riff in New South Wales. Beobachter beschrieben „ein riesiges Ungeheuer, das wie eine Schlange aussah" und ein Maul hatte, das dem Schnabel eines Pelikans glich. Für Stead war klar, dass das Tier mit dem offenen Maul nur ein Furchenwal, wahrscheinlich ein Zwergwal, gewesen sein konnte. Zwei Tage später tauchte vor Scarbarough („einige Meilen nördlich von der ersten Stelle") ein weiteres Ungetüm auf. Dieses Mal fand sich aber nicht so leicht eine einfache Erklärung. Es sah wie eine riesige schwarze Schlange aus, war 24-27 Meter lang und warf seinen riesigen Kopf in die Luft, duckte sich dann unter die Wasseroberfläche und erweckte den Eindruck, als fräße es dort etwas. Stead folgerte, dies sei nun wirklich ein Ungeheuer gewesen, „ein großer Kalmar, Tintenfisch oder eine Tintenschnecke von der Art, die oft als Polyp bezeichnet wird." Er beschreibt dann mehrere weitere Begegnungen in australischen Gewässern und schließt mit den Worten: „All diese und viele andere Fälle sind meines Erachtens genügend Hinweise, um die gesichteten Tiere eindeutig zu identifizieren – nicht als irgendeine Art von Schlange, sondern als den Furcht erregenden Riesenkalmar."

Dann gibt es da noch die Geschichte des Dampfers Santa Clara von der Grace Line, der 1947 von New York nach Cartagena unterwegs war. Etwa 118 Meilen vor Nord-Carolina stieß das Schiff auf ein Meerestier. Der dritte Offizier John Axelson sah

> einen schlangenartigen Kopf etwa 9 Meter vor dem Bug auf der Steuerbordseite aus dem Wasser ragen. Seine erstaunten Rufe lenkten die Aufmerksamkeit der anderen beiden Maate auf das Seeungeheuer. Die drei beobachteten ungläubig, wie es innerhalb eines Augenblicks querab vor die Brücke trieb, wo sie standen, und dann achtern zurückblieb. Der Kopf des Tieres schien etwa 80 Zentimeter breit, 60 Zentimeter dick und anderthalb Meter lang zu sein. Der zylindrisch geformte Körper war etwa 90 Zentimeter dick, und der Hals hatte einen Durchmesser von 45 Zentimeter ... Der sichtbare Teil des Körpers war etwa 10 Meter lang.*

Da in der Beschreibung nirgends eine Mundöffnung oder Augen vorkommen – Merkmale, die wahrscheinlich sofort die Aufmerksamkeit erregt hätten – könnte man alle von der Santa-Clara-Besatzung beobachteten Elemente sehr wohl einem Riesenkalmaren zuordnen. Der „schlangenförmige Kopf" könnte den keulenförmigen Enden der langen Tentakel entsprechen, wobei die Saugnäpfe vom Betrachter abgewandt waren, und der „Hals" könnte der Tentakel selbst gewesen sein. Die angegebenen Dimensionen stimmen mit denen der Tentakelkeulen eines großen Kalmars überein und selbst der „zylindrisch geformte Körper" hat die richtige Größe. Mit anderen Worten: Es gibt nichts an dieser Beschreibung, das man nicht auf *Architeuthis* beziehen könnte.

Am 31. Oktober 1983 sahen Straßenbauarbeiter nördlich von San Francisco in der Nähe von Stinson Beach ein „unidentifiziertes Tier" vor der Küste schwimmen. Wie der *San Francisco Chronicle* berichtete, folgten dem Tier eine Schar Vögel sowie etwa zwei Dutzend Seelöwen. Einer der Arbeiter sagte in einem Interview: „Da waren drei Krümmungen, die wie Buckel aussahen und steil herausragten. Dann streckte es seinen Kopf heraus und blickte umher." Am 2. November berichteten Surfer von einer „Seeschlange" nahe Costa Mesa, die ihrer Beschreibung nach „einem langen schwarzen Aal" ähnelte. Einer der Surfer, der in der *Daily Pilot* von Costa Mesa zitiert wurde, meinte: „Es gab keine Rückenflossen. Die Haut war nicht wie bei einem Wal. Und als sie durch das Wasser pflügte,

---

* Diese Geschichte stammt aus Bernard Heuvelmans „In the Wake of the Sea-Serpents". Sie enthielt keinen Zusatz, außer den, dass „Associated Press ein ausführliches Kommunique ... herausgegeben hatte."

hatte sie überhaupt nichts vom einem Wal. Ich habe weder den Kopf noch den Schwanz gesehen." Anhand dieser bruchstückhaften Informationen, die zuerst J. R. Greenwell im *Newsletter der International Society for Cryptozoology* erwähnt hatte und die dann in einem Time-Life-Buch namens *„Mysterious Creatures"* standen, kann man nur schwer beurteilen, was für ein Tier das war – vorausgesetzt, es war in beiden Fällen das gleiche Tier. Die beschriebenen Elemente kann man sich jedoch mit Fug und Recht als Teile eines großen Kalmars vorstellen. Es muss allerdings darauf hingewiesen werden, dass es niemals einen Bericht über einen in Kalifornien gestrandeten *Architeuthis* gegeben hat. Es gibt jedoch ein Tier, das als Pazifischer Riesenkalmar *(Moroteuthis robustus)* bezeichnet wird. Es hat nicht die Ausmaße eines *Architeuthis*, kann aber eine Körper- und Tentakellänge von knapp 6 Metern erreichen (S. 147.).

In der Zusammenfassung von *„In the Wake of the Sea-Serpents"* schrieb Bernard Heuvelmans:

> Die Legende von der Riesenseeschlange entstand nach und nach, weil zufällig eine Reihe großer Seetiere gesichtet wurde, die in gewisser Hinsicht Schlangen ähnelten. Einige davon hat man in den letzten Jahrhunderten als Bandfisch, Walhai und Steller'sche Seekuh identifizieren können. Die meisten sind jedoch der Wissenschaft immer noch nicht bekannt, können aber – je nach Anzahl und Präzision der Beschreibungen, die sich auf sie beziehen – dennoch mit einiger Genauigkeit bestimmt werden.

Er erwähnt in diesem Abschnitt nicht den Riesenkalmar, aber 9 Meter lange Tentakel sind sicher als „schlangenförmiger" einzustufen als irgendein Körperteil eines Walhais oder einer Steller'schen Seekuh. Unter dem Titel „Der Krake und der Riesenkalmar" hat er ihm allerdings ein ganzes Kapitel seines Buches gewidmet. Dieses dient jedoch mehr dazu, das Tier samt seiner sagenhaften Geschichte vorzustellen; auf die Möglichkeit, dass man sie für eine Seeschlange halten kann, geht er kaum ein. Der Riesenkalmar kann aber nicht für alles als Erklärung herhalten: Es gibt viele Beobachtungen von ernst zu nehmenden Leuten, die sich nicht einfach so mit Kalmartentakel in einen Korb werfen lassen.

Selbst wenn man annimmt, dass im Wasser keine Dinosaurier mehr leben und es keine Riesenaale, Riesenschlangen, Riesenrobben oder Riesenotter gibt, so bleiben immer noch einige Beobachtungen von „Seeschlangen", die man nur schwer erklären kann. Es ist vollkommen klar, dass ungeschulte Beobachter fremdartige Tiere, die sie auf dem Meer gesehen haben, als „Ungeheuer" charakterisieren. In der Vergangenheit gab es natürlich im Fernsehen keine Disney- und Naturfilme. Die Leute mussten sich auf Beschreibungen verlassen, die veröffentlicht wurden und die, wie wir gesehen haben, häufig maßlos übertrieben waren. Kaum jemand hatte schon einmal einen Riesenkalmar gesehen. Wie also sollten sie da irgendeine sonderbare, vielarmige Sensation mit dem in Einklang bringen, was David Stead als den „Furcht erregenden riesigen Kalmar" bezeichnet hatte?

Die Tatsache, dass man eine negative Aussage nicht beweisen kann, ermutigt alle wahrhaft Gläubigen durchzuhalten. Solange man nicht zeigen kann, dass die Ungeheuer *nicht* existieren – was natürlich unmöglich ist –, werden sie weiter hoffen. Mehr als jedes andere reale oder nur in der Phantasie vorhandene Lebewesen hält der Riesenkalmar die Kryptozoologie auf Trab. Geschichten von Ungeheuern, die nach Schiffen greifen, sind so alt wie die Seefahrt. Erst seit Ende des 19. Jahrhunderts tauchten mit ein paar immer noch ungeklärten meereskundlichen Anomalien Exemplare von *Architeuthis* allmählich auf den felsigen Stränden von Neufundland auf. Da der Riesenkalmar so ein unglaubliches Tier ist, ist es tatsächlich einfacher, ihn für einen Mythos zu halten als für ein wirklich existierendes Tier. Sein melodramatischer Auftritt in Romanen wie „20.000 Meilen unter dem Meer" und „*Beast*" hat dazu beigetragen, dass es in die Welt der Fiktion abgeschoben wurde. Wie der Beluga scheint auch *Architeuthis* zu groß und zu gefährlich, um wahr zu sein.

Die Biologie der Riesen- und anderer Kalmare

Roger Hanlon und John Messenger schrieben in ihrem Buch *„Cephalopod Behaviour"* aus dem Jahre 1996: „Cephalopoden gehören zu den schönsten Tieren der Erde; ihr Verhalten ist komplex und faszinierend." Ihr Verhalten „komplex" zu nennen, ist eine Untertreibung, und das Wort „faszinierend" wird ihnen nicht einmal ansatzweise gerecht. Die Bezeichnung Cephalopode, das griechische Wort für Kopffüßer, bezieht sich darauf, dass bei diesen Tieren die Arme scheinbar direkt dem Kopf entspringen. Alle Cephalopoden haben mindestens acht Fangarme; Kraken müssen da schon passen, während Tintenfische und Kalmare noch zusätzlich zwei Tentakel haben, die sie hervorstoßen können, um ihre Beute zu fangen. (*Nautilus* (Perlboot), der mit seinen Kammern als der primitivste lebende Kopffüßer gilt, kann bis zu 90 Fangarme haben.) Alle Kalmare besitzen zehn Arme, weshalb sie auch als Dekapoden bezeichnet werden. Auch bei der Familie der Octopoteuthidae, den achtarmigen Kalmaren, sind noch zwei Fütterungstentakel angelegt, die allerdings im Körper resorbiert werden, wenn das Tier heranreift; ausgewachsene Kalmare dieser Familie haben nur acht Fangarme.

Es gibt etwa 700 Cephalopodenarten (Kalmare, Kraken, Tintenfische, Perlboote mit ihren Kammern) sowie innerhalb dieser umfassenden Klassifizierung etwa 40 Kalmargattungen.* Diese haben eine erstaunliche Größen- und Formenvielfalt: Zu ihrer Ausrüstung gehören Klauen, Haken, Saugnäpfe, Riesena-

---

* „Es sollte beachtet werden", so schrieb W. C. Summers, „dass die englische Bezeichnung ‚squid' Singular und Plural zugleich ist. Die englische Sprache bietet Jägern und Fischern die Möglichkeit, sich mit dem Begriff ‚squid' auf jede mögliche Sorte zu beziehen – ‚squid' ist Singular. Wenn es um eine Spezies geht, so hat man keine Probleme mit Ausnahmen – ‚squid' ist Plural. Doch die Option basiert auf der Wahrnehmung der Berichterstatter und darauf, wie genau eine Beschreibung ausgeführt werden soll. ‚Squids' impliziert eine Ansammlung von mehr als einer Sorte, obwohl man in Betracht ziehen sollte, dass der offensichtliche Plural sich auf die Spezies , auf die Anzahl innerhalb einer Spezies, oder sogar auf Größen (wenn diese unterschiedlichen Marktwert besitzen) beziehen kann. Die englische wissenschaftliche Literatur wird sich gewöhnlich den Pluralbegriff für mehrere Spezies reservieren; beide Begriffe werden jedoch in unterschiedlichen Zusammenhängen auch für dieselbe Spezies verwendet."

xone, Augen so komplex wie die höherer Wirbeltiere, papageienartige Schnäbel oder Leuchtorgane, mit denen sie über und über bedeckt sind. Einige sind zäh und muskulös, andere weich und gallertartig wie Quallen. Einige Spezies können fliegen, andere in tiefe Abgründe hinuntertauchen. Man findet Arten, die sich zu Ansammlungen aus unzähligen Einzeltieren zusammentun, sowie andere, die als einsame Jäger die tiefsten Abgründe durchstreifen, um nach Nahrung zu suchen. Sie gehören zur zahlreichsten und vielfältigsten Gruppe der Cephalopoden, werden offiziell zu den Mollusken gerechnet, obwohl sich ihre Schale, das so genannte „Schwert" oder der „Schulp", innerhalb des Körpers befindet. Bei kleineren Arten ist dieser Schulp kürzer als 2,5 Zentimeter, während er bei *Architeuthis* so lang wie der Mantel sein kann: mindestens 2,50 Meter. (Die länglichen kalkigen Dinger, die man aus Vogelkäfigen kennt, sind Schulpe vom Tintenfisch). Das Größenspektrum der verschiedenen Kalmare ist enorm: von dem winzigen *Pickfordiateuthis*, der etwa so kurz ist, wie sein Name hier auf dem Papier, bis zum Riesenkalmar, dem größten aller wirbellosen Tiere.

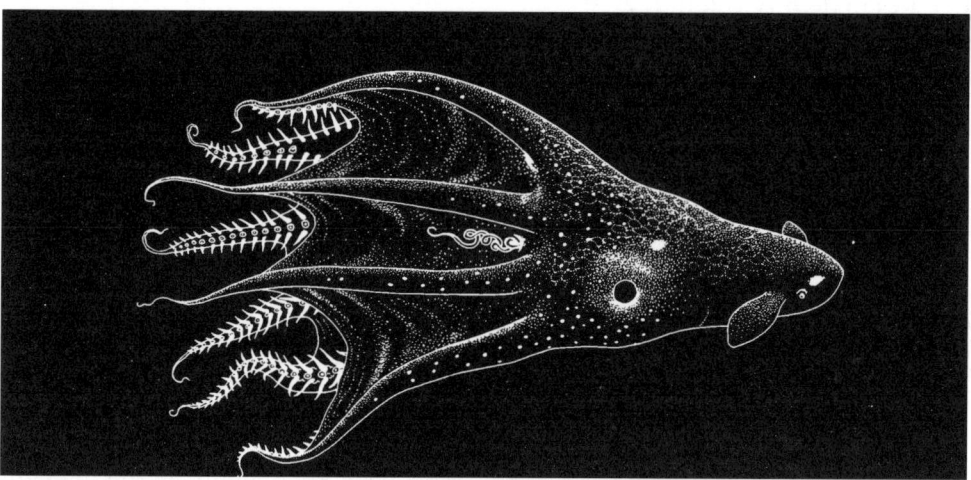

Der „Vampirkalmar aus der Hölle" (Vampyroteuthis infernalis) ist weder ein Kalmar noch ein Krake. Es ist vielmehr ein Tiefseecephalopode, der in letzter Zeit beobachtet wurde, wie er schnell voranschoss, anstatt sich passiv treiben zu lassen. Er wird höchstens 30 Zentimeter lang.

Der Tiefseecephalopode *Vampyroteuthis infernalis* scheint weder Kalmar noch Krake zu sein. Diesen etwa 20 Zentimeter langen Bewohner der Tiefsee hat Carl Chun 1903 erstmals beschrieben, ein deutscher Kalmarforscher, der ihn für einen Kraken hielt, da er – wie er glaubte – acht Fangarme hatte. Dann wurde ein weiteres Paar dünner Fangarme gefunden, das in Taschen außerhalb der Spannhäute steckte, die die acht Fangarme untereinander verbinden. Taxonomisch gehört er zu einer eigenen Ordnung zwischen Kraken und Kalmaren, den Tiefseevampiren (Vampyromorpha).

Bis vor kurzem nahm man an, *Vampyroteuthis* sei ein schlechter Schwimmer. Auf Grund seiner schwachen Muskeln und seines gallertartigen Körpers ging man davon aus, er würde sich lieber treiben lassen als pfeilschnell herumzuflitzen. Er besitzt eine hoch entwickelte Statocyste, ein Organ, mit dem er sein Gleichgewicht wahrt. Das bestärkte die Wissenschaftler in ihrer Meinung, dass *Vampyroteuthis* nahezu passiv jagt. Man kann sich vorstellen, wie überrascht der Wissenschaftler Bruce Robison war, als er die Aufzeichnungen einer automatischen Kamera verfolgte, die man vor der kalifornischen Küste im Monterey Canyon aufgestellt hatte, und plötzlich ein Exemplar von *Vampyroteuthis* ins Blickfeld schoss. Robison, Michael Vecchione und James Stein Hunt, die ihre Beobachtungen in einem Artikel in der *New York Times* (Broad 1994) beschrieben, waren vollkommen verblüfft. „Die Bilder haben mich völlig umgehauen", meinte Vecchione. „Keiner hatte geahnt, dass er ein solches Verhalten zeigen würde: dass er in Kreisen herumschwirrt und schnell schwimmen kann. Normalerweise sah man, wie sie mit ausgebreiteten Armen dahintrieben." Weiter heißt es in dem Artikel:

> Das bräunlich-rote Tier schwamm sehr geschickt und schlug mit seinen großen dünnen Schwimmflossen, die wie Flügel aussahen. Es zog einen langen, dünnen Faden hinter sich her, dessen Funktion unbekannt ist, der aber wahrscheinlich als Sinnesorgan dient. In einer Nahaufnahme war zu sehen, wie das Tier völlig stillstand und dabei nur seine langen Fangarme in einer langsam fließenden, rhythmischen Bewegung öffnete und wieder schloss. Dabei zeigte sich, dass sie über dicke Spannhäute miteinander verbunden sind. An der Stirnseite des Tieres konnte man ein riesiges Auge erkennen – unheimlich und blau. Im Zentrum seiner Spannhäute befand sich eine kleine, bewegungslose Mundöffnung.

In den letzten Jahren haben Wissenschaftler herausgefunden, dass sich Kalmare – in der Regel die kalifornische Art *Loligo opalescens*, der Kurzflossenkalmar *(Illex illecabrosus)* sowie *Loligo pealei* und *L. plei*, die beiden, an die man am besten herankommt – sehr gut als Labortiere eignen. Wenn man sie in Gefangenschaft beobachtet, kann man eine Menge über die Biologie und die Biomechanik dieser faszinierenden Geschöpfe erfahren. Aber obwohl der Riesenkalmar und seine kleineren Verwandten viele Eigenschaften gemeinsam haben, ist er doch noch etwas anderes als nur ein zu groß geratener *Loligo opalescens*. Es ist eine eigenständige Form, deren Geheimnisse durch ihr mysteriöses Verhalten und ihren unergründlichen Lebensraum selbst neugierigen Augen verborgen bleiben. Trotzdem können wir ohne ein Grundwissen über die Kalmare beispielsweise nicht über die Raspelzunge oder Radula und die Tentakelkeulen von *Architeuthis* sprechen. Wir müssen erst einiges Hintergrundwissen über seinen kleineren, leichter zugänglichen Verwandten zusammentragen, bevor wir die

Funktionsweise eines Riesenkalmars verstehen können. (Man kann nicht die Informationen aus der Untersuchung eines 20 Zentimeter langen *Loligo* auf den über 18 Meter langen *Architeuthis* übertragen. Das wäre so, als wenn man eine Maus mit einem Flusspferd vergleichen würde, nur weil beide Säugetiere sind. Da aber inzwischen klar ist, dass wir *Architeuthis* nicht in Gefangenschaft untersuchen können, und da die meisten Exemplare, die wir gesehen haben, tot waren oder gerade dabei waren zu sterben, sind wir gezwungen, solche Vergleiche anzustellen – selbst wenn einige von ihnen überzogen oder in manchen Fällen sogar vollkommen unzutreffend sind.)

Obwohl bisher zahlreiche Kalmararten untersucht wurden, gibt es noch viele, die man nur auf Grund einiger weniger Exemplare kennt. Außerdem wissen wir nicht, wie viele Arten erst noch entdeckt werden müssen. (Roper, Young und Voss identifizierten 25 verschiedene Familien der Ordnung Teuthoidea.) In seinem 1966 erschienenen *„Review of Systematics and Ecology of Oceanic Squids"* unterschied Malcolm R. Clark 181 Arten und klagte: „Dieses taxonomische Durcheinander verhindert jede auch noch so begrenzte Analyse ökologischer Daten."

Seit Clarkes Untersuchung hat die Klassifizierung der Kalmare in der Tat nur sehr geringe Fortschritte gemacht. Die Verbesserungen waren so geringfügig, dass 1977, als das Werk von Gilbert Voss unter dem Titel *„The Biology of Cephalopods"* veröffentlicht wurde, der Autor für die Zeit ab 1966 „lediglich neun kritische Revisionen der Gattungen oder Familien der Cephalopoden" ausmachen konnte. Er beklagte: „Auf Grund des kurzen Überblicks über die vorhandene Anzahl von Familien, Gattungen und Arten kann man erkennen, wie weit die Systematik dieser Klasse noch von dem Stadium entfernt ist, in dem man ein umfassendes Bild von ihrer Evolution bekommt."

1980 veröffentlichte Malcolm Clark ein ausführliches Handbuch über Cephalopoden. Dieses basierte auf seiner Untersuchung von Kalmarschnäbeln aus den Mägen von Pottwalen, die auf der Südhalbkugel gefangen worden waren. Die Untersuchung enthielt präzise Zeichnungen mit Maßangaben der gesammelten Schnäbel; anhand dieses Kriteriums gelang es ihm, bei der Bestimmung einzelner Arten einen großen Schritt voranzukommen.

1981 machte Clyde Roper auf einem Cephalopoden-Workshop in Melbourne, Australien, da weiter, wo sein Mentor, Gilbert Voss, aufgehört hatte. Er gab erneut einen Überblick über die Systematik der Kopffüßer und listete auf, mit welchen Problemen diejenigen zu kämpfen haben, die daran arbeiten. Oft spielen dabei die Schwierigkeiten eine Rolle, die bei der Konservierung von Cephalopoden für Untersuchungen auftreten: Fixiert man sie in Formalin, so ziehen sich Kraken so stark zusammen, dass sie nicht weiter untersucht werden können; die weichen Körper der Kopffüßer behalten stets die Position bei, in der sie ursprünglich fixiert wurden. Das wahrscheinlich drängendste Problem bestand jedoch darin, dass es zu wenig geeignete Exemplare gab. „Cephalopoden", so Roper, „sind häufig sehr schwer zu fangen. Da sie so aufmerksam sind und sehr schnell schwimmen, können sie den Netzen ausweichen. Geeignete Tiere einzufangen, ist in der Tat so schwierig, dass diejenigen von uns, die Tiergruppen aus dem Ozean und Gewässern mittlerer Tiefe untersuchen, sich ganz sicher sind, dass wir nur die langsamen, kranken und dummen fangen."

In den letzten Jahren wurden mehrere umfassende Untersuchungen veröffentlicht, darunter der *„FAO Species Catalogue of Cephalopods of the World"* von Roper, Sweeny und Nauen aus dem Jahre 1984 sowie im Jahre 1982 *„Cephalopods of the World"* von Kir Nesis. Beide tragen ein gutes Stück dazu bei, das in der allgemeinen Taxonomie herrschende Durcheinander zu entwirren. Es gibt aber immer noch zahlreiche ungelöste Fragen, viele Arten sind noch nicht charakterisiert und wahrscheinlich noch mehr nicht entdeckt. Eines der Hauptprobleme bei der Taxonomie der Kalmare besteht darin, dass diese sich beim Übergang von den Früh- zu den Spätstadien häufig grundlegend ändern. Voss schrieb: „Diese Tiere machen bis auf wenige Ausnahmen so vielfältige Entwicklungsstadien durch, dass viele Larven und Jungformen von Kraken und Kalmaren nicht mit bekannten Adultformen in Übereinstimmung gebracht werden können ... Mit anderen Worten: Versuche, eine Larve anhand von Schlüsseln und Beschreibungen zu identifizieren, die auf ausgewachsenen Exemplaren fußen, führen unweigerlich zu einer totalen Verwirrung." In den letzten Jahren haben viele Autoren verschiedenen Arten gleich lautende Namen gegeben, neue Spezies hinzugefügt, einige umbenannt und andere auf Grund von Ähnlichkeiten oder Unterschieden aus der Liste gestrichen. Wie viele Kalmararten es tatsächlich gibt, ist weiterhin unbekannt. Die genauesten Schätzungen schwanken derzeit zwischen 600 und 700 Arten.

Alle Kalmare sind Dekapoden – im Gegensatz zu den Kraken, die mit ihren acht Fangarmen zu den Octopoden zählen. Anordnung und Proportionen der Fangarme unterscheiden sich jedoch von Spezies zu Spezies.* Während die meisten Kalmare acht kürzere Fangarme und zwei längere Tentakel haben, haben andere – wie etwa *Chiroteuthis* – sechs verschieden lange Fangarme, zwei schwerere, längere Fangarme sowie zwei Tentakel, die zehnmal so lang sind wie der

---

* Weil die Fangarme bei jeder Art und selbst innerhalb einer Art unterschiedlich ausfallen können, hat man ein Nummerierungssystem eingeführt, mit dem Kalmarforscher genau festlegen können, welchen Arm sie meinen. Wenn man auf den Kalmar sieht und sich der Trichter auf der ventralen Seite befindet, wird das oberste Paar Fangarme, das in einer Ebene mit dem „Kopfende" liegt, mit I bezeichnet, das nächste Paar darunter mit II, dann III; IV bezieht sich auf die Fangarme, die dem Trichter am nächsten sind. Die beiden Tentakel werden immer einzeln gezählt und befinden sich zwischen den Fangarmen III und IV.

Körper. Die meisten Arten haben Tentakel – lange schmale Gliedmaßen mit breiteren, keulenförmigen Enden. In einigen Fällen sind die Tentakel jedoch genauso lang wie die Fangarme und unterscheiden sich nur durch ihre abgeflachten Handteller an den Enden. Einige Spezies haben auf der äußeren Oberfläche des dritten Armpaares seitliche Verdickungen oder „schwimmende Kiele", während bei anderen die Fangarme über Spannhäute miteinander verbunden sind. Es gibt auch einige Arten, die zuerst zehn Gliedmaßen haben; da aber die Tentakel verschwinden, wenn das Tier heranreift, kommt es zu der in sich widersprüchlichen Bezeichnung „achtarmiger Dekapode". Obwohl das Muster wechselt, kann man die Arten an der Anordnung ihrer Saugnäpfe auf den Fangarmen und den Tentakel bestimmen; einige Saugnäpfe sind mit Krallen versehen, die eingezogen werden können, die meisten haben jedoch Zahnringe.

Kalmare fangen ihre Beute mit den Tentakel, die sie, wenn sie sie nicht benötigen, teilweise einziehen können. Sie ziehen ihr Opfer mitten in ihren Ring aus Fangarmen, wo sich ein kräftiger, papageienartiger Schnabel befindet. Die acht Arme sind dicker als die Tentakel und mit einer Doppelreihe von Saugnäpfen besetzt, die zur Spitze hin immer kleiner werden. (Auf Grund der Position der

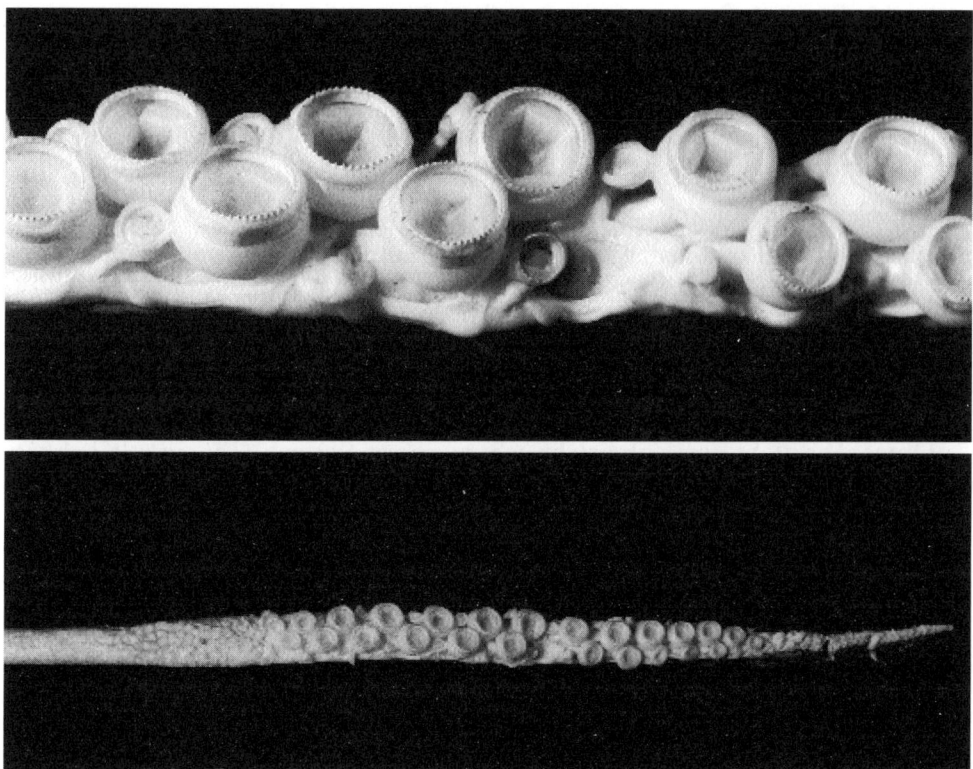

Einzelheiten von Saugnäpfen einer Tentakelkeule des Exemplars von Architeuthis, das 1995 vor Südaustralien gefunden wurde.

Mundöffnung spricht man bei der Innenoberfläche des Armes, die die Saugnäpfe trägt, von der *oralen* und bei der Außenseite von der *aboralen* Oberfläche.) Die Tentakel befinden sich immer zwischen dem dritten und vierten Fangarmpaar, die als die ventrolateralen und ventralen Fangarme bezeichnet werden. (Die anderen beiden Armpaare sind die dorsalen und dorsolateralen.) Im Querschnitt sind die Tentakel rund, während die Fangarme fast dreieckig sind, wobei die Saugnäpfe auf der abgeflachten oralen Oberfläche liegen. Bei vielen Kalmaren sind die Tentakel mit einem Schließapparat aus kleinen Höckern und Saugnäpfen ausgestattet, die wie Druckknöpfe ineinander passen und so dafür sorgen, dass die Tentakel im ausgestreckten Zustand fest zusammengehalten werden können. Die Tentakel sind länger, haben an ihrem Ansatz am Körper einen viel geringeren Umfang als die Fangarme und wirken wie ein Paar Zangen. Sie ergreifen die Beute und ziehen sie in den Kranz von Fangarmen, von wo aus sie dann zur Mundöffnung geführt wird. Anders als bei den Octopoden sind die Saugnäpfe der Kalmare gestielt und können unabhängig voneinander bewegt werden. Bei vielen Arten umschließt ein Ring chitinöser „Zähne" die Saugnäpfe auf den Fangarmen und den Tentakel, die dem Kalmaren helfen, seine oft schlüpfrige Beute festzuhalten.

Einige Saugnäpfe haben Zähne, andere dagegen nicht. Sind sie aber nicht ansonsten mehr oder weniger gleich? Andrew Smith (1996) ist nicht dieser Ansicht. Im Labor maß Smith den Druck, den die Saugnäpfe von Kraken und Kalmaren erzeugen und schloss daraus, dass „die Arten in der Überfamilie der Nacktaugenkalmare (Architeuthoidea), die schnell schwimmen und im offenen Wasser leben, die kräftigsten Saugnäpfe haben." Seinen Ergebnissen zufolge ist der Druck so gewaltig, dass man die Saugnäpfe eher von ihren Stielen abreißen würde, als sie von der Oberfläche lösen zu können, an die sie sich geheftet haben. Er entdeckte auch, dass „kleinere Saugnäpfe ... noch größere Druckdifferenziale erzeugen und daher noch fester haften; warum das so ist, ist noch unbekannt."

Obwohl er nicht dem entspricht, was wir normalerweise für einen Kopf halten – in der Regel etwas, das an einem Ende des Körpers hervorragt –, hat der Kalmar dennoch einen Kopf. Dieser ist vom Körper durch einen Hals getrennt und hat normalerweise einen kleineren Durchmesser als der Körper. (Bei den Histioteuthidae ist es allerdings genau umgekehrt.) Viele Kalmarlarven können ihre Köpfe teilweise in den Mantel zurückziehen. Das einzige ausgewachsene Tier, das diese Fähigkeit beibehält, ist *Onychoteuthis*. Wie breit der Kopf des Teuthiden ist, hängt vor allem von der Größe der Augen ab, die bei einigen Arten außergewöhnlich ist. (Bei einigen Gallertkalmaren (Cranchiidae) wie *Taonius* oder *Galiteuthis* scheint der Kopf fast nur aus Augen zu bestehen.) Das wichtigste Stütz-

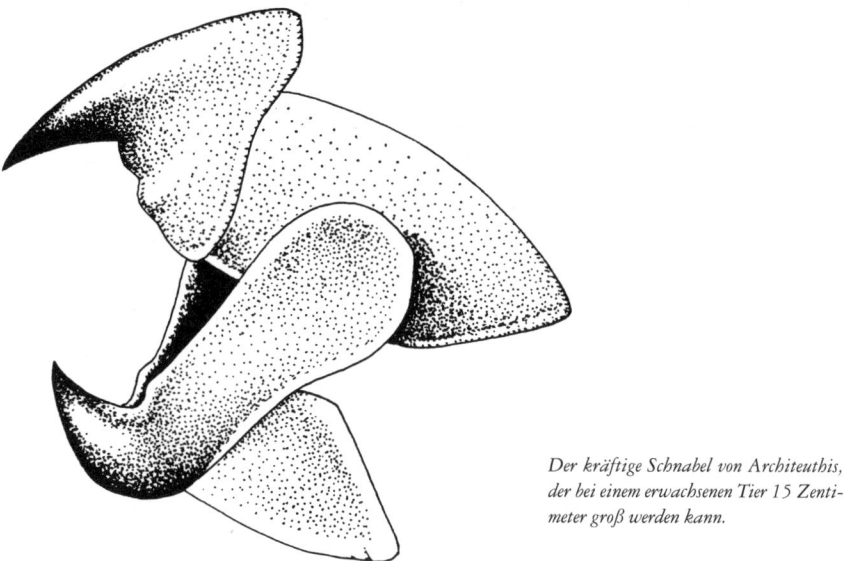

Der kräftige Schnabel von Architeuthis, der bei einem erwachsenen Tier 15 Zentimeter groß werden kann.

element innerhalb des Kopfes ist eine knorpelige Kopfkapsel, in der sich die Augen, das Hirn und die Statocysten befinden und durch die die Speiseröhre führt. Auf Grund dieser Engstelle können Kalmare keine größeren Nahrungsteile schlucken und müssen ihre Nahrung mit dem Schnabel zerkleinern oder mit der Raspelzunge zermahlen. Wie Kalmare ihre Beute mit dem Geruchssinn chemisch ausmachen, ist – wahrscheinlich, weil Kalmare sehr visuell veranlagt sind – nicht genauer untersucht worden. Sie haben vermutlich Geruchsorgane, die seitlich am Kopf in der Nähe des Halses liegen. Am Hinterende des Kopfes schließt sich der Körper (Mantel) an, während sich am anderen Ende um die Mundöffnung des Kalmars herum ein Kreis von Fangarmen und in der Regel auch ein Tentakelpaar befindet.

Das Maul eines Kalmars wird als „Mundöffnung" bezeichnet. Auf einer zungenartigen Muskelvorstülpung, der so genannten Odontophore, befindet sich die Radula oder Raspelzunge, eine Reibplatte aus Chitin, deren Oberfläche mit einer Querreihe nach hinten gerichteter Zähne überzogen ist. Sie hilft mit, die Nahrung durch die Speiseröhre zu leiten und zu zermahlen.* Die Zähne der Raspel-

---

* Als A. E. Verrill 1875 im *American Journal of Science* ein Exemplar von *Architeuthis monachus* beschrieb, machte er, was er später als einen „ernsten Fehler hinsichtlich des Zungenbands oder der Odontophore des Exemplars" bezeichnete. Er verwechselte die Radula mit der Odontophore, da sich bei diesem Exemplar die Raspelzunge an der Stelle befand, die normalerweise der Odontophore vorbehalten ist. Er konnte den Fehler in einer späteren Ausgabe des Journals korrigieren: „Glücklicherweise fand ich mehrere Monate nachdem meine Arbeiten gedruckt waren die wirkliche Odontophore im Schmutz unter den Überresten, die sich noch auf dem Boden des Behälters befanden, in dem das Exemplar ursprünglich von Neufundland aus versandt worden war."

zunge sind normalerweise in Reihen angeordnet, anhand derer man verschiedene Spezies unterscheiden kann.

Der Schnabel des Kalmars befindet sich inmitten des Kranzes von Fangarmen. Er besteht aus einem Ober- und einem Unterkiefer und ist in eine Muskelgruppierung eingebettet, die auf Grund ihrer Form als Bukkalkranz bezeichnet wird. Mit Hilfe seiner Backenmuskulatur kann der Kalmar seinen Schnabel drehen und vorschieben. Der Schnabel ist hart wie ein Papageienschnabel, allerdings nicht so hart wie der eines Vogels. Der Oberkiefer ist kleiner und passt in den Unterkiefer hinein. Bei jungen Cephalopoden ist der Schnabel halb durchsichtig und bernsteinfarben. Reift das Tier jedoch heran, wird der Schnabel dunkler und bei geschlechtsreifen Tieren schließlich dunkelbraun bis schwarz.

Wenn man den Mageninhalt von Pottwalen untersucht, die die Weichteile bereits verdaut haben, ist der Schnabel das entscheidende Bestimmungsmerkmal. In seinem Buch *„Cephalopoda in the Diet of Sperm Whales of the Southern Hemisphere"* berichtete Malcolm Clarke:

> In den Mägen werden zwar nur recht wenige vollständige Cephalopoden gefunden, die harten chitinösen Kiefer oder „Schnäbel" bleiben jedoch zum größten Teil unverdaut und sammeln sich im Magen an. Die Anzahl der Schnäbel kann sehr groß sein: Bei einem Wal, der vor Durban gefangen wurde, waren es bis zu 18.115. Wenn sie identifiziert sind, liefern sie uns andere und genauere Informationen über die Ernährung des Wals und über Cephalopoden als die relativ wenigen vollständigen Exemplare, von denen es selten mehr als 30 in einem Magen gibt.

In seiner Abhandlung *„New Techniques for the Study of Sperm Whale Migration"* beschrieb Clarke, wie Forscher anhand spezifischer, einwandfrei zugeordneter Kalmarschnäbel aus den Mägen von gefangenen Pottwalen die Wanderrouten dieser Wale verfolgen könnten. Wenn beispielsweise Wale eine bestimmte Kalmarspezies aus der Antarktis wie etwa *Mesonychoteuthis* oder *Moroteuthis knipovitchi* gefressen hätten und anschließend außerhalb dieses Gebietes – etwa vor der Küste Südafrikas – eingefangen würden, dann könnte man daraus ablesen, wo sie sich aufgehalten hätten.

Pottwale verzehren Kalmare. Was aber fressen Kalmare? Je nach ihrer Größe und danach, mit welchen Fresswerkzeugen sie ausgestattet sind, verzehren Kalmare alles von Plankton bis zu Krebsen, Fischen sowie anderen Kalmaren. Es ist nicht überraschend, dass sich kräftigere Arten auch von größeren Beutetieren ernähren. In seiner Besprechung von *Dosidicus* schrieb Nesis 1970, dass der Riesenkalmar sich vor allem von Laternenfischen und anderen Kalmaren ernährt. Es ist, gab er an, „ein in Schwärmen auftretendes nektonisches Raubtier, das alles frisst, was sich bewegt – wenn davon nur reichlich

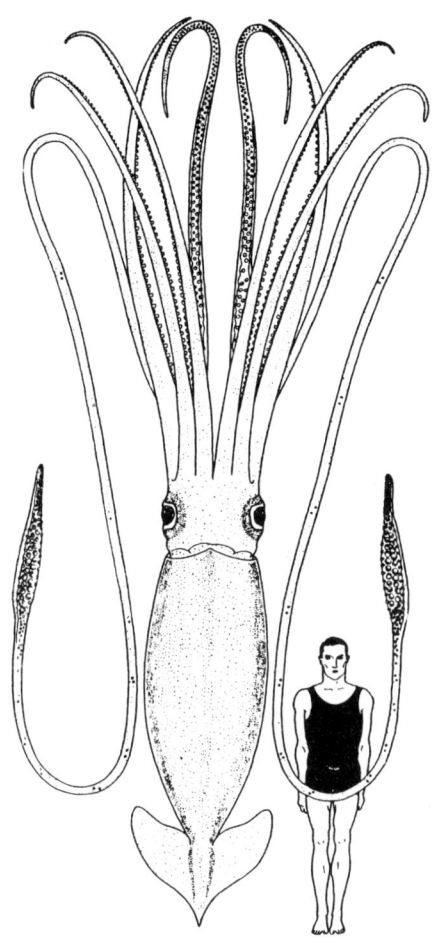

vorhanden und die Beute genügend groß ist ... Sie verschlingen sogar Müllabfälle von Schiffen: Gurken- und Bananenschalen und dergleichen." Hanlon und Messenger beschrieben alle Kopffüßer als „gefräßige Raubtiere, die Tag und Nacht fressen und sich dabei von einem breiten Spektrum von Lebewesen ernähren, die sie vor allem mit ihren Augen oder bei Berührung erkennen."

Wir haben nur vage Vorstellungen davon, wovon sich *Architeuthis* ernährt. Da seine Raspelzunge die Nahrung zerkleinert, hat man bisher in den Mägen gestrandeter Exempare nur wenig identifizieren können. Darüber hinaus sind die meisten Exemplare durch die Brandung und die Felsen so übel zugerichtet, dass ihr Mageninhalt nicht untersucht werden konnte. Bezeichnend dafür, wie wenig über das Nahrungsverhalten von *Architeuthis* bekannt ist, ist ein Ar-

In einem Artikel „Marauders of the Sea" in einer Ausgabe des National Geographic von 1935 zeichnete der Künstler einen Mann in A. E. Verrills Abbildung des Riesenkalmars, der 1877 bei Trinity Bay (Neufundland) an Land gespült worden war. Unter dem Bild steht: „Gezeichnet von Zhneya Gay nach einer Illustration von A. E. Verrill."

tikel von John Pippy und Frederick Aldrich, der 1969 im *Canadian Journal of Zoology* veröffentlicht wurde, nachdem die beiden im Muskelgewebe eines Riesenkalmars, der in Neufundland an Land geschwemmt worden war, einen Parasiten entdeckt und herausgefunden hatten, dass man diesen Parasiten (*Hepatoxylon trichiuri*) nur von Knochenfischen und Haien kannte: „Leider weiß man nichts über das Fressverhalten der Riesenkalmare ... Dieser Bericht ist der erste Hinweis darauf, was Architeuthiden möglicherweise verzehren: Teleostei und Selachii." Mit anderen Worten: Riesenkalmare fressen möglicherweise Knochenfische und Haie – kein besonders hilfreicher Beitrag. Nur 1995 ist es jemandem gelungen, den Mageninhalt eines Riesenkalmars zu untersuchen. Vor der Südwestküste Irlands waren drei männliche Tiere ins Schleppnetz gegangen. Ihre Mägen enthielten Überreste verschiedener Fische, Garnelen, Kraken und anderer Kalmare (Lordan, persönliches Gespräch 1997).

Kalmare haben zwar ein „Oben" und „Unten" – „dorsal" und „ventral" anatomisch gesprochen –, aber keine richtige Vorder- und Rückseite. Sie haben zwar an einem Ende einen Schwanz und am anderen eine Ansammlung von Fangarmen, können sich aber mit beiden Enden voranbewegen. (Das Schwanzende gilt in der Regel als „posterior" und das Tentakelende als „anterior".) Unabhängig davon, welche Richtung sie wählen, bewegen sich Kalmare immer durch eine Art „Düsenantrieb" vorwärts, indem sie aus dem Trichter – einem kurzen, schlauchförmigen Organ, das unterhalb des Kopfes aus dem Mantel hervorragt – Wasser ausstoßen. Der Kalmar kann den Trichter in jede Richtung drehen und sich, indem er einen Wasserstrahl aus ihm ausstößt, ebenso gut in Richtung seiner Fangarmspitzen wie in Richtung seiner Schwanzflossen bewegen. (Wie man bei gefangenen kleineren Kalmaren sehen kann, ballt das Tier, wenn es sich in Richtung seiner Fangarme bewegt, diese zusammen, um so den Wasserwiderstand zu verringern, der auftreten würde, wenn es mit einem Haufen Gliedmaßen herumfuchteln würde.)

Um dafür zu sorgen, dass der Wasserstrahl reguliert werden kann, gibt es im Mantel einen Grat oder eine Verdickung (den „mantelverschließenden Knorpel"), der in eine entsprechende Tasche oder Furche (den „trichterverschließenden Knorpel") im Trichter hineinpasst. Auf diese Weise wird der Mantel abgedichtet, wenn Wasser aus dem Trichter ausgepresst werden soll. Diese anatomische Struktur wird von Art zu Art unterschiedlich ausgeprägt und kann als Bestimmungsmerkmal dienen, um einzelne Arten zu unterscheiden. Die Verschlussknorpel von *Architeuthis* werden als „gerade und einfach" beschrieben. Der Riesenkalmar kennt kein „vorwärts" oder „rückwärts"; um solche terrestrischen Unterscheidungen kümmert er sich offensichtlich nicht. Er kann in jeder Richtung, die er einschlagen will, kraftvoll das Wasser durchpflügen. (Nur wie kraftvoll, ist eine weitere ungelöste Frage.)

Die meisten Kalmararten besitzen am Schwanzende ihres Mantels ein Paar Flossen, mit denen sie sich durch eine Auf- und Abbewegung fortbewegen. Bei einigen Gattungen wie *Dosidicus* und *Ommastrephes* sind diese Flossen sehr groß und kräftig, was darauf hindeutet, dass die Kalmare sie für den Vortrieb benutzen. *Taningia*, ein kraftvoller Schwimmer, der bis zu 2,10 Meter lang werden kann, weist ein Paar breitere, kräftigere Flossen auf, mit denen er einem Rochen mit Fangarmen nicht unähnlich sieht. Bei vielen anderen Arten, darunter auch beispielsweise *Architeuthis*, sind die Flossen relativ klein, sodass diese Tiere ihre

Antriebsenergie vermutlich von woanders beziehen. Paul Bartsch drückte es 1931 so aus: „Zentimeter für Zentimeter treten die Kalmare mit ihrer Schwimmstärke gegen alle anderen Tiere an, die im Meer leben." In jüngerer Zeit hat Ron O'Dor, der an der Dalhousie University von Halifax, Nova Scotia, kleinere Kalmare untersucht, einige bemerkenswerte Beobachtungen gemacht. O'Dor bezeichnet die Kalmare als „wirbellose Athleten" und als „Elitekader in der athletischsten Klasse der Mollusken". In einer Arbeit, die er 1989 mit R. E. Shadwick unter dem Titel „Kalmare, die olympischen Cephalopoden" veröffentlichte, heißt es: „Die dem Düsenantrieb eigene Ineffizienz ... zwang die Kalmare dazu, ihre bemerkenswerten athletischen Fähigkeiten zu entwickeln. Kalmare wandern nicht nur Tausende von Kilometern weit, sie erzeugen auch die meiste Energie und haben den höchsten Sauerstoffverbrauch innerhalb des Meeres." Kalmare sind im Vergleich zu Fischen Kurzstreckenläufer. (Fische können zwar nicht so schnell beschleunigen, halten aber dafür ein bestimmtes Tempo viel länger aufrecht.) Auf Grund des Düsenantriebs pressen Kalmare auch mehr Wasser durch ihre Kiemen. Dadurch können sie effizienter Sauerstoff aus dem Wasser gewinnen als Fische. Um den Sauerstoff zu transportieren, enthält das Blut der Kalmare anstelle des Wirbeltier-Hämoglobins das kupferhaltige Pigment Hämocyanin. Dieses ist nicht so viskös und kann daher leichter durch den Kreislauf gepumpt werden. (Hämocyanin bedeutet „blaues Blut"; das sauerstoffhaltige Blut der Kalmare ist nahezu farblos, schimmert aber leicht bläulich.)

Der Kreislauf der Kalmare wird wie bei allen Cephalopoden von zwei Kiemenherzen angetrieben, die sich rhythmisch zusammenziehen und so das Blut in die beiden Kiemen treiben, die über eine dünne Membran mit der Innenwand des Mantels verbunden sind. Die Atmung besteht aus einem „Einatmen" von Wasser in die Mantelhöhle, wo die Kiemen den Sauerstoff gewinnen, und einem Ausstoßen des Wassers durch den Trichter. Der Sauerstoffgehalt des Wassers, in dem sie leben, ist für Cephalopoden äußerst wichtig. Ist er niedrig, werden sie schnell schwächer und kraftlos und sterben dann.

Im Laufe ihrer Evolution haben die Kalmare sich mit verschiedenen Weiterentwicklungen jeweils anzupassen versucht, um mit Fischen konkurrieren können. „Es gibt sehr viele Dinge, die Fische gut, Kalmare dagegen nur schlecht oder gar nicht beherrschen", konstatierten O'Dor und Webber 1989. „Andererseits gibt es auch einiges, was Kalmare besser können." Bei Kalmaren entfällt ein höherer Anteil des Körpergewichts auf das Nervensystem als bei kaltblütigen Wirbeltieren wie den Fischen. In dieser Hinsicht ähneln sie eher einigen Reptilien. Wahrscheinlich ist ihre neuronale Steuerung des Kreislaufsystems für die unglaublichen athletischen Meisterleistungen verantwortlich, die sie vollbringen können. Mit ihrem großen komplexen Gehirn können einige Cephalopoden etwas, wozu Fische überhaupt nicht in der Lage sind: Farbe und Muster direkt mit Hilfe der Nerven zu steuern. Kalmare setzen für ihre Verteidigung Farben ein. Es gibt sogar Anzeichen dafür, dass sie eine auf Mustern basierende „Farbsprache" entwickelt haben, die für ihre soziale Organisation wichtig ist. („Man kann sich kaum des Eindrucks erwehren", vermerkten O'Dor und Webber 1986, „dass da mehr passiert, als dass nur gleiche Individuen einfach zufällig beisammen sind, wie man es bei den meisten Kalmarschwärmen findet.")

Frank Lane äußerte: „Man glaubt im Allgemeinen nicht, dass Cephalopoden farbenfrohe Tiere sind. Es ist daher umso überraschender, dass sie selbst dem berühmten Chamäleon hinsichtlich der Geschwindigkeit und Vielfalt ihres Farbwechsels überlegen sind." Die Haut der meisten Arten enthält ein dichtes Feld von runden Zellen mit elastischen Wänden, so genannten Chromatophoren. Diese können alle auf einmal oder nacheinander größer werden oder sich zusammenziehen. Auf diese Weise entsteht eine unglaubliche Vielfalt an Punkten, Streifen oder – was am spektakulärsten ist – eine über den ganzen Körper wandernde Tönung oder ein sanftes Wogen sich verändernder Farbschattierungen. In unterschiedlichen Spezies können die einzelnen Pigmentzellen viele verschiedene Farben wie Rot, Orange, Gelb, Braun oder Schwarz annehmen. *Architeuthis* besitzt allerdings wahrscheinlich nicht eine solche Vielfalt.

Kleinere Kalmare benutzen diese Fähigkeit, ihre Farbe zu ändern, auf unterschiedlichste Weise. Ihre wichtigste Art der Verteidigung ist die Flucht. Sie können sich aber auch so tarnen, dass sie von ihrer Umgebung kaum zu unterscheiden sind. In flachem Wasser oder bei hellem Sonnenschein sind sie dann hell, in tiefem Wasser oder nachts dagegen dunkler gefärbt. Wenn das nichts nützt, flieht das Tier. Diese Flucht kann ebenfalls von einem blitzschnellen Farbwechsel begleitet sein. Bei einem anderen Verteidigungsmechanismus verändern sie rasch etwas, was Hanlon und Messenger (im Gegensatz zum „Farbwechsel") gerne als „Körpermuster" bezeichnen, um Raubtiere zu verblüffen, ihnen Angst einzujagen oder sie zu erschrecken. Gelingt es dem Kalmar, den normalen Ablauf des Raubtierangriffs – und sei es nur für Millisekunden – zu unterbrechen, gewinnt er unter Umständen genügend Zeit, um zu fliehen. In diesem Prozess kann der Kalmar seine Farbe mehrfach wechseln, ein auffälliges Augenflecken- oder Streifenmuster annehmen oder sogar seine Gestalt ändern, dadurch dass sich auf seiner Haut warzenartige Strukturen bilden.

Da *Architeuthis*, soweit wir wissen, in einem Bereich zwischen Tiefsee und mittlerer Tiefe zu Hause ist, hat er wenig Gelegenheit, sich an den Boden anzupassen. Außerdem kann man sich kaum vorstellen, dass ein 18 Meter langes Tier versuchen sollte, sich im offenen Ozean zu verstecken. (Wenn der Kalmar natürlich die meiste Zeit in Tiefen verbringt, in die kein Licht vordringt, erübrigt sich die Frage nach den „Verstecken" möglicherweise.) Obwohl man in der Haut des Riesenkalmars Chromatophoren gefunden hat, sind diese nicht so zahl- und variantenreich wie bei seinen kleineren Verwandten. Ihre „Palette" ist wohl vergleichsweise beschränkt und reicht von einem hellen Grau bis zu einem dunklen Lila. Ihre Fähigkeiten zum Farbwechsel kommen möglicherweise vor allem bei der Paarung zur Geltung.

Da Kalmare keine Töne erzeugen können, nimmt man an, dass die Individuen und Gruppen zumindest teilweise durch Farb- und Musterwechsel miteinander kommunizieren. Im Wettstreit um die Aufmerksamkeit eines Weibchens durchlaufen die Männchen eine Reihe von Farbwechseln, die nur ihnen eigen sind. Dabei „kämpfen" sie mit Farben um die Gunst einer Partnerin. Das Weibchen signalisiert ebenfalls mit Körpermustern, wie sie sich entschieden hat, oder aber regt die konkurrierenden Männchen zu noch ausgiebigeren Farbspielen an.

Viele Kalmararten besitzen darüber hinaus Licht produzierende Organe, so genannte Photophoren. Diese sind, wie Malcolm Clarke es formuliert hat, „spezielle photogene Zellen, die häufig mit einem Reflektor gekoppelt sind, der das Licht in eine Richtung leiten, es in einen Bereich, der von der Quelle entfernt ist, lenken oder aber über die Oberfläche verteilen kann. Manchmal wird das Licht durch Filter geschickt, die die Wellenlänge des emittierten Lichtes verändern, manchmal strahlt es durch teilweise versilberte Röhren nach draußen, wodurch sich der Streuwinkel vergrößert. Mit Hilfe solcher Strukturen können Kalmare eine Vielzahl von Effekten erzeugen: von einem allgemeinen matten Leuchten oder einem hellen ätherischen Streulichteffekt bis zu einem scharfen Lichtpunkt oder einem Strahl wie aus einer Taschenlampe." Die Photophoren werden vor allem dazu verwendet, um ein Gegenlicht zu erzeugen. Um zu verhindern, dass ein Raubtier die Silhouette eines Kalmars gegen die sonnenbeschienene Oberfläche ausmachen kann, kann der Kalmar seine Unterseite beleuchten, indem er sich selbst gut „ausleuchtet" und so seinen Schatten ausblendet. (Einige Arten können auch eine helle Scheingestalt in Form einer Wolke leuchtender Bakterien aussenden und so einen potenziellen Räuber ernsthaft verwirren.)

Auf der *Valdivia*-Expedition von 1899 beobachtete der deutsche Kalmarforscher Carl Chun, der einige der wichtigsten und umfassendsten Untersuchungen über Kalmare veröffentlicht hat, die je verfasst wurden, und der als erster *Vampyroteuthis* beschrieben hat, einige Exemplare des kleinen Kalmars *Lycoteuthis diadema*, der sich in einem Behälter an Deck befand:

Unter allem, was uns die Tiefseetiere an wundervoller Färbung darbieten, lässt sich nichts auch nur annähernd vergleichen mit dem Kolorit dieser Organe. Man glaubte, dass der Körper mit einem Diadem bunter Edelsteine besetzt sei: das mittelste der Augenorgane

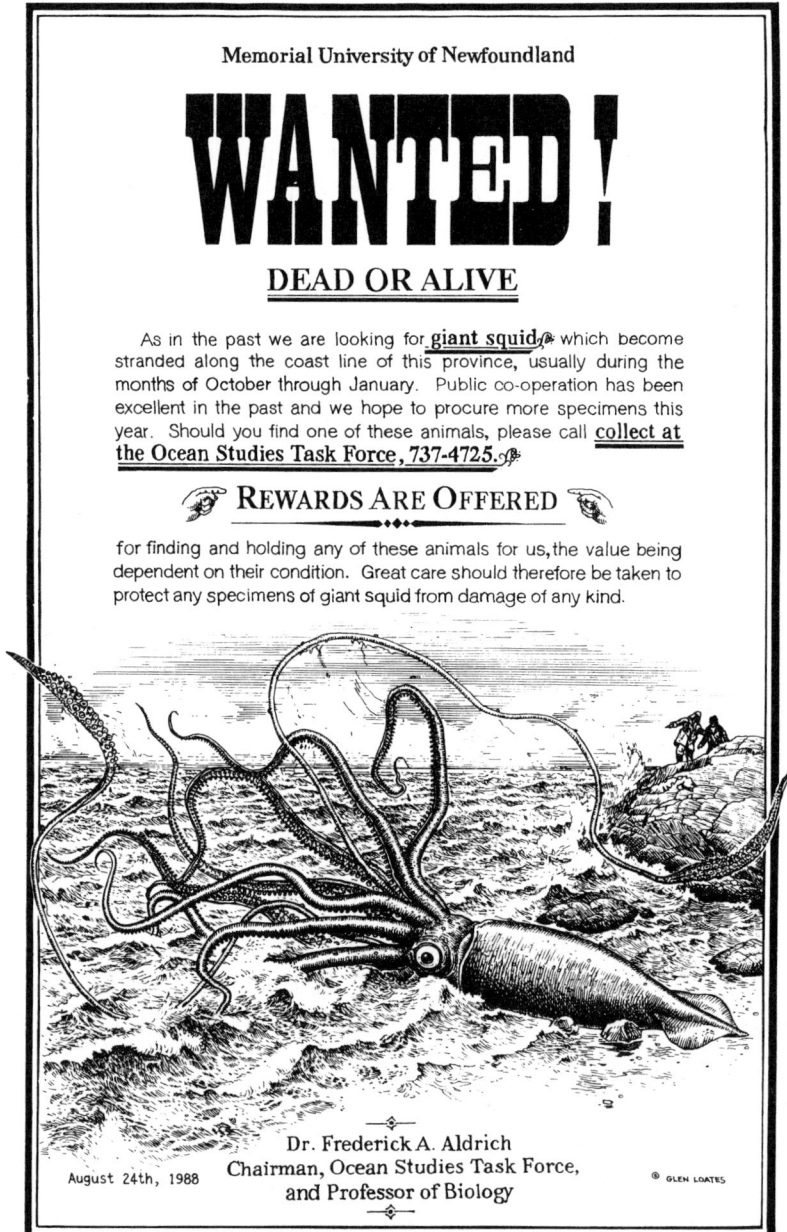

Dieses Poster, das Frederick Aldrich herausgegeben und Glen Loates gezeichnet hat, zeigt einen Riesenkalmar, der am Strand von Neufundland wild um sich schlägt.

ultramarinblau, und die seitlichen wiesen Perlmuttglanz auf; von den Organen auf Bauchseite erstrahlten die vorderen in rubinrotem Glanz, während die hinteren schneeweiß waren mit Ausnahme des mittelsten, das einen himmelblauen Ton aufwies. Das war eine Pracht!

Wie so viele Aspekte in der Biologie der Teuthiden versteht man auch die Biolumineszenz kaum. Peter J. Herring vom *Institute of Oceanographic Services* in Surrey, England, behauptete 1977 in einem Essay über dieses Thema:

> Sehr viele Angaben zur Biolumineszenz der Cephalopoden und Fische beziehen sich immer noch ausschließlich auf die Anatomie und sind in ihrer Vielfalt so verwirrend, dass sich funktionelle Interpretationen fast immer in denselben alten Bahnen bewegen – eine unausweichliche Folge der begrifflichen Reduktion, unter der unsere Kenntnis vom normalen Leben dieser bemerkenswerten Tiere leidet. Was immer auf dem Land oder an der Küste, also in einer lichtdurchfluteten Umgebung, durch Färbung oder Muster erreicht wird, kann in der dunklen Tiefsee durch Biolumineszenz verwirklicht werden. Die Cephalopoden, die dieses Biotop bewohnen, machen von ihren eindrucksvollen Fähigkeiten zu leuchten höchstwahrscheinlich weitaus häufiger und vielfältiger Gebrauch, als wir uns das im Augenblick vorstellen können.

In der Frühzeit der Tauchbootforschung haben viele Beobachter durch die Bullaugen Cephalopoden ausgemacht. William Beebe beschrieb 1930 einen Tauchgang in die Bathysphäre: „Ein Kalmarenschwarm starrte mich an … Ihre großen Augen, jedes von einem mehrfarbigen Lichtkreis erleuchtet, diese unglaublich intelligenten, aber vernunftlosen Augen, hinter denen kein Gehirn stand und die in einer Schnecke steckten."* Als Jacques Cousteau 1954 in dem französischen Tauchboot FNRS-3 im Mittelmeer tauchte, hat er, wie er später schwärmte, „einen wunderbaren Kalmar" erblickt, „der eine Sekunde lang anhält, als wenn er durch den Lichtstrahl des Suchscheinwerfers geblendet worden wäre … Ich kann deutlich seinen raketenförmigen Kopf und seine zehn Fangarme erkennen. Er ist etwa 50 Zentimeter lang und stößt Tinte aus. Die Tinte ist weiß."

Obwohl Kalmare ihre Farbe bemerkenswert schnell ändern können, ist die „Grundfarbe" bei den meisten von ihnen von einem zart durchscheinenden Silbergrau. (Außer den Photophoren und Chromatophoren haben einige Kalmare

---

* Beebe lag mit seiner Aussage, der Kalmar habe kein Hirn, vollkommen daneben. Selbst zu dieser Zeit wusste man bereits, dass Teuthiden bemerkenswerte kognitive Fähigkeiten aufweisen. 1917 schrieb Paul Bartsch, der Kustos der Abteilung für wirbellose Meerestiere am Smithsonian-Institut: „Von den wirbellosen Meerestieren gehören die größten, die mit dem höchsten Organisationsgrad, die intelligenten und damit die interessantesten allesamt zu der Klasse von Organismen, die man als Cephalopoden bezeichnet." Als Zoologe hätte Beebe natürlich wissen müssen, dass ein Kalmar keine *Schnecke* ist, sondern zu den Mollusken gehört.

Iridophoren – reflektierende Zellen, die für die irisierenden Blau- und Grüntöne verantwortlich sind, die man manchmal um die Augen herum oder auf der dorsalen Mantelseite sieht.) Bei einigen Arten, die wie etwa *Loligo pealei* ausgiebig in Gefangenschaft untersucht worden sind, schimmern die inneren Organe schwach durch die Haut durch – es sei denn, das Tier entscheidet sich dazu, eine andere Farbe anzunehmen.

Durch das Anschwemmen auf den Strand übel zugerichtet und verletzt, wies die Haut vieler Riesenkalmare, die untersucht worden sind, häufig rote oder braune Chromatophoren auf. Das hat zu einer Unmenge von Zeichnungen geführt, die in der Regel den Kalmar im Kampf mit seinem „Todfeind", dem Pottwal, zeigen und in denen der Kalmar blutrot dargestellt ist. Ein netter Einfall, aber wahrscheinlich falsch. In *„Octopus and Squid"* beobachteten Cousteau und seine Mannschaft, dass gewöhnliche Kraken normalerweise braun gesprenkelt sind, aber röter werden, wenn sie „stärker verärgert" waren. Außerdem ist der Pazifische Riesenkrake *(Octopus dofleini)* dunkelrot; daher war es von dort nicht weit bis zu der Annahme, dass der Riesenkalmar möglicherweise auch so gefärbt ist. In *„Beast"* führt Peter Benchley den Protagonisten, der dem Buch den Namen gibt, als „blassviolette Leuchtkugel" ein. Später, als das Tier stärker erregt ist, wird daraus „ein helleres, strahlenderes Rot, kein Blutrot, denn sein Blut enthielt soviel Hämocyanin, dass es praktisch grün aussah, aber ein Rot, das von der Natur nur zur Einschüchterung vorgesehen ist."*

Obwohl beinahe sämtliche Kalmare ihre Farbe wechseln können, gibt es doch einige, die permanent dunkel sind. Mit Sicherheit würde *Architeuthis* seine Chancen erhöhen, beim Lauern auf Beute unentdeckt zu bleiben, wenn sein auftriebsloses Schweben im Wasser mit einer neutralen Färbung einhergehen würde. Die rätselhafte Farbgebung, das fehlende Leuchten sowie die Fähigkeit, regungslos im Wasser zu treiben (die meisten Fische reagieren äußerst empfindlich, wenn sich um sie herum etwas bewegt, das sie mit ihrem Seitenliniensystem registrieren) – das alles spricht für ein Bild von *Architeuthis*, auf dem er irgendwo innerhalb der Wassersäule drohend schwebt und seinen Kopf und die Fangarme nach unten gerichtet hat. Dieses Bild ist keine Persiflage auf das konventionelle Bild von *Architeuthis*, in dem er umherrast und nach Pottwalen Ausschau hält, um mit ihnen zu ringen, oder nach Menschen, um sie – wie etwa in Benchleys *„Beast"* – zu fressen. Es ist vielmehr

---

* Sauerstoffhaltiges Blut von Kalmaren ist hellblau; das beeinflusst in keiner Weise die Farbgebung des Tieres. Selbst wenn die Natur die rote Farbe „nur zur Einschüchterung" vorgesehen hätte, wären die Beutetiere des Kalmars nicht eingeschüchtert, da in den Tiefen, in denen Riesenkalmare auf Beutefang ausgehen, alle Farben aus dem Spektrum verschwunden sind – dabei verschwindet Rot, das die kürzeste Wellenlänge hat, als erstes – und bis auf die Biolumineszenz sieht alles schwarz aus.

schrecklich genug, sich den Riesenkalmar nahezu unsichtbar in der Dunkelheit der Tiefe lauernd vorzustellen – mit seinen erstaunlichen Augen, die in der Lage sind, auch nur das schwächste Licht oder die kleinste Bewegung zu registrieren, sowie seinen muskulösen Tentakel, die hervorschießen, um nach einer arglosen Beute zu schnappen. Wir müssen *Architeuthis* nicht noch zusätzlich mit Schrecken erregenderen Merkmalen ausstatten; die, die er hat, sind eigentlich schon ausreichend.

Obwohl man die Cephalopoden im Allgemeinen zu den primitiveren Tieren rechnet – sie gehören zusammen mit den Schnecken, Muscheln und Austern zu den Mollusken –, behauptete Paul Bartsch, dass „die Mollusken hinsichtlich der Komplexität ihrer Organisation und ihrer Intelligenz bei den Wirbellosen an der Spitze stehen; dies gilt sicherlich auch für ihre Größe, Wildheit und Schnelligkeit." Bei den Muscheln und Austern spielen die Augen keine herausragende Rolle, während sie bei den Cephalopoden zu den auffälligsten Merkmalen zählen. Ein Vergleich zwischen dem Auge der Kalmare mit dem der höheren Wirbeltiere verdeutlicht auf sehr schöne Weise das biologische Prinzip der Konvergenz, wonach sich in Tieren, die überhaupt nicht miteinander verwandt sind, ähnliche Charakteristika entwickelt haben. Bei beiden Gruppen weisen die Augen eine große hintere Kammer auf; sie ist jeweils mit einer wässrigen Flüssigkeit gefüllt und enthält eine Pupille, die sich ausdehnen und zusammenziehen kann. Beide haben eine Iris und eine justierbare Linse, die in einen Muskelring eingebettet ist. In beiden Augentypen dienen dunkle Pigmente als Lichtschutz und fibröse Hüllen sorgen dafür, dass das Auge seine Form behält. An die Stelle der Zapfen und Stäbchen des Wirbeltierauges treten im Kalmarauge lange, dünne Rezeptorzellen. Diese sind mit Mikrovilli besetzt und enthalten das Sehpigment. In der Hälfte der Rezeptorzellen sind die Mikrovilli vertikal angeordnet, in der anderen Hälfte dagegen horizontal. Das deutet darauf hin, dass das Auge für polarisiertes Licht empfindlich ist. Kalmare sehen gut, es gibt aber Hinweise, dass sie keine Farben wahrnehmen können.

Innerhalb der Ordnung Teuthoidea unterscheidet man zwei Überfamilien danach, ob sie über ihrem Auge eine transparente Hornhautmembran besitzen oder nicht. Schließaugenkalmare (Loliginoidea oder Myopsida) haben eine solche Membran, Nacktaugenkalmare (Architeuthoidea oder Oegopsida), zu denen auch *Architeuthis* gehört, dagegen nicht. Von den 25 bekannten Kalmarfamilien gehören 23 zu den Nacktaugenkalmaren. Bis auf die Arten, deren Augen gestielt sind, können die Kalmare nicht plastisch sehen. Jedes Auge sieht nur, was auf seiner Seite des Kopfes geschieht. „Während das menschliche Auge einen Brennpunkt auf der Retina hat", so Harry Thurston, „besitzt das Auge des Kalmars ein äquatoriales Band, auf das er fokussieren kann. Dadurch ist das Sehvermögen des Kalmars theoretisch doppelt so gut wie das des Menschen. Das Sehen prägt mehr als jeder andere Sinn das Leben der Kalmare."

Das ungewöhnlichste an den Augen von *Architeuthis* ist zwar ihre Größe, bei einigen Tiefseearten sitzen die Augen allerdings auf Stielen, andere haben Augen, die leuchten, und bei wieder anderen ist das rechte Auge völlig anders als das linke. Kalmare der Gattung *Histioteuthis* haben ein relativ großes linkes Auge, während ihr rechtes nur etwa ein Viertel so groß ist. Außerdem besitzt das kleinere Auge an seiner Peripherie eine Reihe von Photophoren – in einigen Arten bis zu 18 –, deren Funktion ebenfalls rätselhaft ist. Diese stark unterschiedlichen Augen haben die Experten lange Zeit fasziniert. 1968 haben E. J. Denton und F. J. Warren vermutet, das größere Auge sei speziell für den Blick in die Tiefe ausgerüstet, da es kleine Lichtflecken besser erkennen kann. Richard Young (1975) fing vor der Hawaii-Insel Oahu mehrere Exemplare von *Histioteuthis dofleini* ein und steckte sie zur Beobachtung in einen Behälter. Als er sich ihre Augen ansah, kam er zu dem Ergebnis, das größere linke Auge sei ein tubuläres Auge und in der Regel nach unten gerichtet, während das kleinere rechte nach unten schaue. Er gibt an, dass „das größere, nach oben gerichtete Auge das Licht aufnimmt, das von der Oberfläche nach unten fällt, was das kleinere Auge nicht tut. Dieses registriert dagegen Biolumineszenzlicht ... Die in sich geschlossene Anordnung der Photophoren um das kleinere Auge herum lässt zusammen mit den Veränderungen an der Retina darauf schließen, dass eine Aufhellung nicht die einzige Funktion dieser Organe ist. Die Position dieser okulären Photophoren ist ideal, um einen starken Lichtstrahl auszusenden, der den Teil des Biotops erleuchtet, den der stärker ausgeprägte Anteil der Retina gerade überwacht." Mit anderen Worten: Diese Photophoren dienen möglicherweise als Suchscheinwerfer. Ein Kalmar mit einem Suchscheinwerfer!

Wir wissen nicht, wo *Architeuthis* seine Beute jagt. Wir wissen aber, dass er die größten Augen im gesamten Tierreich besitzt. Akimushkin hat Belege dafür, wenn er erklärt, dass ein solches Auge einen Durchmesser von bis zu 40 Zentimeter haben kann. (Ein normaler Teller hat einen Durchmesser von etwa 25 Zentimetern.) Da die Augen von gestrandeten oder verdauten Kalmaren zu den ersten Körperteilen gehören, die zerfallen, weiß man kaum etwas über die wirkliche Struktur des Auges von Riesenkalmaren.

Ein Artikel von Malcolm Clarke aus dem Jahre 1988 beginnt mit den Worten: „Bei den meisten Biologen beschwört der Kalmar die Vorstellung von einer ungewöhnlich langen Nervenfaser herauf; an ihrem einen Ende werden Messkurven aufgezeichnet, während am anderen Elektroden angebracht sind." Die

„ungewöhnlich lange Nervenfaser" ist ein weiteres Wunder aus der Biologie der Kalmare. Sie kann einen Durchmesser von 2 Millimetern erreichen, während das größte menschliche Axon nur einen Durchmesser von 0,02 Millimetern aufweist. Mit Hilfe dieser Riesenaxone kann der Kalmar sehr viel schneller als jedes andere Lebewesen Signale an seine Muskeln übertragen. Er ist dadurch in der Lage, beinahe sofort auf einen bestimmten Reiz zu reagieren. Diese Riesenaxone eignen sich ausgezeichnet für die neurologische Forschung, da sie sehr viel leichter zu untersuchen sind als die der meisten anderen Tiere.

Das Gehirn der Cephalopoden, eine Anhäufung von Nervenganglien, ist von einem knorpeligen „Schädel" umgeben. Obwohl bisher nur wenige Kalmararten genauer untersucht werden konnten, hat man bei vielen beobachtet, dass sich hinter ihren Augen sensorische Papillen befinden, die möglicherweise als Geschmacks- oder Geruchsorgane dienen. Einige haben sogar überall auf ihrem Körper sensorische Zellen, die vermutlich Temperaturveränderungen registrieren. Kraken überleben in Gefangenschaft sehr viel besser als Kalmare; daher sind ihre Fähigkeiten auch viel besser untersucht worden. Wenn wir aber herausfinden könnten, welche Fragen wir stellen müssen und wie wir fragen sollten, würden wir unter Umständen entdecken, dass der Kalmar ähnlich intelligent ist wie sein achtarmiger Verwandter.

Martin Moynihan hat sich auf das Verhalten von Kalmaren spezialisiert, besonders auf das des Echten Sepiakalmars, *Sepioteuthis sepioidea*. Moynihan und A. F. Rodaniche schnorchelten vor der Ostküste Panamas in den Gewässern der San Blas Islands und beobachteten dabei den kleinen Kalmar, der eine maximale Mantellänge von 20 Zentimetern besitzt, bei jeder denkbaren Aktivität – vom Balzverhalten bis zur Jagd. Dabei kamen sie zu dem Ergebnis, dass diese Kalmare „intelligent" genug sind, um regelmäßig bewusst Entscheidungen zu treffen. In ihrem 1982 veröffentlichten Buch *„Behavior and Natural History of the Caribbean Reef Squid"* heißt es:

> Echte Sepiakalmare und andere Cephalopoden sind ständig gezwungen, Entscheidungen zu treffen. Die eleganten Experimente am Gehirn des Gemeinen Kraken *(Octopus vulgaris)* und des Gemeinen Tintenfisches *(Sepia officinalis)* konzentrierten sich vor allem darauf, wie diese Entscheidungen getroffen werden. Dabei handelt es sich in der Regel um die Frage, ob ein potenzielles Beutetier, eine Krabbe oder eine Garnele, unter den kontrollierten Bedingungen im Labor angegriffen werden soll oder nicht. Zweifellos nehmen die Versuchstiere das Problem ernst – besonders wenn Fehler durch Elektroschocks negativ verstärkt werden. Für viele Cephalopoden, einschließlich des Echten Sepiakalmars, ist die Wahl der Beute jedoch weder das häufigste noch das schwierigste Problem, mit dem sie unter natürlichen Bedingungen in der Wildnis zurechtkommen müssen. Viel öfter geht

es um Mitglieder ihrer Gemeinschaft, Geschlechtsgenossen oder potenzielle Jäger. Die Entscheidungen, mit denen sie dauernd konfrontiert sind, betreffen im wahrsten Sinne des Wortes ihre Erscheinung. Ist es besser, dunkel oder blass, gemustert oder gestreift, gelb oder blau auszusehen? Soll man mit der Oberseite nach unten oder mit der Unterseite nach oben schwimmen? Bei Cephalopoden, wie eventuell bei anderen Tieren auch, sind das die Fragen, die über die Zukunft des einzelnen Tieres oder auch der gesamten Art entscheiden.

Hanlon und Messenger äußerten in ihrem *„Cephalopod Behaviour"*: „Wir wissen, dass Cephalopoden ‚Verstand' und ein komplexes und vielfältiges Verhalten aufweisen. Sie besitzen nicht nur ausgezeichnete Sinne, mit denen sie ihre Welt erforschen und den für ihr Überleben am besten geeigneten Handlungsablauf auswählen können, sondern auch Gedächtnisspeicher, die ihnen als Grundlage für ihre Entscheidungen aktuelle Informationen liefern. Bei solch kurzlebigen Tieren wäre man möglicherweise eher davon ausgegangen, dass sie starrere und stärker vorprogrammierte Verhaltensmuster zeigen, anstatt flexibel zu reagieren und sich dabei auf ein Gedächtnis stützen zu können."

Was *Architeuthis* betrifft, so muss man sich vor Augen führen, dass er zwar größer sein mag als die anderen Tiere, aber immer noch ein Kalmar ist. Laut Definition können bei einer Ordnung zwar Einzelheiten von Spezies zu Spezies unterschiedlich ausfallen, die generelle Struktur und die Funktionen sind jedoch bei allen gleich. Kalmare haben alle denselben Bauplan, der aber jeweils leicht variiert wird. Wir wissen nicht, ob *Architeuthis* denkt, oder, wenn er denkt, was er denkt. Wir wissen nur, dass er als größte Kalmarspezies das größte Gehirn hat, und in den meisten Fällen bedeutet ein größeres Gehirn auch, dass das Tier komplexere Reaktionen zeigen kann. (Nebenbei: Der Pottwal hat von allen Tieren, die je gelebt haben, das größte Gehirn.) Dass der Riesenkalmar so viele Jahrhunderte lang unter Wasser nicht gesehen wurde, ist möglicherweise nur ein Zufall – Taucher und Tauchboote, die zur falschen Zeit am falschen Platz waren. Es könnte aber auch sein, dass die Riesenkalmare nicht gesehen werden *wollten*. Zugegeben, das ist eine wilde Spekulation, aber ein Tier, dessen Hauptfeind, der Pottwal, groß und mehr oder weniger zylindrisch gebaut ist, neigt unter Umständen dazu, sich von fremden, mehr oder weniger zylindrischen Objekten wie beispielsweise Tauchbooten oder Gehäusen für Unterwasserkameras möglichst fern zu halten.

Obwohl wir selten darüber nachdenken, haben wir wie alle Wirbeltiere ein ausgeklügeltes Orientierungssystem, das uns über unsere Position im dreidimensionalen Raum auf dem Laufenden hält. Der Zoologe Bernd-Ulrich Budelmann von der Universität von Texas meinte 1980 dazu: „Während andere Reize wie Geruch, Geschmack, Licht und Geräusche sich ändern oder sogar in bestimmten Phasen vollkommen fehlen können, hat das Gravitationsfeld eine einzigartige Eigenschaft: Seine Stärke und Richtung bleiben während der gesamten Lebensspanne eines Organismus' konstant." Bei Säugetieren besteht das Gleichgewichtssystem aus dem Gleichgewichtsorgan im Innenohr. Cephalopoden haben jedoch weder innere noch äußere Ohren; daher mussten sie ein anderes System entwickeln. Bei Kraken, Tintenfischen und Kalmaren besteht das Gleichgewichtsorgan aus mit Flüssigkeit gefüllten Vesikeln, den Statocysten. In ihnen befinden sich kalkhaltige Partikel, die so genannten Statolithen. Die Statocystenpaare, die in die knorpelige Hirnkapsel eingebettet sind, informieren das Tier über die Schwerkraft sowie seine Bewegungen und liefern so den rätselhaften Sinn, den wir als Gleichgewichtssinn bezeichnen.

Die Cephalopoden haben auf vielen Gebieten Eigenheiten entwickelt, die es ihnen ermöglichen, mit den Knochenfischen mitzuhalten. Dazu gehören: beschleunigte Bewegung (Düsenantrieb), effizienter Energieverbrauch sowie Entwicklung eines ausgeprägten Sehvermögens. Ihre Fähigkeit, sofort die Farbe zu wechseln, ist eine Verteidigungsmaßnahme, die unter Umständen wirkungsvoller ist als die Flucht und den langsamen Tarnmanövern von Fischen wie den Flundern sicher überlegen ist. Bei einigen Cephalopodenarten ähnelt das Statocystensystem stark dem Innenohr oder dem Seitenliniensystem der Knochenfische, womit diese ihre Balance wahren und Bewegungen im Wasser registrieren können.* Die Statolithen der Kraken und Kalmare entsprechen den Otolithen der Fische.

Obwohl wir uns von dem, was Jacques Cousteau 1953 die „Welt der Stille" genannt hat, bereits ein gutes Stück entfernt haben, verbinden wir doch mit dem Lebensraum unterhalb des Meeresspiegels nicht automatisch Lärm. (Für Wale, speziell die Zahnwale, sind Töne das entscheidende Hilfsmittel zur Navigation, Kommunikation und Ortung; sie lähmen sogar ihre Beute damit. Auf den Seiten 161f. wird ausführlicher besprochen, wie stark Pottwale auf akustische Signale angewiesen sind.) Es gibt Fische, die Geräusche erzeugen, Garnelen, die mit ihren Scheren schnappen, und selbst bei einigen Kalmaren wurde dokumentiert, dass sie beim Fressen knirschen. Aber reagieren Cephalopoden, von denen man keine Strukturen kennt, mit denen sie hören könnten, auf Geräusche? Und wenn ja, womit?

---

* Vor einigen Jahren wurde nachgewiesen, dass einige Cephalopoden auch ein „Seitenlinien"-System haben. Nach der Untersuchung parallel verlaufender Reihen von epidermalen Zellen in Tintenfischembryonen kamen Budelmann, Riese und Bleckmann zu dem Schluss: „Wir haben jetzt gezeigt, dass diese Zelllinien dazu dienen, winzige Wasserbewegungen zu registrieren. Sie sind daher ein weiteres Beispiel für Konvergenz in der evolutionären Entwicklung eines hoch entwickelten Cephalopoden- und eines sensorischen Wirbeltiersystems."

1985 verfasste Martin Moynihan unter der Überschrift *„Why Are Cephalopods Deaf?"* einen Artikel für den *American Naturalist*, in dem er die Vermutung äußerte, dass die Taubheit „unter Umständen eine Anpassung ist, um mit den Angriffen der Zahnwale zurechtzukommen oder sich auf sie einzustellen." Da Cephalopoden von einer „Bombardierung" durch Zahnwale empfindlich getroffen werden, könnte die Taubheit unter Umständen eine Anpassung sein, um den Walen nicht zum Opfer zu fallen. Weiter schrieb er, dass Cephalopoden für ihren Schutz wahrscheinlich kein Gehör benötigen, weil sie so gut sehen könnten. Moynihan wusste natürlich, auf welch schwachen Füßen seine Theorie stand. Es dauerte auch nicht lange, bis Roger Hanlon und Bernd-Ulrich Budelmann ihm widersprachen.

In einer Ausgabe derselben Zeitschrift wunderten sie sich 1987 unter der Überschrift *„Why Cephalopods Are Probably Not 'Deaf'"*: „Überraschenderweise ist Moynihan nicht auf die vorhandenen morphologischen und physiologischen Daten eingegangen." Dazu gehört: Man hat beobachtet, wie blinde Kraken auf Vibrationen reagierten, die durch leichtes Schlagen auf einen Behälter entstanden. In einer Versuchsreihe, in der ein Experimentator, der nicht zu sehen war, auf einen Behälter klopfte, in dem sich kleine Kalmare befanden, änderten diese sofort ihre Farbe und entfernten sich fluchtartig. Bei gerade geschlüpften Kalmaren, die unter dem Rasterelektronenmikroskop untersucht wurden, konnte man feststellen, dass Zellen auf ihrem Kopf und ihrem Mantel mit Geißeln besetzt waren. Maturana und Sperling zeigten 1963 in einer Untersuchung des Gemeinen Kraken, dass die Statocysten Haarzellen enthalten, die auf niederfrequente Schwingungen reagieren.

Um zu rechtfertigen, dass Kalmare hören können, nahmen Hanlon und Budelmann an, dass es eine ökologische Notwendigkeit für ein solches System gibt:

> Cephalopoden jagen häufig bei Nacht oder in mesopelagialen oder bathypelagischen Zonen, in die kaum oder überhaupt kein Licht eindringt. Viele Cephalopoden leben darüber hinaus in trüben Gewässern. Sie können daher ihr Sehvermögen nur begrenzt einsetzen, da sie mit ihm ein Raubtier, das sich schnell nähert, erst erkennen können, wenn es bereits zu spät ist. Das Gehör ist ein viel besserer Fernrezeptor, der darüber hinaus auch nicht so stark von der Tageszeit, der Tiefe (das heißt Lichtintensität) oder Reinheit des Wassers abhängt. Vom evolutionären Standpunkt aus gesehen sind Cephalopoden wahrscheinlich nicht taub, sondern haben ein sensorisches System zur Wahrnehmung von Unterwasserwellen entwickelt, mit dem sie ein sich näherndes Beutetier oder ein Raubtier bereits in einer Entfernung registrieren, bei der sie noch entsprechend reagieren können.

Hanlon und Budelmann zufolge „lässt sich bei Tieren, die im Wasser leben, kaum definieren, was Hören ist, da Geräusche und Vibrationsreize unter Wasser annähernd gleichwertig sind". Daher können wir, bevor es keine genaueren Informationen über das Hörvermögen von Kraken und Kalmaren gibt, davon ausgehen, dass sie keineswegs taub sind. 1990 teilten Packard, Karlsen und Sand mit, dass „Cephalopoden für das Aufspüren von Vibrationen, die im Wasser übertragen werden, sehr gut ausgerüstet sind. Auf dem Kopf und den Fangarmen von Kalmaren und Tintenfischen hat man mit Cilien besetzte sensorische Zellen gefunden, die wie Mechanorezeptoren aussehen. Budelmann und Bleckmann haben 1988 gezeigt, dass lokale Wasserbewegungen in den so genannten *head lines* dieser Tiere – Organen, die den Seitenlinien analog sind – Mikrophonpotenziale ausgelöst haben." Weiter heißt es: „Im Niederfrequenzbereich hören Cephalopoden ausgezeichnet."*

Die Frage, wie Kalmare auf die Geräuschsalven von Walen reagieren, ist komplex. Eines der überzeugenderen Argumente, die dagegen sprechen, dass Kalmare „hören" können, stammt von Michael Taylor. Er hat es 1986 in einem Essay in *Nature* formuliert. (Es war ein Kommentar zu dem Artikel von Moynihan aus dem Jahre 1985, warum Cephalopoden taub seien.) Taylor meinte, da der Wal die Kalmare orten müsse, indem er Geräuschsalven aussendet und dann auf das Echo wartet, das ihm mitteilt, wo sich seine Beute augenblicklich befindet, würde ein Kalmar, der hören *könnte*, diese Echoortung bereits wahrnehmen, bevor das Echo zum Sender zurückgekehrt wäre. Daher wäre er bereits lange gewarnt, bevor ein Angriff drohen würde. Man könnte jedoch argumentieren, dass selbst wenn der Kalmar die von den Walen ausgesendeten Töne hören könnte, er wahrscheinlich nicht sicher wäre, aus welcher Richtung die Geräusche kämen, und daher nicht rechtzeitig die notwendigen Ausweichmanöver in Angriff nehmen würde. Es ist keine Frage, dass Zahnwale gut und gerichtet hören können. Das wurde vor allem bei gefangenen Großen Tümmlern beobachtet. Der Wal ist daher beim Hören noch deutlich im Vorteil.

Ob Kalmare hören oder nicht, steht in direktem Zusammenhang mit unserer Diskussion über *Architeuthis*. Obwohl sich der Pottwal nicht überwiegend von Riesenkalmaren ernährt, liegt es klar auf der Hand, dass eine größere Beute auch mehr Nahrung bedeutet als eine kleinere. Außerdem muss ein Raubtier seinen

---

* Wie können Kalmare Geräusche *erzeugen?* In einem Vortrag von 1857 hatte unser alter Freund Professor Steenstrup dazu Folgendes zu sagen: „Es gibt nicht wenige Beobachtungen, dass Tintenfische wirklich sehr laute Geräusche von sich geben." In dieser Hinsicht verwies er auf Barbut ..., „der diese Geräusche mit dem Knurren eines Hundes vergleicht." Gundløg Svensen ..., „der von *Ommatostrephes* behauptet, dass er ‚quietscht' und ‚erbärmlich stöhnt – egal ob er im Wasser schwimmt oder auf dem Strand liegt'. Ganz zu schweigen von den bemerkenswerten Aussagen von Olavius, der auf die Molluske *Sepia loligo* hingewiesen hat. Deren klägliche Schreie seien noch in einer Entfernung von einer halben Meile deutlich zu hören, wenn sie von einem Steinköhler (*Gadus virens*) oder irgendeinem anderen ähnlich gefährlichen Jäger an Land getrieben wird." In einer Arbeit von 1881 fügte Steenstrup noch Gonatus hinzu, eine Art, die „wie die Eskimos aus mehreren Teilen Grönlands behaupten", ebenfalls ein lautes Geräusch von sich geben kann.

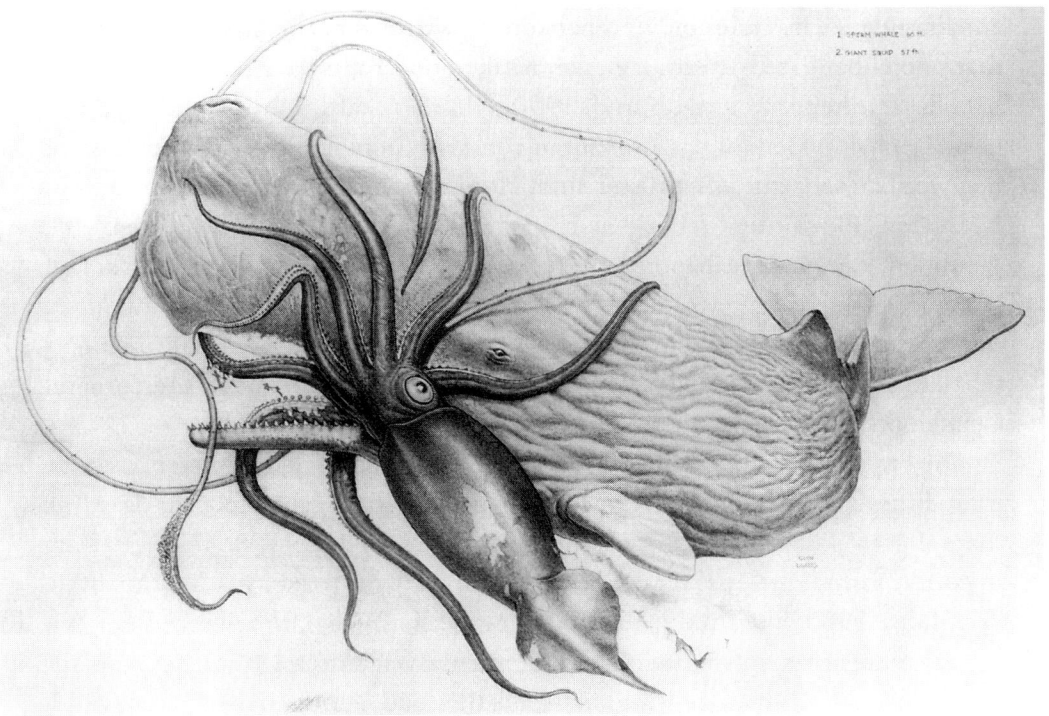

Kämpfe zwischen Riesenkalmaren und Pottwalen kommen deshalb zustande, weil der Wal den Kalmar verschlingen will, und nicht umgekehrt.

Aufwand bei der Jagd daraufhin ausrichten, dass es möglichst viel Kalorien zu sich nimmt. Wenn es etwa gleich viel Energie kostet, einen kleineren oder einen größeren Kalmar zu erbeuten, kann man sicher davon ausgehen, dass die Wale lieber einen Riesenkalmar als einen kleineren nehmen. Möglicherweise hat es mit dem Licht, den Geräuschen oder der Wasserbewegung zu tun, aber auch in der Tiefe der Weltmeere, in der die riesigen Wale nach den Riesenkalmaren tauchen, muss es ein Gleichgewicht zwischen Raubtier und Beute geben. Um zu verhindern, dass die gesamte Rasse ausgelöscht wird, müssen die Kalmare die Gegenwart der Wale irgendwie bemerken, und einige von ihnen müssen entkommen können.

Trotz des Rätsels, das die Riesenkalmare umgibt, spielen ihre kleineren Verwandten eine wichtige Rolle bei der Erforschung der menschlichen Physiologie. Die kleineren Kalmare, wie der 30 Zentimeter lange *Loligo*, haben vergleichsweise große Nervenfasern, die für neurologische Untersuchungen äußerst wichtig sind. 1909 bemerkte L. W. Williams von der Harvard University die Größe dieser Fasern, erkannte aber nicht ihr Potenzial für die Erforschung des Menschen. Williams meinte: „Die außergewöhnliche Größe der Nervenfortsätze hat verhindert, dass sie entdeckt wurden. Denn es ist wirklich kaum zu glauben, dass ein so riesiges Gebilde eine Nervenfaser sein soll." Verglichen mit den größten menschlichen Nervenfasern, die einen Durchmesser von 0,02 Millimeter haben, kann die Nervenfaser eines *Loligo* zwei Millimeter groß sein und damit etwa die Größe einer kleinen Bleistiftmine haben; *Architeuthis* besitzt möglicherweise noch größere. Für den Kalmar bedeuten die größeren Fasern, dass Impulse schneller übertragen werden, was die rasche Reaktionszeit der kleineren Arten sowie das Feuerwerk ihrer Farbwechsel erklärt. Diese Axone sind aber auch für den Menschen von Bedeutung.

Man weiß nicht genau, ob Riesenkalmare auch *riesige* Riesenaxone haben. J. Z. Young, der sich 50 Jahre seines Lebens mit der Neurologie der Kalmare und Kraken beschäftigt hat, resümierte in seinem Essay *„Brain, Behavior and Evolution of Cephalopods"* aus dem Jahre 1977, nachdem er ein Exemplar, das 1933 bei Scarborough an Land gespült worden war, seziert hatte: „Keiner der Nerven, die untersucht wurden, enthielt die außergewöhnlich großen Fasern, von denen Aldrich und Brown (1967) berichtet haben. Man könnte daraus schließen, dass sich *Architeuthis* nicht besonders schnell bewegt. Das würde mit den Hinweisen übereinstimmen, dass er auf Grund einer hohen Konzentration von Ammoniumionen im Mantel und seinen Fangarmen ohne Auftrieb im Wasser schwebt (Denton, 1974)."

Der Biochemiker Francis C.G. Hoskin aus Woods Hole hat sich mit einem relativ ungewöhnlichen Aspekt der Kalmarneurologie beschäftigt. Er hat in den Nerven der Cephalopoden ein Enzym entdeckt, das eine Gruppe von Verbindungen zerstören und auf diese Weise unschädlich machen kann, die die Boulevardpresse als „Nervengase" bezeichnet. Diese sind extrem toxisch, da sie ein Enzym angreifen, das für die Nervenfunktion entscheidend ist. (Nervengase wie das Sarin, an dem 1996 in der U-Bahn von Tokio mehrere Menschen starben, sind in Wirklichkeit Flüssigkeiten, die aber einen hohen Dampfdruck haben und daher allgemein als Gase bezeichnet werden.) 1965 wollten Hoskin und seine Kollegen ausnutzen, dass die Riesenaxone der Kalmare keine isolierende Myelinschicht haben, die unsere und auch die meisten anderen Nerven umhüllt. Sie dachten, sie könnten die Kalmaraxone einsetzen, um an ihnen die Auswirkungen bestimmter Giftgase auf die Nervenfunktion genauer zu untersuchen. Als sie aber die Axone bestimmten Giftgasen aussetzten, bemerkten sie zu ihrem Erstaunen, dass irgendetwas im Axon die Wirkung des Gases neutralisierte.

Die Antwort auf die nahe liegende Frage, warum ein Kalmar, dessen Vorfahren sich vor etwa 500.000 Jahren entwickelt haben, einen Abwehrmechanismus gegen eine Substanz bewahrt hat, die erstmals 1854 synthetisiert wurde, ist zwar nicht einfach, entspricht aber gut der gängigen Evolutionstheorie. Genetische

Veränderungen sind nicht dazu da, um bestimmte Probleme zu lösen. Vögel und Insekten haben auch nicht deshalb Flügel entwickelt, weil sie fliegen mussten. Vielmehr haben sich vorhandene oder sich entwickelnde Veränderungen letztlich als vorteilhaft erwiesen. Man nimmt an, dass sich Federn aus umgewandelten Schuppen entwickelt haben, die ursprünglich für die Thermoregulation und erst später zum Fliegen verwendet wurden. Die Kalmare entwickelten diese ungewöhnliche und unerwartete Immunität gegenüber Nervengasen. Hoskin schrieb dazu: „Eventuell wurde dieses Enzym, das Nervengas unschädlich macht, in Wirklichkeit aus einem einfachen, wohl bekannten Grund entwickelt, der uns entgangen ist. Das ist aber unwahrscheinlich angesichts der Spezifität der Enzymreaktionen." In den Nerven von Cephalopoden ist der Chloridgehalt zur Hälfte durch ein Ion namens Isethionat ersetzt, einem Alkohol mit einer Sulfonsäure an einem Ende. Hoskin vermutete, dass der Kalmar in Wirklichkeit eine dem Nervengas ähnliche Substanz bildet, um seine eigene Nervenfunktion herunterregulieren zu können. Dann würde das Enzym, das Nervengas entschärft, zu diesem Regulationsmechanismus gehören.

Genauso wie sich das Kalmaraxon für die neurologische Forschung als ausgesprochen nützlich erwiesen hat, kann auch dieses Enzym für die Menschheit hilfreich sein. „Wenn man die direkte Anwendung vor Augen hat", schrieb Hoskin 1990, bevor Sarin dann tatsächlich in Tokio eingesetzt wurde, „scheint es beruhigend, dass Umweltgifte wie Nervengase und Insektizide möglicherweise durch ein Enzym aus dem Kalmar unschädlich gemacht werden können. Obwohl sich eine solche Substanz, die nur in begrenztem Umfang zur Verfügung steht, wahrscheinlich nicht dazu eignet, Substanzen im großen Maßstab unschädlich zu machen, besteht doch immerhin die Möglichkeit, dies nun durch eine Kombination aus Gentechnik und Biochemie zu erreichen."

Wie sollen wir den Riesenkalmar nennen?

Der Krake der Legenden und Sagen ist niemals verschwunden. Er hat sich nur in etwas kleinerer Form in Gestalt von *Architeuthis* biologisch manifestiert. Der früheste Befund scheint der eines Kadavers gewesen zu sein, der 1545 im Öresund zwischen Malmö und Kopenhagen gefunden wurde. Der zeitgenössische dänische Historiker A. Sörensen Vedel (1542-1616), der erst drei Jahre alt war, als das Tier entdeckt wurde, vermerkte später dazu, dass „im Öresund ein sonderbarer Fisch gefangen wurde, der aussah wie ein Mönch und 4 Ellen lang war." (Eine Elle ist ein altes Maß, das in Dänemark 6,28 Meter entsprach; somit war das Tier gut 25 Meter lang). Als Professor Steenstrup das Ereignis erörterte, bewertete er diese Äußerung folgendermaßen: „Vedel ist unter Umständen sehr gut über dieses Ereignis informiert gewesen, da es erst knapp 40 Jahre zurücklag. Wenn es in seiner Kinderzeit stattgefunden hat, dann lebten sicher noch viele Leute, die es mit eigenen Augen gesehen hatten und von denen er Auskunft darüber erhalten konnte." In den „Annalen des Königreichs Dänemark" aus dem Jahre 1595 schrieb Arild Hvitfeld: „Im Jahre 1550 wurde im Öresund ein sonderbarer Fisch gefangen und zum König

Lithographie von Professor Steenstrup aus dem Jahre 1855, als er begann, seine Beobachtungen an Architeuthis zu veröffentlichen.

nach Kopenhagen gebracht. Sein Kopf sah aus wie der eines Menschen und auf dem Kopf hatte er eine Tonsur. Er trug ein scharlachrotes Gewand, das der Kutte eines Mönchs ähnelte."

Diese Zitate sowie die folgenden stammen aus einem Vortrag, den Professor Steenstrup am 26. November 1854 vor der Dänischen Naturhistorischen Gesellschaft gehalten hat. Johannes Japetus Smith Steenstrup (1813-1897) wurde im Nordwesten Dänemarks in der Provinz Thy geboren. Er studierte Medizin an der Universität von Kopenhagen, wandte sich aber später der Naturgeschichte zu. Martina Roeleveld und Jörgen Knudsen, die seine Anmerkungen ins Englische übertragen haben, beschreiben ihn als „extrovertiert, impulsiv, cholerisch, eigensinnig und rastlos". Er bekam eine Dozentur für Botanik, Mineralogie und Zoologie und wurde schließlich zum Professor ernannt. Kurz nach seiner Ernennung zog man ihn zu dem Vorhaben mit heran, das Königliche Naturhistorische Museum mit dem Museum der Universität zu vereinigen. Die beiden Museen schlossen sich dann 1867 zum *Universitets Zoologiske Museum* zusammen, dem Steenstrup bis zu seinem Tod verbunden blieb. Er veröffentlichte etwa 239 Arbeiten über Themen, die von den Torfmooren bis zu den Riesenalken reichten. Am bekanntesten ist er aber wohl durch seine Arbeiten über Cephalopoden geworden.

Der Name Japetus Steenstrup ist auf immer mit dem Namen *Architeuthis* verbunden. Im Linné'schen System erscheint hinter dem Namen eines bestimmten Tieres oder einer Pflanze sowohl der Name der Person, die es (oder sie) so getauft hat, als auch das Datum der Originalveröffentlichung, in der die Beschreibung erstmals erschienen ist. Daher lautet der offizielle Name der Gattung, zu der alle Riesenkalmare gehören, *Architeuthis* Steenstrup 1856. Für einen Taxomomen gibt es keine größere Auszeichnung, als dass sein Name an den eines Tieres angehängt wird. Es zeigt, dass er als Erster erkannt hat, inwiefern sich eine bestimmte Spezies von allen anderen unterscheidet. Dass Steenstrups Name so eng mit dem von *Architeuthis* verbunden ist, ist sicher der überzeugendste Beweis für seine bahnbrechenden, innovativen Untersuchungen an Riesenkalmaren.

In seinem Vortrag von 1854 bezog sich Steenstrup auf die Illustration „eines Fisches in Mönchsgestalt", die 1554 in Rondelets *Libri de piscibus marinis* erschienen war; angeblich zeigte sie den Seemönch aus dem Öresund, der beschrieben wurde als

das Tier, das zu unserer Zeit bei stürmischer See in Norwegen gefangen wurde und das alle, die es sahen, sofort als Mönch bezeichnet haben. Äußerlich schien es menschliche Merkmale zu haben, jedoch mit einem Zug ins Derbe und Plumpe. Sein Kopf war glatt rasiert, ein

Cape oder Kapuzenumhang bedeckte seine Schultern. Anstelle von Armen hatte es zwei lange Flossen. Der untere Teil lief in einem breiten Schwanz aus.

Steenstrup stellte dann Pierre Belon vor, einen anderen Autor, der den Mönchsfisch in seinem 1551 erschienenen Buch *„L'histoire naturelle des étranges poissons marins"* abgebildet hatte, und bemerkte dazu: „Er lebte drei Tage und gab keinen Laut von sich, außer einigen tiefen Seufzern, die verzweifelt und traurig klangen." Weder bei Rondelet noch bei Belon haben die Illustrationen auch nur die geringste Ähnlichkeit mit irgendeiner Art von Kalmar. Dargestellt ist eher etwas, das man wirklich als eine Art Seemönch bezeichnen könnte.

Dem historischen Verlauf gemäß ging Steenstrup als nächstes auf den Schweizer Arzt Conrad Gesner (1515-1565) ein, der mehrere Bücher über Tiere verfasst hat, darunter auch *„De Piscium et aquatilium animatum natura".* In diesem Band interessierte den dänischen Professor vor allem ein besonderer Hinweis auf Rondelet sowie folgende Beschreibung:

> Das im Wasser lebende Tier wurde in der Ostsee gefangen, in der Nähe der Stadt Malmö, die vier Meilen von Kopenhagen, der Hauptstadt des Königreichs Dänemark, entfernt liegt. Kopf, Hals, Schultern und Brust: Sein Kopf war wie bei einem Mönch rasiert. Über dem Hals, den Schultern und der Brust hing etwas, das dem Umhang eines Mönchs ähnelte und mit

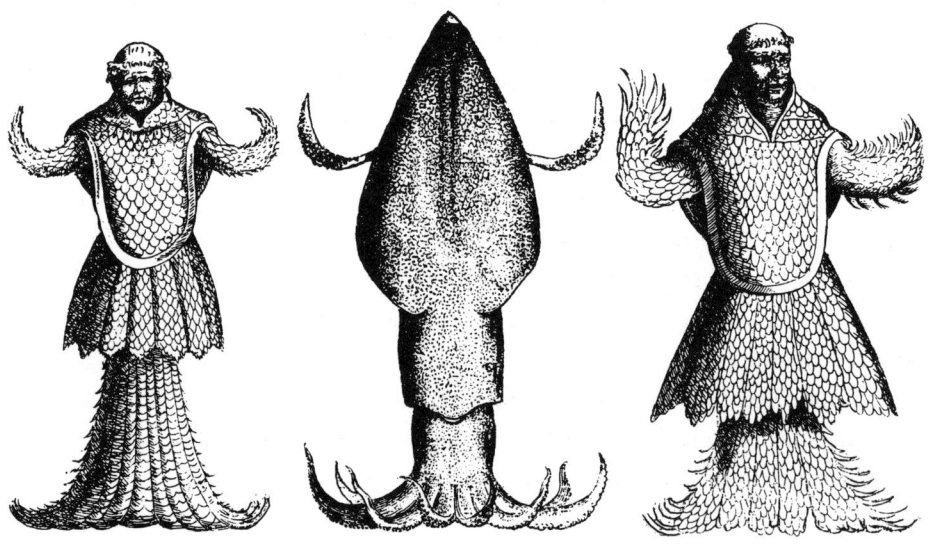

Um die Ähnlichkeiten zwischen dem Seemönch von Rondelet (links), dem Seemönch von Belon (rechts) und dem Kalmar (Mitte) zu zeigen, der 1853 im Kattegat gefangen wurde, reihte Japetus Steenstrup sie in einem Artikel von 1854 nebeneinander auf. Um den Anschein zu erzeugen, dass der Kalmar menschliche Arme hat, verbarg er seine langen Tentakel unter dem Körper und ließ sie dann in recht ungewöhnlicher Weise wieder auftauchen.

roten und schwarzen Flecken gesprenkelt war. Der Umhang ging nach unten in einen Rock oder diese rundherum gehenden Zipfel über, mit denen wir normalerweise die Hüften sowie die oberen Beinteile umhüllen. Anstelle von Armen und Füßen besaß das Tier Flossen. Der Schwanz ähnelte dem eines Fisches. Das Ungeheuer war vier Ellen lang. Man brachte es zum König und bewahrte es dort in getrocknetem Zustand als Rarität und Wunder auf. Es wurde im Jahre 1546 A.D. gefangen.

„Ich habe nicht den geringsten Zweifel", meinte Steenstrup, „dass es sich bei all diesen Berichten, die ich erwähnt habe ... um ein und denselben Seemönch und auch um denselben Fang handelt. Die mitgeteilten Vorkommnisse stimmen zu sehr überein und sind zu außergewöhnlich, als dass man daran zweifeln könnte." Aber was war das für ein Tier? Steenstrup fragte: „Können wir uns, angesichts dieser bruchstückhaften Auskünfte, wie man sich den Mönch damals vorgestellt hat, diesem Tier überhaupt noch soweit nähern, dass wir erkennen können, welchen Geschöpfen unserer Natur er sich wohl am ehesten zuordnen lässt." Und antwortete mit großem Nachdruck: „Zunächst einmal ist der Seemönch ein Cephalopode."

Um das zu belegen, fügte er die Zeichnung eines typischen Kalmars bei, auf der dessen verschiedenen Körperteile markiert und deren Funktionen erklärt waren.* Wie man in der Abbildung auf Seite 68 sehen kann, musste Steenstrup sich ganz schön anstrengen, um den Seemönch wie einen Kalmar aussehen zu lassen. Und um die „Arme" zu erklären, behauptete er, der Kalmar läge auf seinen beiden Tentakel, die zufällig so unter ihm angeordnet waren, dass sie Armen ähnelten. Beim Gesicht war es etwas schwieriger. Hier vermutete er, die Tinte habe diesen Teil wohl schwarz verfärbt, oder die Haut sei durch irgendetwas abgeschabt worden und ähnele dadurch einer Kapuze. Die Seufzer, die Belon erwähnte, entstehen natürlich, wenn der Kalmar versucht, außerhalb des Wassers zu atmen. Da ihm aber der Nachweis, dass der Seemönch tatsächlich ein Kalmar war, nicht recht gelang, beendete er seinen Vortrag 1855 mit den Worten: „Kalmare machen insgesamt einen grimmi-

---

* Für jemanden, der wahrscheinlich die meisten seiner Anschauungsexemplare hinter Glas oder auf einem Tisch ausgebreitet zu sehen bekam, erklärte Steenstrup das Verhalten der Teuthiden anhand der Morphologie wirklich nicht schlecht – bis auf die langen Tentakel, die in der Zeichnung auf Seite 70 mit b markiert sind. Diese Arme, erläuterte er, „fangen die Beute mit Hilfe von zahlreichen Saugorganen oder in bestimmten Fällen mit den spitzen Haken, mit denen sie ausgestattet sind ... Diese Arme dienen jedoch nicht nur dem Beutefang, sie sind auch zur Fortbewegung da, weil das Tier mit ihnen rudert. Muss es unter besonderen Bedingungen das Schwimmen aufgeben, seine hauptsächliche und mit außergewöhnlicher Geschwindigkeit ausgeübte Fortbewegungsart, und ist dazu gezwungen, auf einem festen Untergrund weiter voranzukommen, dann kriecht es auf diesen Armen voran. Dabei heftet sich das Tier mit verschiedenen Gruppen von Saugnäpfen fest, sodass der Körper dann nur von den Armen getragen wird – eine Art der Fortbewegung, die man besonders bei achtfüßigen Cephalopoden findet."

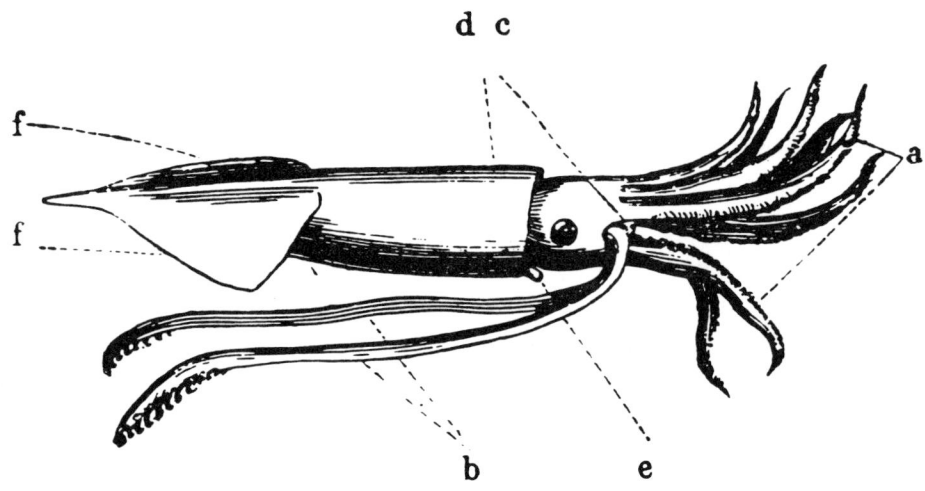

In seiner Beschreibung der Morphologie eines Kalmars benannte Steenstrup die meisten Teile richtig. Eine Ausnahme bildeten die langen Tentakel (b), von denen er richtig annahm, dass sie dazu da sind, Beute zu ergreifen. Er glaubte aber auch, dass das Tier mit diesen Gliedmaßen durch das Wasser rudert.

gen Eindruck auf all diejenigen, die nicht daran gewöhnt sind, sie häufiger zu sehen ... In früheren Zeiten versetzten diese Tiere die Leute noch sehr viel mehr in Erstaunen."

„Ist unser Seemönch jedoch ein gewöhnlicher Kalmar?", fragte Steenstrup und verneinte das sogleich: „Seine erstaunliche Größe ... übertrifft ein Vielfaches dessen, was Naturforscher Kalmaren zubilligen. Tatsächlich betrachten sie beinahe sämtliche Einzelberichte mit nicht weniger Argwohn als den Seemönch selbst." Zu dieser Zeit hatte Steenstrup seine Mitteilungen über die „gigantischen Kalmare, die an der Küste von Island nach den Stürmen des Spätsommers 1639 und im Dezember 1790 gestrandet waren" bereits veröffentlicht. Bei seinem Vortrag zeigte er ein Glas, das die massiven Kiefer des Riesenkalmars enthielt, der ein Jahr zuvor bei Aalbækstrand aufgefunden worden war – Kiefer von der Größe „einer großen geballten Faust". Dieser Kalmar, so hatte ihm der Strandvogt, Kelder von Skagen, gesagt, „ist so riesig, dass er, nach Aussage der Fischer, eine ganze Wagenladung der üblichen Größe ausgemacht hatte." (Das Exemplar von Aalbækstrand war am Öresund an Land gespült, dann aber zu Fischköder verarbeitet worden, und nur die 7-10 Zentimeter großen Kiefer waren erhalten geblieben.) Es waren mehr diese Kiefer als frühere Beschreibungen, die Steenstrup zeigten, dass im Meer ungeheuer große Kalmare existierten:

Daher spricht alles dafür, dass das gestrandete Tier nicht nur zu den großen, sondern zu den wirklich riesenhaften Cephalopoden gehören muss, deren Existenz insgesamt bezweifelt wurde. Die wenigen geretteten Überreste, die hornigen Kiefer, sind vor allem als handfester Beweis interessant, dass in den Weiten des Ozeans tatsächlich riesige Geschöpfe dieser Tiergruppe leben. Die Annahme, dass nur einzelne Exemplare eine solch ungewöhnliche Größe erreichen, scheint unnatürlich und unbegründet. Es ist vielmehr anzunehmen, dass es für diese Art charakteristisch ist, so gewaltige Ausmaße anzunehmen.

In den 300 Jahren zwischen der Entdeckung des Seemönchs im Öresund und dem Zeitpunkt, an dem Professor Steenstrup seine Vorstellungen dazu äußerte, woher dieser stammen könnte, haben sich viele Gelehrte dazu geäußert. Die Herren Rondelet, Belon und Gesner besaßen allerdings kein Glas, in dem sich die Kiefer aus Aalbækstrand befanden, und wussten auch nicht, dass es Kalmare gab, die 4 Ellen lang werden konnten. Steenstrup hielt gegen Ende seines Vortrags noch einmal das Glas hoch und meinte: „Wäre der Hornschnabel zusammen mit dem Rest des Tieres zerstört worden, wäre dem Museum wohl ein sehr interessantes Stück vorenthalten worden, und unser Wissen über diese Tiere wäre um einiges geringer. Außerdem hätte es dann keine Gelegenheit für diesen Vortrag über den Seemönch gegeben." Er konnte nicht beweisen, dass seine gelehrten Vorgänger tatsächlich einen Riesenkalmar beschrieben hatten. Ab 1854 wusste er – im Gegensatz zu seinen Vorgängern – jedoch genau, dass so etwas existierte.

Zudem kamen ihm zahlreiche andere Berichte über gestrandete Tiere aus den dazwischenliegenden Jahrhunderten zugute. Das nächste Tier nach dem Seemönch vom Öresund strandete 1639 bei Thingöre Sand in Island. Aus einem Artikel, den er 1849 las, zitierte Steenstrup eine Beschreibung von 1639, die auf Dänisch in den Annalar Björns å Skardsa erschienen war und die er folgendermaßen übersetzte:

> Im Herbst strandete bei Thingøresand in Hunevandsyssel ein sonderbares Geschöpf oder Meerungeheuer, das so lang und dick wie ein Mensch war. Es hatte sieben Schwänze, die jeweils etwa 2 Ellen maßen. Diese Schwänze waren dicht mit einer Art von Knöpfen besetzt, die so aussahen, als befände sich in jedem Knopf ein Augapfel und um den Augapfel ein Augenlid. Diese Augenlider sahen so aus, als wären sie vergoldet. Das Seeungeheuer besaß zusätzlich einen einzelnen Schwanz, der länger war als die sieben Schwänze: Er war mit 4-5 fms [7,5 bis 9,4 Meter] extrem lang. Im gesamten Körper fand man weder Knochen noch Knorpel, aber er sah aus wie der weiche Körper eines Seehasenweibchens (Cyclopterus lumpus) und fühlte sich auch so an. Man sah keine Spur von einem Kopf – bis auf eine oder zwei Öffnungen, die man hinter den Schwänzen, oder nicht weit weg von ihnen, fand.

71

Obwohl der Chronist es fertig brachte, das Tier auf den Kopf zu stellen und den Kopf mit den Schwänzen zu verwechseln, ist es ganz offensichtlich, dass das „Ungeheuer" ein Riesenkalmar war, der einen Fangarm und einen Tentakel verloren hatte.

Eggert Olafsen und Biarne Povelson, zwei dänische Reisende, die in Island unterwegs waren, schrieben ihre Aufzeichnungen 1772 nieder.* Sie sahen keinen Riesenkalmar, hatten aber den Bericht von Björn von Skardsa aus dem Jahre 1639 gelesen, in dem der Kadaver von Thingöre Sand beschrieben wurde. Olafsen bemerkte dazu:

> Es war uns sofort klar, dass der Chronist einen Fehler gemacht und den vorderen mit dem hinteren Teil des Tieres verwechselt hatte: In diesem Fall sind die mit Knöpfen besetzten Gliedmaßen keine Schwänze, sondern Arme und Tentakel. Und da nur sieben erwähnt wurden, scheint der achte abgerissen worden zu sein.

> Wer wüsste jetzt nicht, dass dieses Tier nur einfach ein sehr großer Kalmar war? Aber was für eine Spezies? Das lässt sich nicht bestimmen, da weder die Form des Magens noch die des Mundes beschrieben wurde. Es hatte allerdings den Anschein, als wären diese beschädigt und verzerrt dargestellt worden. Die Beschreibung der Knöpfe und Näpfe ist sehr seltsam, hat aber etwas Authentisches auf Grund der Genauigkeit, mit der einige Einzelheiten wie beispielsweise die Farben wiedergegeben wurden.

Im Jahre 1673 fand man ein 5,8 Meter langes Tier auf dem Strand von Dingle Bay in der Grafschaft Kerry, Irland. Man stellte es öffentlich zur Schau, damit alle es sehen konnten. Ein in Dublin gedrucktes Flugblatt kündigte die Ausstellung folgendermaßen an:

> Ein wunderlich Fisch oder Tier, das vor kurzem getötet wurde, und zwar von James Steward, als es – wie Er selbst berichtet – aus dem Meer herauskam zu Ihm, der ganz allein auf dem Rücken seines Pferdes an der Hafenmündung von Dingle-Icoush dahinritt. Selbiges Tier hatte zwei Köpfe und zehn Fühler, und auf acht der besagten Fühler saßen etwa 800 Knöpfe oder ein Ähnliches wie kleine Krönchen; und in jedem von ihnen ein Satz von Zähnen. Derselbige Körper war größer als ein Pferd und 19 Fuß lang – Fühler und alles; der große Kopf davon trug nur die zehn Fühler und zwei sehr große Augen. Und der kleine Kopf davon trug ein wunderlich seltsames Maul mit zwei Zungen darinnen, welche die natürliche Kraft zu Eigen hatten, sich selbst hinaus- oder hineinzuziehen in den Körper, wie seine ihm eigene Notwendigkeit es eben erfordern möge. Des Weiteren sind mehrere

---

* Der Titel des Buches lautet „*Vice-lovmand Eggert Olafsens og Lang-physici Biarne Povelson Reisen igiennen Island, foranstalter of Videnskabernes Saelskab i Kiobenhavn og beskreven of forbemeldte Eggert Olafsen*" (Die Reise des stellvertretenden Rechtsgelehrten Eggert Olafsen und des Arztes Biarne Povelson durch Island, die von der Gesellschaft der Wissenschaften in Kopenhagen veranstaltet und von oben erwähntem Eggert Olafsen beschrieben wurde).

andere sehr bemerkenswerte Dinge zu beobachten an besagtem Ungeheuer, und insbesondere hat es einen Umhang oder Mantel von Rötlicher Farbe, der herauswächst und festgeklebet ist auf dem Rücken desselben, und lose Lappen auf beiden Seiten, welche innen weiß und außen rot. Dahero alle Personen, die erstreben in der Wahrheit desselben Genüge zu erhalten, ansehen mögen den besagten kleinen Kopf und zwei derselbigen Hörner mit den kleinen Krönchen darauf und eine Zeichnung von dem Ganzen, wie es zusammen lebend aussieht, mit einem Zertifikate der dafür verantwortlichen Hände, und einem wahren Bericht von allen Passagen, bezeugend die Wahrheit derselben, zu ihrer weiteren Erbauung, in Three Castles am unteren Ende von Cork Hill.

Dieses Flugblatt gehört zu einer ganzen Reihe von Dokumenten, die A. G. More in seine Untersuchung aus dem Jahre 1875 mit einbezogen hat; er nimmt die Beschreibung und die begleitende Zeichnung fast wörtlich und meint: „Ich kann nicht erkennen, warum man die ausfahrbaren Rüssel nicht als real ansehen sollte; die kleinen Augen könnte allerdings durchaus ein phantasievoller Unterhalter als schmückendes Beiwerk hinzugefügt haben." Dann schlug er vor, das „Ungeheuer" von Kerry *Dinoteuthis proboscideus* zu nennen, was etwa mit „furchtbarer Kalmar mit großer Nase" zu übersetzen wäre.** W. J. Rees, ein Biologe aus dem *British Natural History Museum* (und einer der Herausgeber der Arbeiten von Steenstrup) zitierte dieses Flugblatt in einem Artikel über Riesenkalmare, der 1949 in den *Illustrated London News* erschien, und erklärte: „Der ‚kleine Kopf' war natürlich der Sipho, durch den Wasser ausgestoßen wird, um den Kalmar im Wasser voranzutreiben."

In unregelmäßigen Zeitabständen wurden Kalmarkadaver in unterschiedlichsten Zerfallsstadien an Strände rund um den Globus gespült. 1735 nahm Linné ein Tier, das er *Sepia microcosmos* genannt hatte, in die erste Ausgabe seiner *Systema naturae* auf. (Er entfernte es aus den folgenden Ausgaben wieder, vermutlich, weil er an der Existenz eines solchen Tieres zweifelte; in der endgültigen 10. Ausgabe, die 1758 veröffentlicht wurde, kommt es überhaupt nicht mehr vor.) Daraufhin betrit Denys de Montfort mit seiner sechsbändigen *„Histoire naturelle générale et particulière des mollusques"* die Szene. Obwohl sein *„poulpe colossal"* eine wilde Mischung aus Tatsachen und Phantasie ist, regte er doch andere dazu an, den Geschichten von Kopffüßern nachzugehen. So fand beispielsweise Steenstrup einen anderen frühen Bericht von einem Riesenkalmar in Island. Im Winter 1790 trieb ein Tier, das die Leute „*kolkrabbe*" nannten, bei Arnarnesvik

---

** More, der im Museum der *Royal Dublin Society* als Assistent arbeitete, war mit *Architeuthis* vertraut. Das geht aus seinem Artikel „*Some Accounts of the Giant Squid (Architeuthis dux) Lately Captured off Boffin Island, Connemara*" hervor, der einen Monat später ebenfalls im Journal Zoologist gedruckt wurde.

an Land.* Es schien mit einer Länge von insgesamt 11,9 Metern beträchtlich größer gewesen zu sein als seine Vorgänger.

Die Schilderung Steenstrups aus dem Jahre 1849 enthält den folgenden Bericht von der Entdeckung des Tieres:

Im November oder Dezember des letzten Winters [1790] trieb hier in der Gemeinde von Arnarnæsvik ein Tier an Land, das die Leute *Kolkrabbe* nannten, da es ihrer Darstellung zufolge in allen Eigenschaften vollkommen dem Tier ähnelte, das man normalerweise so nannte, bis auf *die ungewöhnliche Größe. Denn die längsten Tentakel waren über drei Faden {etwa 5,60 Meter} lang, und der Körper war vom Kopf aus dreieinhalb Faden {6,60 Meter} lang und so dick, dass ein ausgewachsener Mann ihn kaum mit seinen Armen umfassen konnte.* [Kursive Schrift und eckige Klammern wie im Original]. Es war intakt, als es gefunden wurde. Ich hörte jedoch nichts davon, bis das ganze Tier bereits verdorben, in Stücke geschnitten und wie üblich als Köder für den Kabeljau benutzt worden war. Für diesen Zweck eignete es sich nach Meinung der Fischer vortrefflich. Der Mann, der am meisten mit diesem Tier zu tun gehabt hatte, erinnerte sich nur noch, dass es lediglich vier von insgesamt zehn Tentakel gehabt hatte, genau die Zahl, die dieser *Sepia*-Art zugeschrieben wird. Auf Grund der Berichte von Olafsen und Povelson denke ich, dass wahrscheinlich nur zwei lange Tentakel da gewesen sind. Dieses Tier war vermutlich das gleiche wie das sonderbare Tier von Thingøresanden aus dem Jahre 1639, über das die besagten Reisenden während ihrer Reise sprachen ... Das beweist, dass es auch an anderen Stellen als im Mittelmeer vorkommt — es sei denn, das ist eine andere und viel größere Art. *Dieses Tier hatte keine Knochen bis auf den einen wohl bekannten im Rücken.* Hätte die Kolkrabbe nicht eine genauere Untersuchung verdient als die, die bisher durchgeführt wurde?

Frühere Autoren, die die Notwendigkeit erkannt hatten, diesen Exemplaren des Riesenkalmars, die gelegentlich an Land gespült wurden, einen Namen zu geben, bezeichneten sie als *Dinoteuthis proboscideus* oder *Sepia microcosmos* oder mit einem anderen Namen, der ihnen als Beschreibung geeignet oder für das Tier angemessen erschien. Als Steenstrup 1854 zum ersten Mal die „Kiefer eines riesigen Tintenfisches" beschrieb, der 1853 bei Aalbækstrand an Land gespült worden war, meinte er, dass „man von ihnen annehmen müsse, sie ähnelten in der Form der Gattung *Ommatostrophes*" – ein Gattungsname, der nicht mehr benutzt wird, obwohl man mittlerweile weiß, dass es ein frühes Synonym für *Ommastre-*

---

* Einer persönlichen Mitteilung Emil Ólafssons von der Stockholmer Universität zufolge wird das aus dem Isländischen stammende Wort 'kolkrabbi' „in Island immer noch häufig verwendet. Es bedeutet wörtlich 'Kohlen-Krabbe' und bezieht sich auf die schwarze Flüssigkeit des Tieres, die zur Verteidigung eingesetzt wird, sowie auf seine Ähnlichkeit mit einer Krabbe, die es auf Grund seiner vielen Füße hat." *Kolkrabbe* (oder *kolkrabbi*) wird manchmal verwendet, um einen Kraken zu beschreiben; und *smokkur* oder *smokkfiskur* wird für Kalmare benutzt. Dazu Anton Bruun in seiner *Zoology of Iceland*: „Die Isländer bezeichnen *Todarodes sagittatus* [ein häufiger Kalmar] als *Kolkrabbi, Smokkur* oder *Smokkfiskur*."

phes ist. Steenstrup zählte dieses Tier zu den „riesigen Cephalopoden, die in den Jahren 1639 und 1791 an der Nordküste Islands an Land gespült worden waren." Er wusste aber nicht, wie er diese Tiere, zu denen er auch den Seemönch aus dem Öresund rechnete, nennen sollte. Es dauerte noch drei Jahre, bis er der Art den Namen *„Architeuthis dux"* gab.

Steenstrup beschrieb den Schnabel des Exemplars von Raabjerg im Jahre 1855**, nannte die Art aber *Ommatostrophes pteropus*. 1857 taufte er sie in *Architeuthis* um; damit verließ der Riesenkalmar offiziell das Reich der Fabel und hielt Einzug in die wissenschaftliche Literatur. Zum ersten Mal war der Name *Architeuthis* auf der Bildfläche erschienen. Da aber Steenstrups Ergebnisse nicht als gedruckte Artikel vorlagen, sondern nur protokolliert wurden, als er auf einem Treffen skandinavischer Naturforscher sprach, wurden die strengen Anforderungen für die Benennung einer neuen Spezies nicht eingehalten. Und so wurde *Architeuthis* in der Mitschrift eingeführt: „Auf Grund der Annahme, dass der Tintenfisch, der 1853 an Land gespült worden war, identisch war mit dem, der 1546 oder 1550 gefangen wurde, hatte er von dessen Gattung *Architeuthis* provisorisch als *A? monachus* Stp. gesprochen." Zu dieser Zeit beschrieb Steenstrup anhand der Überreste eines anderen Kadavers, den Kapitän Vilh. Hygom von den Bahamas nach Dänemark mitgebracht hatte, noch eine andere Art von Riesenkalmaren. Dieses Tier, „das insgesamt sechs Ellen [3,77 Meter] lang war und Fangarme von fast drei Ellen Länge besaß, [wird] *Architeuthis dux* genannt."

Steenstrup bezeichnete das Exemplar von Kapitän Hygom als *Architeuthis dux*, als aber A. E. Verrill die Zeichnung des Unterkiefers erblickte, meinte er darin so viele Unterschiede zu dem von *A. dux* oder *A. monachus* zu erkennen („der Schnabel ist dorsal stärker gerundet, weniger spitz und kaum gekrümmt, die Einkerbung ist enger und der Flügelzahn ragt nicht so stark hervor"), dass er das Tier für eine andere Art hielt. Diese nannte er dann in einem Artikel aus dem Jahr 1875 *Architeuthis hartingii*.

Georg Pfeffer (1854-1932) versuchte in seinem 1912 erschienenen *„Historical Review of the Genus Architeuthis"* (in *„The Cephalopoda of the Plankton Expedition"*) die Dinge zu klären:

> Im Jahre 1856 berichtete Steenstrup auf dem Treffen der skandinavischen Naturforscher in Christiana unter anderem von einem großen Kopffüßer, der 1853 an der dänischen Küste

---

** In seinem Vortrag aus dem Jahre 1855 sagte Steenstrup „Raabjerg" (im Dänischen eigentlich Råbjerg). Aber auf der Bildtafel, auf der die Kiefer zu sehen sind, kennzeichnet er die Stelle, an der die Kiefer an Land gespült worden waren, als „Aalbæk-Strand im Kattegat". Raabjerg ist eine Wanderdüne aus Sand; sie gilt als die größte in Europa und befindet sich auf dem westlichen Strand (Skagerrak) der Nordspitze der Halbinsel Jütland, wohingegen Aalbækstrand auf der östlichen Seite (Kattegat) liegt. Angesichts dieses Durcheinanders werden wir wahrscheinlich nie wissen, wo dieses Exemplar von *Architeuthis* tatsächlich gefunden wurde.

gestrandet war, sowie von den Kiefern, auf die er die Spezies *Architeuthis monachus* gründete. Außerdem sprach er von einem Exemplar, das Kapitän Hygom nördlich der Bahamas im westatlantischen Ozean gefangen hatte und das er *„Architeuthis dux"* nannte. Steenstrup gibt weder für die Gattung noch für die Art Bestimmungsmerkmale an. 1858 veröffentlichte die Zeitschrift Die *Natur* einen Artikel „Über den Fang eines 'Meermannes' im Øresund zur Zeit von Christian III. von J. S. Steenstrup, nach dem Vortrag des Autors aus dem Dänischen übersetzt von H. Zeise." Der Name *Architeuthus* oder *Architeuthis* [*] wird in dem Artikel, der offensichtlich eine Übersetzung von Steenstrups bereits erwähnter Arbeit aus dem Jahre 1854 ist, nicht erwähnt. Es scheint daher so zu sein, dass der Name *„Architeuthis monachus"* nur in der Überschrift der Originalarbeit auftaucht. Folglich war die Bezeichnung *„Architeuthis monachus* Steenstrup 1854" bis dahin nicht gebräuchlich. Darüber hinaus entstand er nicht auf Grund einer wissenschaftlichen Untersuchung des Tieres, sondern auf Grund einer Interpretation überlieferter Erzählungen und Illustrationen aus dem 16. Jahrhundert. Es ist daher nicht rechtens, den Namen *Architeuthus monachus* in die wissenschaftliche Nomenklatur aufzunehmen.

Obwohl die Gattung immer mit seinem Namen verbunden bleibt und er der erste Wissenschaftler war, der einen Riesenkalmar beschrieben hat, brachte Japetus Steenstrup, da er seine Ergebnisse meist in mündlicher Form und nicht als Niederschrift vorlegte, in die Untersuchung von *Architeuthis* (oder *Architeuthus*) genauso viel Verwirrung wie er sie förderte. Pfeffer resümierte:

Auf dem Treffen der skandinavischen Naturforscher im Jahre 1856 hatte Steenstrup bereits eine Tafel gezeigt, auf der die Kiefer von *Architeuthis monachus* abgebildet waren. Kurz danach begann man anscheinend schon, für einen Artikel, der sich näher mit der kurzen einleitenden Diskussion auf dem Treffen befassen sollte, den Text einschließlich der Tafeln zu drucken. Diese Arbeit wurde jedoch nicht mehr zu Lebzeiten Steenstrups veröffentlicht, sondern erschien erstmals 1898. Seit 1860 kannten die Kalmarforscher aber bereits Teile des Textes samt Abbildungen; jedenfalls haben Harting, Gervais und Verrill dies erwähnt. Einige (wie Harting und Verrill) korrespondierten darüber hinaus mit Steenstrup, Packard traf ihn sogar persönlich. Das Ergebnis war, dass Steenstrups unveröffentlichte Äußerungen einen dauerhaften Platz in der Literatur erhielten und damit dieselbe Bedeutung erlangten, als wenn

---

* Auch Steenstrup hatte hinsichtlich der Schreibweise des Gattungsnamens ein Problem. So beklagte er sich in einer Fußnote zu seiner Besprechung von Verrills Artikel über die Cephalopoden an den nordöstlichen Küsten Amerikas: „Verrill [sic] und Tyron sowie andere Autoren schreiben beharrlich und offensichtlich mit Absicht *Architeuthis* statt *Architeuthus*. Das ist in doppelter Hinsicht falsch. Zum einen, weil ich der Gattung nicht den ersten Namen, sondern den zweiten gegeben habe, was man – vorausgesetzt, es entspricht den festgelegten Regeln – respektieren sollte. Zum anderen haben die Griechen und insbesondere Aristoteles unter *'Teuthis'* einen kleineren und schwächeren Cephalopoden, unter *'Teuthos'* dagegen einen kräftigeren und größeren verstanden. Daher ist die Zusammensetzung *Archi-teuthis* unsinnig, so als ob wir im Dänischen 'riesig-zwergenhafte' Cephalopoden oder etwas Ähnliches sagen würden."

er sie tatsächlich veröffentlicht hätte. Wenn Steenstrup hinsichtlich der Gattung *Architeuthis* oder der beiden Spezies *Architeuthis monachus* und *Architeuthis dux* wenigstens selber ein Bestimmungsmerkmal gehabt hätte – egal, ob handschriftlich oder im Rahmen seiner wissenschaftlichen Anschauung – und wenn er dieses seinen Briefpartnern mitgeteilt hätte, könnte man alle Erklärungen in der Literatur, die auf seinen privaten Äußerungen beruhen, so verwenden, als wenn sie tatsächlich veröffentlicht worden wären. Auf diesem Weg hätte man gemäß der geltenden Prioritätsgesetze eine Regelung finden können. Das war aber nicht der Fall. Und weil nun sämtliche *Architeuthis*-Funde den Arten *Architeuthis monachus* und *Architeuthis dux* zugeschrieben wurden, die es niemals gegeben hat, kam es zu dem Durcheinander in der Literatur, das zusammen mit falschen Interpretationen und Fehlern einzelner Autoren nun entwirrt werden kann. Es scheint aber am besten zu sein, die Angelegenheit auf sich beruhen zu lassen und darauf zu verweisen, dass alle Berichte über *Architeuthis monachus* und *Architeuthis dux* sinnlos sind, da beide Arten nicht existieren. Daran ändert auch nichts, dass Steenstrups Arbeit posthum noch veröffentlicht wurde. Wir können wohl sogar davon ausgehen, dass sie auch dann nicht als existent angesehen werden, wenn das ausgezeichnete Material im Museum von Kopenhagen einer wissenschaftlichen Revision unterzogen wird. Tatsächlich ist eher zu erwarten, dass man die nordatlantischen Formen in die Artenbestimmung mit einbeziehen wird, die Verrill geschaffen hat. [**]

Auf Grund dieser frühen Begriffsverwirrung und da nur so wenige Exemplare verfügbar waren, ist immer noch nicht geklärt, wo die Trennungslinien zwischen den verschiedenen Arten innerhalb der Gattung *Architeuthis* verlaufen. Roper, Sweeney und Nauen erklärten in dem *„FAO Species Catalogue of the Cephalopods of the World“* aus dem Jahre 1984: „Viele Arten wurden in die einzige Gattung der Familie *Architeuthis* aufgenommen. Sie sind aber so unzureichend beschrieben und so schlecht charakterisiert, dass die Systematik der Gruppe ein einziges Durcheinander ist.“ Mit anderen Worten, es gibt vielleicht nur eine einzige Art, vielleicht aber auch viele. Da sich beinahe jedes bekannte Exemplar von *Architeuthis* von allen anderen geringfügig unterscheidet – von vielen Exemplaren wurde nur ein Schnabel oder ein Tentakelstück beschrieben –, führte fast jede der frühen Beschreibungen gleich zu einer neuen Art.

Den Typus (das Individuum, anhand dessen eine neue Art beschrieben wird) der Spezies, die Steenstrup 1857 als *Architeuthis dux* bezeichnet hatte, setzte man aus dem „Schwert“ (Rückenschulp), den Teilen des Maules, dem Penis, einem Teil eines Fangarms sowie mehreren Saugnäpfen des Exemplars, das Kapitän

---

** Steenstrups Arbeit als Kustos war offensichtlich nicht die beste. Kristensen und Knudsen berichteten 1983 in einer Diskussion über die Cephalopoden-Sammlung im Museum von Kopenhagen: „Steenstrup war rastlos, zeitweise oberflächlich und an der Arbeit als Kustos nicht sonderlich interessiert ... Ein großer Teil [der Sammlung] musste weggeworfen werden, da sich die Exemplare in einem sehr schlechten Zustand befanden, weil der Alkohol verdunstet war.“

Hygom von den Bahamas mitgebrachte hatte, zusammen. Von dem Tier, das in Aalbækstand gefunden worden war und das Steenstrup der von ihm *Architeuthis monachus* genannten Spezies zugeordnet hatte, war nur noch der obere Teil des Schnabels erhalten. Für die anderen 17 (vorläufig) anerkannten Arten findet man in verschiedenen Sammlungen von Museen Beispiele. (Angegeben sind Ort und Zeit, an denen die entsprechenden Exemplare aufgefunden wurden):

A. hartingii (Herkunft unbekannt, 1860)

A. bouyeri (Teneriffa, 1862)

A. harveyi (Logy Bay, Neufundland, 1873)

A. princeps (Nordatlantik, 1875)

A. proboscideus (Dingle, 1875)

A. sanctipauli (St. Paul Island, Indischer Ozean, 1875)

A. mouchezi (St. Paul Island, 1875)

A. stocki (Neuseeland, 1880)

A. verrilli (Neuseeland, 1880)

A. martensii (Japan, 1880)

A. grandis (Owen, 1881)*

A. longimanus (Neuseeland, 1887)

A. kirki (Neuseeland, 1887)

A. physeteris (ausgespien von einem Pottwal, 1900)

A. japonica (Japan, 1912)

A. clarkei (England, 1933)

A. nawaji (Golf von Biskaya, 1935)

1984, bevor Clyde Roper die eben erwähnte Klage mit verfasste, schlug er vor, man könne „die 19 nominellen Arten tatsächlich zu nur drei zusammenfassen: *Architeuthis sanctipauli* auf der Südhalbkugel, *Architeuthis japonica* im nördlichen Pazifik und *Architeuthis dux* im Nordatlantik." 1991 verkündete Frederick Aldrich in dem Bemühen, die Einteilung weiter zu verbessern: „Ich kann die Vorstellung, dass es 20 unterschiedliche Arten gibt, nicht teilen. Bevor diese Frage nicht gelöst ist, habe ich mich dazu entschieden, sie alle als *Architeuthis dux* Steenstrup anzusehen."

---

* In seiner Diskussion „einiger neuer und seltener Cephalopoden" aus dem Jahre 1880 untersuchte Owen einen 2,70 Meter langen Fangarm aus der Sammlung des Britischen Museums *(Natural History)*. Er entschied, dass der Arm zu einer vollkommen neuen Art gehöre, die er – nach dem Griechischen *plectos* – wegen einer „wohl definierten Falte zwischen den Reihen von Saugnäpfen" *Plectoteuthis grandis* nannte. (*Plectoteuthis* wird inzwischen als Synonym für *Architeuthis* verwendet.) Entweder wurde nicht mitgeteilt, woher der Fangarm stammte, oder Owen dachte, es sei unnötig, das zu erwähnen.

Der calmar gigantesque (Architeuthis sanctipauli) wurde im Jahre 1875 bei St. Paul Island im südlichen Indischen Ozean an Land gespült.

Als Pfeffer 1912 versuchte, einen Überblick über die Gattung *Architeuthis* zu geben, schilderte er auf vier Seiten die unterschiedliche Verwendung der Bezeichnungen *Architeuthis monachus*, *Architeuthis dux* und *Architeuthis harveyi* sowie *Megaloteuthis*, *Dinoteuthis*, *Plectoteuthis* und selbst *Steenstrupia*, einer Gattung, die T.W. Kirk 1881 aufgestellt hatte. Nach einer gründlichen taxonomischen Untersuchung erkannte er jedoch, dass die Situation immer noch vollkommen verworren war. Daher kam er zu folgendem Ergebnis: „Die Frage, ob es verschiedene Gattungen von *Architeuthis* gibt, kann mit Bestimmtheit weder bejaht noch verneint werden ... Es gibt einige sehr sorgfältige einzelne Beschreibungen, wir wissen aber nur selten, ob die beschriebenen Eigenschaften artspezifische oder nur individuelle Merkmale darstellen." Die Situation hat sich seit 1982 nicht grundlegend verbessert, als der russische Kalmarforscher Kir N. Nesis in seinem richtungsweisenden Buch „*Cephalopods of the World*" feststellte, dass „15 nominelle Arten beschrieben wurden, deren Unterschiede aber nicht genau feststehen. Daher weiß man nicht, wie viele Arten es wirklich gibt." Und in der jüngsten Untersuchung, dem FAO-Bericht „*Cephalopods of the World*" schrieben Roper, Sweeney und Nauen 1984: „Viele Arten wurden nach der einzigen Gattung der Familie *Architeuthis* benannt, sie sind aber so unzureichend charakterisiert und so wenig bekannt, dass die Systematik der Gruppe ein hoffnungsloses Durcheinander ist."*

Martina Roeleveld vom *South African Museum* schrieb mir am 18. Juni 1996 in einem Brief: „Bisher habe ich nichts gesehen, was darauf schließen ließe, dass es mehr als eine Art von *Architeuthis* gibt." Ich glaube, dass die Taxonomie von *Architeuthis* tatsächlich „ein hoffnungsloses Durcheinander" ist; das Problem wird auch in diesem Buch nicht gelöst. (Wenn ich eine primäre Quelle zitiere, habe ich immer den Namen angegeben, der auch in der Originalbeschreibung verwendet wird.) Niemand weiß wirklich, wie viele Arten es gibt oder wie man sie nennen soll. Solange keine ordnungsgemäße Untersuchung durchgeführt werden kann, für die sehr viel mehr Exemplare erforderlich wären, als augenblicklich zur Verfügung stehen, ist es sinnlos, die Gattung in so viele Arten aufzuspalten. Zumindest für den Augenblick ist es vernünftig, alle Exemplare als *Architeuthis* sp. zu betrachten.

Unabhängig davon, wie viele Arten es gibt, wissen wir zumindest, dass wir einen sehr großen, relativ unbekannten Kalmar meinen, wenn wir von *Architeuthis* reden. Dennoch erhofft man sich vor allem von dem wissenschaftlichen Namen, dass er die sprachliche Verwirrung beseitigen kann. Mit Riesenkalmar ist in der wissenschaftlichen Literatur immer *Architeuthis* gemeint. Die Landessprachen benutzen dagegen jeweils andere Namen. Die Japaner nennen dieses Tier *dai-oo-ika*, was man mit „großer König der Kalmare" übersetzen könnte. (*Dai-oo* bedeutet „großer König" und *ika* ist der Gattungsname für Kalmare.) Die russische Version lautet *gigantskiy kalmar*, die französische *céphalopode géant* oder *encornet monstre*. Die Spanier bezeichnen es als *calamar gigante* oder *megaluria*, die Portugiesen sagen *lula gigante* und die Italiener *calamaro gigante*. Die Norweger nennen den Riesenkalmar *kjempeblekksprut*, was man wörtlich mit „riesiger" (*kjempe*) „Tinten" (*blaek*) „Sprüher" (*sprutter*) übersetzen kann.** (*Blekksprut* ist der norwegische Gattungsname für Krake und Kalmar.) Die Dänen benutzen einen ähnlichen Namen – *kaempeblaeksprutte* –, und die Schweden nennen ihn *kämpebläkfisk* oder „Riesentintenfisch".

---

* Ein gutes Beispiel für jemanden, der Arten auf Grund geringer anatomischer Unterschiede unterschied, ist A. C. Stephen. Dieser schrieb 1962 einen Artikel für die *Proceedings of the Royal Society of Edinburgh*, in dem er die „nordatlantischen" Arten (*Architeuthis harveyi, Architeuthis princeps, Architeuthis bouyeri, Architeuthis monachus, Architeuthis dux* und *Architeuthis clarkei*) penibel charakterisierte und erklärte, wie man sie unterscheiden könne. Er war sogar in der Lage, die schottischen Exemplare anhand der Form ihrer Schwanzflossen zu identifizieren.

** In meinem Buch *„Monsters of the Sea"* (1995) habe ich es geschafft, den norwegischen Namen durchgehend falsch zu schreiben. Irgendwie habe ich immer eine zusätzliche Silbe eingefügt, sodass aus *kjempeblekksprut Kjempebleblekkspruten* wurde. Durch den Zusatz *„ble"* wurde aus dem Riesentintensprüher ein „Riesenwindeltintensprüher".

Architeuthis

erscheint auf der Bildfläche

Pottwalfänger aus Neuengland haben häufig beobachtet, dass die Wale im Todeskampf irgendeine Art von „Armen" ausspucken. Während man sich auf ihre biologischen Kenntnisse häufig nicht allzu sehr verlassen kann, besteht hier jedoch kein Zweifel, dass sie tatsächlich Teile eines „Kraken" gesehen haben. Der Walfänger Charles Nordhoff, der Großvater des gleichnamigen Coautors von *„Meuterei auf der Bounty"*, schilderte das Tier in seinem 1856 veröffentlichten Buch *„Whaling and Fishing"* folgendermaßen:

> Pottwale ernähren sich von einem Tier, das die Walfänger als „Kalmar" bezeichnen. Ich glaube aber, es handelt sich um eine riesige Art von Tintenfisch. Wie ihre kleineren Verwandten bleiben diese Tintenfische ganz in der Nähe der Felsen, wobei die größeren ihre Stammplätze natürlich auf dem Meeresgrund haben, während die kleineren häufig nur die Ufer der Buchten bevölkern.
>
> Nur sehr wenige Menschen haben jemals einen ganzen Kalmar oder einen Pottwaltintenfisch [*] zu Gesicht bekommen. Ich neige aber dazu zu glauben, dass die wenigen Berichte, in denen davon die Rede ist, dass sie sich auf der Oberfläche aufhielten, nicht zutreffen. Walfänger glauben, dass sie viel größer sind als die größten Wale, ja sogar noch größer als ein großes Schiff. Und diejenigen, die behaupten, sie hätten einen Blick auf die Körper werfen dürfen, beschreiben sie als riesige, formlose, geleeartige, schmutziggelbe Masse mit langen Armen oder Fühlern auf allen Seiten, genau wie beim Gemeinen Kalmar.

Der erste belegte Auftritt von *Architeuthis* fand im Nordatlantik statt. Am 30. November 1861 erblickte der Posten im Ausguck des französischen Kriegsschiffs *Alecton*, das unter dem Befehl von Leutnant Bouyer stand, ein riesiges Tier, das auf der Oberfläche trieb. Es besaß einen ziegelroten Körper,

---

* Obwohl es so aussieht, als sei der Name unvollständig, ist dies eine genaue Wiedergabe des Originals. Ich nehme an, dass Nordhoff unter „Pottwaltintenfisch" die Tintenfischart versteht, die seiner Meinung nach von Walen gefressen wird.

Das französische Kriegsschiff Alecton nähert sich vor Teneriffa einem riesigen Kalmar, der an der Meeresoberfläche schwimmt.

der ohne Tentakel 4,9-5,5 Meter lang war, und seine schimmernden grünen Augen beunruhigten die Mannschaft. Als das Kriegsschiff näher kam, versuchte das Tier auszuweichen, tauchte aber nicht unter. Leutnant Bouyer gab den Befehl, das Tier in Gewahrsam zu nehmen, zögerte aber, die Boote ins Wasser zu lassen, da er fürchtete, dass seinen Männern etwas zustoßen könnte. Als die Besatzung damit begann, auf das Tier zu schießen, tauchte dieses ab, kam aber immer wieder an die Oberfläche. Ein Schuss traf wohl ein lebenswichtiges Organ, denn das Tier erbrach Blut und Schaum und verströmte dabei einen strengen Moschusgeruch. Als die Mannschaft ein Seil auswarf, um es an Bord zu hieven, schnitt dieses durch den Körper, sodass Kopf und Tentakel ins Meer fielen und versanken. Den restlichen Schwanzabschnitt brachte die *Alecton* nach Teneriffa.

Dort reichte Leutnant Bouyer einen Bericht ein, der an Sabine Berthelot, die französische Konsulin, weitergeleitet wurde. Diese wiederum stellte das Schreiben im Dezember auf der Versammlung der Französischen Akademie der Wissenschaften vor.** Auf Grund der Ähnlichkeiten in den Details liegt es klar auf der Hand, dass Jules Verne den Bouyer-Bericht gelesen und für seinen

---

** Die französischen Molluskenforscher Henri Crosse und Paul Fischer studierten den Bericht der *Alecton* und veröffentlichten 1862 den Artikel *„Nouveaux documents sur les céphalopodes gigantesques"*, in dem sie die Vermutung äußerten, dass der Riesenkalmar nur ein übergroßer *Loligo* gewesen sei; dieser könne nämlich, im Gegensatz zu den höheren Wirbeltieren, das ganze Leben hindurch wachsen.

Roman „20.000 Meilen unter dem Meer" benutzt hat. Dabei hat er aber den *„poulpe"* insgesamt viel aggressiver dargestellt, als er tatsächlich war. (Ein Beispiel für die Übereinstimmung ist das folgende: In Bouyers Bericht steht: *„Sa bouche, ou bec de perroquet, pouvait offrir près demi-mètre"*, „Sein Maul, das dem Schnabel eines Wellensittichs ähnelte, konnte sich etwa einen halben Meter weit öffnen"), Verne schreibt in Bezug auf dasselbe Organ von *„un bec de corne fait comme le bec d'un perroquet"*, „einem Hornschnabel, der dem Schnabel eines Wellensittichs gleicht").

Der erste Riesenkalmar, der in amerikanischen Gewässern gefangen wurde, ging im Oktober 1871 auf den Grand Banks den Fischern des Schoners *B. D. Haskins* aus Gloucester ins Netz. Um eine Vorstellung von den Gefühlen der Fischer zu vermitteln, als sie einen Riesenkalmar auf dem Wasser treiben sahen, ist hier der Wortlaut eines Briefes abgedruckt, den James G. Tarr aus Gloucester an A. S. Packard, den Gründer und Herausgeber des *American Naturalist* sandte:

> Bei schönem und angenehmem Wetter befahl [der Kapitän], das Boot ins Wasser zu lassen, und sandte zwei Männer aus, die in Erfahrung bringen sollten, was es sein könnte. Als sie zurückkamen, meldeten die beiden, im Wasser treibe eine geleeartige Masse und

Der Zeichner N. C. Wyeth zeichnete 1940 „Adventure of the Giant Squid of Chain Tickle", um die Kurzgeschichte dieses Namens von Norman Duncan zu illustrieren.

sie wüssten nicht, was es sei. Der Kapitän fuhr dann mit Haken und Gaffeln und weiteren Männern seiner Besatzung hinaus, um die Sache zu untersuchen. Das Tier war mausetot; seine beiden Enden hingen unter Wasser, nur die Mitte trieb oben. Nachdem die Männer das Tier längs des Schoners vertaut hatten, nahm der Kapitän den Flaschenzug und die Fallseile, um das Ungeheuer an Deck zu hieven. Sobald er dessen Kopf erblickte, erklärte er, dies sei der Kopf eines Kalmars, und meinte, er habe zwar gehört, dass es Kalmare dieser Größe gebe, aber vorher nie etwas Derartiges gesehen. Nachdem das Tier an Bord geholt worden war, teilte mir der zweite Mann oder Maat mit, dass er den Körper vermessen habe und dieser eine Länge von fünfzehn Fuß und einen Umfang von vier Fuß acht Inches aufweise. Die langen, stark angefressenen Arme mögen vielleicht neun bis zehn Fuß lang gewesen sein. Zwei waren kürzer als die anderen, vielleicht zwei bis drei Fuß. Wir haben die Arme nicht vermessen, schätzten ihren Umfang aber auf zweiundzwanzig Inches. Das Gewicht lag vermutlich bei zweitausendzweihundert Pfund bei einem Volumen von vielleicht acht bis zehn Barrel.*

Packard, der den Brief in einem Artikel mit dem Titel *„Colossal Cuttlefishes"* abdruckte, sandte ein Photo des Kalmars an Professor Steenstrup in Kopenhagen. Dieser teilte mit, es handle sich tatsächlich um *Architeuthis monachus*.

Im Herbst des folgenden Jahres wurde bei Coomb's Cove, Fortune Bay, Neufundland, ein noch größeres Exemplar an Land gespült und von ansässigen Fischern sichergestellt. Ein Tentakel hatte etwa den Durchmesser des Handgelenks eines Mannes und eine Länge von 12,8 Metern. Der Körper war drei Meter lang („und vom Umfang her fast so kräftig wie ein Schweinskopf"). Seine Gesamtlänge betrug daher 15,8 Meter.

Ende Oktober 1873 griff ein Riesenkalmar bei Portugal Cove in der Conception Bay von Neufundland ein kleines Boot an. Zwei Fangarme

Addison Emery Verrill (1839-1926) von der Yale University beschrieb die meisten Exemplare von Architeuthis, die zwischen 1871 und 1881 in Neufundland an Land gespült worden waren. Zusammen mit J. H. Emerton baute er die ersten lebensgroßen Modelle des Riesenkalmars.

---

* Ein Barrel entspricht 119 Liter.

wurden abgeschlagen und an Land gebracht; die Kunde davon drang schließlich auch zu Reverend Moses Harvey aus St. John's. (Portugal Cove liegt westlich von St. John's, etwa 10 Meilen quer über die Halbinsel.) Je nach dem, wessen Bericht man liest, befanden sich in dem Boot ein Mann, zwei Mann oder zwei Mann und ein Junge (S. 87 f.).

Norman Duncan verwendete dieses Ereignis in einer Geschichte für Kinder mit dem Titel *The Adventure of the Giant Squid of Chain Tickle*. Ein „Billy Topsai" und ein „Bobby Lot" kämpfen in neufundländischen Gewässern mit einem Riesenkalmar und besiegen ihn letztlich. Sie zeigen den Körper einem „Dr. Marvey" (Moses Harvey), und ein „Professor John Adams Wright" (Verrill) beschreibt den Kadaver in einer Monographie. (Die Geschichte erschien in der *„Anthology of Children's Literature"*, in der auch die Zeichnung von N. C. Wyeth (Seite 84) erstmals veröffentlicht wurde.) 1995 schrieb Don Reed über diese Episode (S. 192) *„The Kraken"*, ein Buch für „junge Erwachsene", in dem die heldenhaften Taten des jungen Tom Piccot gerühmt werden. Obwohl die Geschichte des tapferen Jungen mittlerweile zu den Volkssagen über Neufundland und *Architeuthis* gehört, hat es diesen Jungen mit großer Wahrscheinlichkeit nie gegeben – falls es ihn tatsächlich gegeben haben sollte, dann hatte er jedoch sicher nichts mit dem Riesenkalmar zu tun.

Addison Emery Verrill (1839-1926) studierte bei Louis Agassiz am Harvard College. Nach seinem Abschluss im Jahre 1862 wurde er zum Professor für Zoologie in Yale ernannt; das blieb er, bis er 1907 emeritiert wurde. In der Zeit von 1872 bis 1880 untersuchte er die Riesenkalmare im Nordatlantik, besonders in Neufundland. Dabei gelang es ihm, der Sammlung in New Haven mehrere Tiere zu sichern. (Mit seinem Zeichner J. H. Emerton baute er auch die ersten lebensgroßen Modelle von Riesenkalmaren). Als Reverend Moses Harvey 1873 den Tentakel des Exemplars aus Portugal Cove erhielt, kam er zu dem Schluss, dem Interesse der Wissenschaft sei am meisten damit gedient, wenn er es Verrill schicken würde. Dieser bezog es in seine umfangreichen Untersuchungen der Riesenkalmare im östlichen Nordamerika mit ein. Verrill untersuchte, sezierte und beschrieb, offensichtlich fasziniert von den „riesigen Cephalopoden", diese Tiere mit nie nachlassender Freude und verfasste von 1874 bis 1882 nicht weniger als 29 wissenschaftliche Arbeiten über *Architeuthis*.

In seiner Besprechung der „kolossalen Cephalopoden aus dem Westatlantik" von 1875 dankt er „Herrn Alexander Murray, dem Landesgeologen, der bei der Untersuchung und Konservierung dieser Exemplare mit Herrn Harvey zusammenarbeitete, und der darüber hinaus einige der veröffentlichten Berichte verfasst hat." Murray publizierte zwei Berichte: Den ersten 1874 in den *Proceedings of the Boston Society of Natural History* und den zweiten im selben Jahr im

American Naturalist. Beide sind Abschriften eines Briefes vom 10. November 1873, den Murray aus St. John's an Professor Louis Agassiz in Cambridge, Massachusetts, gesandt hatte. Darin heißt es: „Als ein Mann namens Theophilus Piccot am 25. Oktober letzten Jahres oder etwa zu diesem Zeitpunkt gerade seiner üblichen Beschäftigung, dem Fischen, nachging ... wurde seine Aufmerksamkeit auf etwas gelenkt, das auf der Wasseroberfläche trieb. Aus der Entfernung hielt er es für ein Segel oder die Trümmer eines Wracks, bei näherem Hinsehen entpuppte es sich jedoch als etwas äußerst Lebendiges." Es war ein Riesenkalmar, der, nachdem Piccot mit einem Bootshaken nach ihm geschlagen hatte, das Boot angriff und „sofort seine riesigen Tentakel über das Boot ausgeworfen hätte, wenn Piccot nicht geistesgegenwärtig einen oder mehrere Tentakel mit seiner Axt abgeschlagen hätte." In Murrays Bericht werden weder ein weiterer Mann noch ein 12-jähriger Junge erwähnt.

Moses Harvey (1820-1901), der Rektor der freien presbyterianischen Kirche St. Andrews in St. John's, war ein sehr produktiver Redner und Schreiber der Gemeinde. Er verfasste allein für die *Montreal Gazette* ungefähr 900 Artikel, die er mit „Delta" signierte. Seine Arbeiten erschienen darüber hinaus im *American Naturalist* und den *Annals and Magazine of Natural History*. Außerdem war er der Autor von „*The Textbook of Newfoundland History*" (1890) und „*Newfoundland, the Oldest British Colony*" (1893). Seine Schreibkünste haben sich aber wohl nicht nur auf historisch fundierte Erläuterungen beschränkt.

Am 12. November 1873, drei Wochen nach dem Ereignis, schickte Harvey einen Brief an die britische Zeitschrift *Annals and Magazine of Natural History*, der Anfang des folgenden Jahres veröffentlicht wurde. Dort schilderte er den Kampf mit dem Riesentintenfisch aus der Conception Bay: „Zwei Fischer waren draußen in einem kleinen Kahn ... Als sie etwas sahen, das auf dem Wasser trieb, ruderten sie näher heran, da sie annahmen, es handle sich um ein großes Segel oder die Überreste eines Wracks. Als sie es erreichten, schlug einer der Männer mit seiner Gaffel nach ihm, woraufhin es sofort Anzeichen von Leben zeigte und einen papageienartigen Schnabel öffnete, der – wie sie aussagten – 'so groß wie ein 6-Gallonen-Fass' war. Mit diesem hakte es heftig auf das Boot ein. ... Einer der Männer ergriff eine kleine Axt und schlug dem Tier zwei Arme ab, die über dem Dollbord des Bootes hingen. Daraufhin ließ der Fisch von dem Boot ab und stieß eine riesige Menge Tinte aus, sodass sich das Wasser im Umkreis von 200-300 Yards* schwarz verfärbte."

25 Jahre später, als Reverend Harvey die Geschichte noch einmal erzählte (*„How I Discovered the Great Devil-Fish"*), hatten Daniel Squires und Theophilus

---

* Ein Yard entspricht 91,44 Zentimeter.

Piccot schon einen Lehrling bekommen und zwar Theophilus Piccots 12-jähri-
gen Sohn Tom. In Harveys zweiter Fasssung ist es der junge Tom, der die Situation rettet:

> Das fürchterliche Ungeheuer verschwand nun unter der Oberfläche und zog dabei das
> Boot und die Männer mit sich in die Tiefe. Die von panischer Angst ergriffenen Fischer waren
> wie gelähmt und dachten, ihr letztes Stündlein habe geschlagen. Wasser lief ins Boot, als es
> tiefer und tiefer sank; in wenigen Sekunden würde für die unglücklichen Männer alles vorbei
> sein. Doch blitzschnell erfasste der junge Piccot die Situation und ergriff eine kleine Axt, die
> zum Glück unten im Boot lag. Der tapfere kleine Bursche schnellte hervor und schlug mit
> zwei, drei schnellen Schlägen die beiden Arme ab, die über den Bootsrand ragten.

Der junge Tom Piccot, der unsterblich wurde, als die Geschichte in der Fol-
gezeit weitererzählt wurde, ist offenbar nur eine literarische Erfindung von Moses
Harvey gewesen. (In Annie Proulxs Geschichte „Schiffsmeldungen", für die sie
den Pulitzer-Preis erhalten hat, sind es nur zwei Männer.) In einem Artikel aus
dem Jahr 1899 scheint Moses Harvey seine Erfindung verteidigt zu haben, indem
er behauptete: „Ich verlor Tom für zwölf oder vierzehn Jahre aus den Augen. Als
ich ihn wieder sah, war er zu einem gut aussehenden, strammen jungen Fischer
herangewachsen. Ich erfuhr außerdem, dass er für seine Kühnheit sowie nicht
weniger für seine freundliche, großzügige Art bekannt war."*

Letztlich ist es unerheblich, ob zwei oder drei Männer an dem Vorfall betei-
ligt waren, denn es war der etwa 5,8 Meter lange Tentakel, der sich als die größte wissenschaftliche Sensation erwies. (Die Beschreibung von Professor Steenstrup aus dem Jahre 1857 basierte auf dem Kiefer, dem Rückenschulp, einem
Teil eines Armes und mehreren Saugnäpfen von Riesenkalmaren. Als die Mannschaft der *Alecton* 1861 versuchte, den Kadaver an Bord zu hieven, verlor sie
alles bis auf den Schwanz.) Als die Fangarme abgeschnitten waren, verschwand
der Kalmar in einer Tintenwolke und kehrte in die Tiefen des Meeres zurück.
Nach Portugal Cove zurückgekehrt, nahm jemand den längeren Arm sowie ein
anderes kurzes Stück mit nach Hause und warf es den Hunden vor. Der Tentakel wurde zu Reverend Harvey gebracht, der ihn im Museum von St. John's
ausstellte und photographierte. Trotz seiner gelegentlichen Ambitionen als
Romancier wird Reverend Harvey als Empfänger des Armes eines Riesenkalmars im Jahre 1873 in bester Erinnerung bleiben. Denn – wie er in seinem Artikel von 1899 schwärmte: „Ich besaß damit eine der seltensten Kuriositäten des

---

* Das Datum des Ereignisses selbst scheint ebenfalls nicht genau bekannt zu sein. Murray (1874) sagt, es war „am
oder um den 25. herum", Verrill (1879) meint, es war der 27. Oktober, und Reverend Harvey (1874 und 1899)
behauptet, es war der 26.

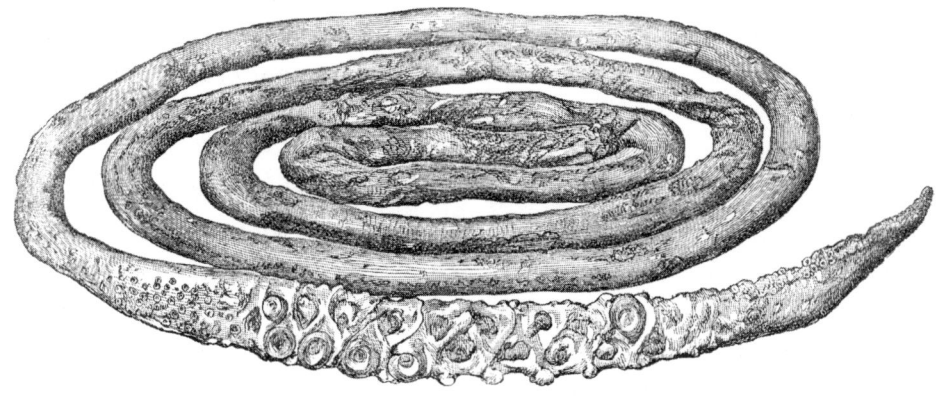

Der 5,8 Meter lange Tentakel des ersten Architeuthis, der je an Land untersucht wurde. Er wurde im Oktober 1873 einem lebenden Tier von einem jungen neufundländischen Fischer abgehackt, der ihn zu Reverend Moses Harvey brachte.

gesamten Tierreichs – den echten Tentakel des bis dahin nur aus Sagen bekannten Kraken, über dessen Existenz Naturforscher Jahrhunderte lang gestritten hatten. Ich wusste, dass ich den Schlüssel zur Aufdeckung dieses großen Mysteriums in den Händen hielt und dass jetzt in der Naturgeschichte ein neues Kapitel aufgeschlagen werden würde."

Im Dezember 1873, nur einen Monat nach dem Vorfall von Portugal Cove, holten ebenfalls in Neufundland vier Fischer ihr Heringsnetz in der Logy Bay ein. Nach und nach wurde ihnen klar, dass sich in dem schweren, zuckenden Netz nicht nur Heringe befanden. Ein Riesenkalmar war im Netz gefangen, und den Fischern gelang es, ihn mit ihren Messern zu töten. Sie brachten den Kadaver ebenfalls zu Reverend Harvey, der später dazu vermerkte: „Ich erinnere mich noch an diesen Tag, wie ich am Strand von Logy Bay stand und auf den toten Riesen starrte ... Ich entschied mich, nur die Interessen der Wissenschaft zu berücksichtigen. Ich schloss daher meinen Handel mit den Fischern schnell ab und versetzte sie in Erstaunen, weil ich ihnen 10 Dollar dafür bot, dass sie das Tier vorsichtig zu mir ins Haus trugen." Damit der nie abreißende Strom neugieriger Besucher den Leichnam sehen konnte, drapierte Harvey den Kopf und die Fangarme über sein Badegestell und ließ ihn dann von John Maunder photographieren: „Genauso wie George Washington kann auch das Photo nicht lügen. Hätte ich die Geschichte ohne die entsprechenden Photos als Beweis veröffentlicht, hätte man mich zweifellos für einen kleinen Münchhausen gehalten und meine Geschichte wäre mit der von der sagenumwobenen Seeschlange auf eine Stufe gestellt worden." Das Photo zeigt die Fangarme sowie die Mundöffnung des Kalmars (der Körper ging verloren, als der Kopf abgeschnitten wurde), wie sie über dem Badegestell hängen und ansprechend auf einem gemusterten Teppich angeordnet sind. Es ist nicht überliefert, was Frau Harvey von diesem Arrangement eines Kopffüßers in ihrem Wohnzimmer hielt. Die Tentakel waren 7,3 Meter und das Tier insgesamt 9,7 Meter lang.

Reverend Harvey sandte das Exemplar nach New Haven, wo Verrill „es ausführlich untersuchte, beschrieb und in zahlreichen wissenschaftlichen Zeitschriften vorstellte, sodass sich sein Ruhm über die ganze Erde verbreitete." Als Zeichen des Dankes gegenüber seinem Freund, Briefpartner und Lieferanten taufte Verrill diese Art *Architeuthis harveyi**. Ein „anderer hoch angesehener englischer Naturforscher, Dr. W. Saville-Kent, F. L. S., F. Z. S., nannte diese Spezies dagegen als Anerkennung für den großen Dienst, den Harvey mit seinen Bemühungen um den Erhalt dieser wertvollen Exemplare der Wissenschaft erwiesen habe, *Megaloteuthis Harveyi*". Harvey erzählt uns, dass er „bestrebt sei, diese Ehrungen mit Demut zu tragen". Es wird ihm aber nicht leicht gefallen sein. P. T. Barnum schrieb an Harvey und bestellte bei ihm „zwei der allergrößten Kraken, und dass nicht an den Kosten gespart werde." „Er dachte wahrscheinlich, sie seien so zahlreich wie Kabeljau", schrieb Harvey. Ein Freund von ihm gratulierte ihm zu der „Aussicht, der Nachwelt auf dem Rücken eines Kraken in Erinnerung zu bleiben!"

In den siebziger Jahren des 19. Jahrhunderts wurden – wahrscheinlich auf Grund ungeklärter klimatischer oder ozeanographischer Veränderungen – Dutzende von Riesenkalmaren an Land geschwemmt oder beobachtet, wie sie auf der Meeresoberfläche trieben. Verrills Untersuchung zufolge wurden etwa 50-60 von Fischdampfern auf den Grand Banks gefangen und zu Fischköder oder Hundefutter verarbeitet. Weitere 23 hat Dr. Verrill einer sehr sorgfältigen Untersuchung unterzogen.

Verrill, der eine eiserne Konstitution hatte und nahezu unbegrenzt arbeiten konnte, begann, über diese Exemplare fast in so rascher Abfolge Artikel zu veröffentlichen, wie die Tiere gefunden wurden. In einer Arbeit von 1879 mit der Überschrift „*The Cephalopods of the North-Eastern Coast of America. Part I: The Giantic Squids (Architeuthis) and Their Allies; with Observations on Similar Large Species from Foreign Localities*" führte Verrill jedes Exemplar von *Architeuthis* auf, das zur Zeit der Veröffentlichung bekannt war. Das war nur möglich, weil diese Tiere so selten vorkamen. Man kennt nur wenige andere große Tiere mit einer derart geringen Anzahl an Individuen. (Seit Verrills Zeiten sind natürlich viele Exemplare

---

* In der zoologischen Nomenklatur sollte der Gattungsname (hier *Architeuthis*) groß geschrieben werden, der Name der Art *(harveyi)* dagegen nicht. Da ich aus Harveys Artikel zitiere, habe ich dessen Schreibweise beibehalten.

Als Fischer im Dezember 1873 in Logy Bay (Neufundland) ihre Netze einholten, entdeckten sie, dass sie einen Riesenkalmar gefangen hatten. Nachdem sie diesen mit ihren Messern getötet hatten, verloren sie seinen Körper. Sie brachten den Kopf und die Fangarme zu Reverend Moses Harvey, der sie in seinem Wohnzimmer über sein Badegestell drapierte. Oben befindet sich der Schnabel des Kalmars.

dazugekommen; allerdings ist immer noch jeder Riesenkalmar, der an Land getrieben oder aus dem Magen eines Pottwals geborgen wird, Anlass für die Kalmarforscher, ein Fest zu feiern.) Verrill konnte sich über eine der bemerkenswertesten und unerwartetsten Ankunftsserien freuen, die jemals in der Geschiche der Zoologie oder Kryptologie stattfanden. Ein Tier, von dem viele angenommen hatten, dass es ein Mythos sei, bewies, dass es wirklich existierte, indem es in der Zeit von 1871 bis 1881 überall an den Stränden und in den Untiefen Neufundlands auftauchte.

1872 schrieb Reverend Harvey an Verrill, man habe ihn davon in Kenntnis gesetzt, dass ein großes Tier bei Bonavista Bay an Land getrieben worden sei. Nur die Kiefer und die Saugnäpfe an den Tentakel waren vermessen worden – die längsten maßen sechs Zentimeter im Durchmesser. Harveys Informant, ein weiterer Geistlicher namens Munn, erinnerte sich jedoch, dass die kurzen Fangarme, etwa 3 Meter lang, waren, „dicker waren als der Ober-

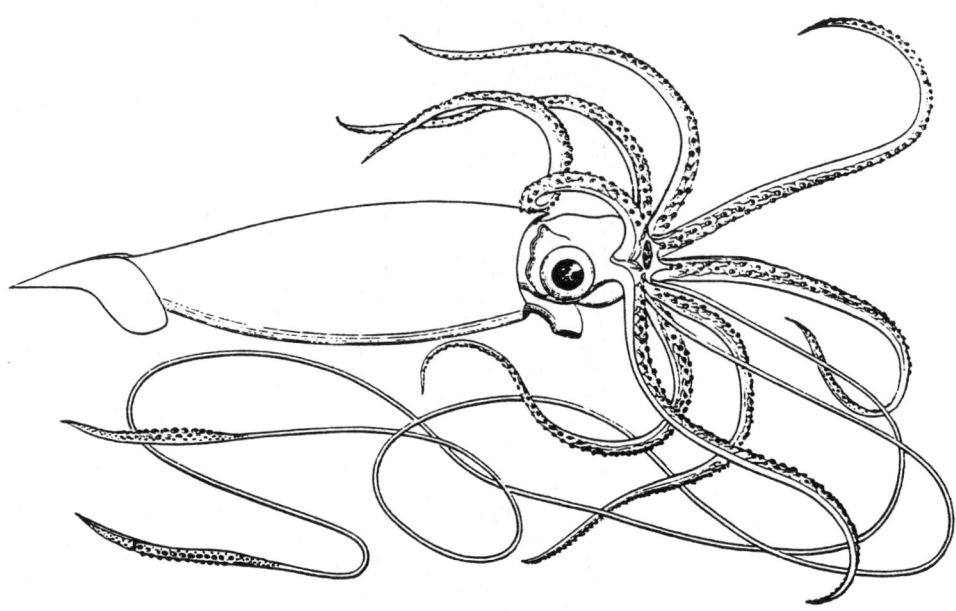

A. E. Verrills Skizze von „Architeuthis Harveyi", dem Riesenkalmar, der im Dezember 1873 in Logy Bay (Neufundland) an Land gespült wurde und von dem Teile zu Reverend Moses Harvey in St. John's gebracht wurden.

schenkel eines Mannes." Mit dem Tier aus der Logy Bay war das Pensum für 1873 erfüllt. 1874 wurde dann ein weiterer Riese in Neufundland an Land angeschwemmt, diesmal bei Grand Bank, Fortune Bay. Der Friedensrichter von Grand Bank, ein George Simms, hatte den Kadaver untersucht, bevor dieser zur Fütterung der Hunde zerschnitten worden war. Simms hatte berichtet, dass die längsten Tentakel knapp 8 Meter maßen und einen Durchmesser von 40 Zentimetern hatten. Der Körper maß 3 Meter, sodass dieses Exemplar aus der Fortune Bay insgesamt knapp 11 Meter lang war.

Im Winter 1874/75 wurde bei Harbour Grace ein weiteres Tier an Land gespült. Man hat es jedoch, wie Verrill berichtete, „vernichtet, bevor man seinen Wert erkannt hatte, sodass es nicht vermessen wurde." Dafür trieb im September 1877 während eines schweren Sturms „ein nahezu vollständiges Exemplar" bei Catalina, Trinity-Bay, an Land. Es lebte noch, als man es fand. Daher wurde es erst 2-3 Tage in St. John's ausgestellt, ehe man es in einem Salzwasserbehälter nach New York verfrachtete und im dortigen Aquarium zeigte. Auf Grund einer Untersuchung der Saugnäpfe, die ihm vom Besitzer des Aquariums zugesandt worden waren, identifizierte Verrill es als *Architeuthis princeps*. Zu dieser Zeit galt es als „das bisher größte und best erhaltene Exemplar". Sein Körper war 2,9 Meter

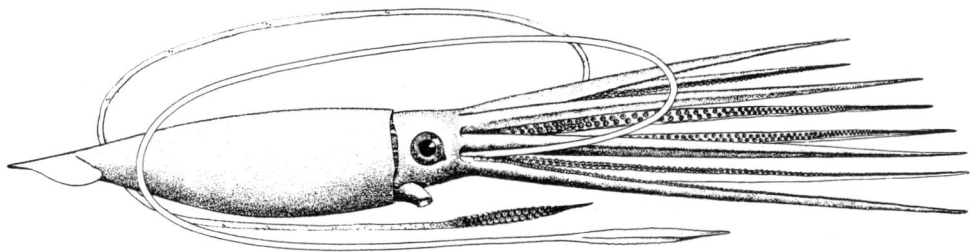

Zeichnung von J. H. Emerton für A. E. Verrills Beschreibung eines Riesenkalmars, der am 24. September 1877 bei Catalina, Trinity Bay (Neufundland), an Land gespült wurde.

und die längsten Tentakel 9,1 Meter lang. Die Augen hatten einen Durchmesser von 20 Zentimetern.

Obwohl weder Verrill noch sein getreuer Informant den Bericht eines Dr. D. Honeyman aus Halifax, Nova Scotia, selbst gesehen hatten, zitierte Verrill daraus die Aussage eines Mannes, der bei einem anderen Fang – diesmal in der Strait of Belle Isle (darüber liegen keine Daten vor) – zugegen war. Dieser Riesenkalmar, der – Körper und längste Fangarme zusammengenommen – eine Länge von knapp 16 Metern erreichte, wurde durch ein Ruder aufgestört, als er friedlich im Wasser lag. Verrill schreibt jedoch, dass er „wahrscheinlich behindert war, weil sich diese Art von Tieren nie treiben lässt oder ruhig auf der Wasseroberfläche liegt, solange sie bei guter Gesundheit ist." 1876 entdeckte man ein Exemplar bei Hammer Cove im südwestlichen Teil der Green Bay, in Notre Dame Bay, Neufundland. Als es untersucht werden konnte, hatten Füchse und Vögel schon einen Teil aufgefressen, sodass nur noch ein 1,5 Meter großes Stück vom Körper übrig war, an dem noch 60 Zentimeter lange Armstümpfe hingen. 1877 beschrieb Harvey in einem Brief an Verrill ein Exemplar, das bei Lance Cove, Trinity Bay, gestrandet war, etwa 20 Meilen von der Stelle entfernt, an der das Exemplar von Catalina ans Ufer gespült worden war. Dieses Tier war noch am Leben und schlug um sich, als man es fand. Bei seinen Versuchen, zurück ins Wasser zu gelangen, „hob es durch den Wasserstrahl, den es mit großer Kraft aus seinem Sipho presste, einen Graben oder eine Furche aus, die etwa 9,1 Meter lang und sehr tief war. Als die Flut zurückging, starb es."

In einem Brief von 30. Januar 1879 an den *Boston Traveller* beschrieb Reverend Harvey einen riesigen Kalmar, der im vorangegangenen November vor Thimble Tickle gesichtet worden war. Drei Fischer erspähten ein unförmiges Objekt. Da sie annahmen, es handele sich um ein Wrackteil, ruderten sie näher heran. Zu ihrem Entsetzen stellten sie fest, dass sie sich in der Nähe eines riesigen Fisches mit großen glasigen Augen befanden, der verzweifelt zu entkommen versuchte und das Wasser mit seinen enormen Armen und seinem Schwanz zum Schäumen brachte. Er war gestrandet, und die Flut ging zurück. Aus dem Trichter auf der Rückseite seines Kopfes stieß er große Mengen Wasser hervor, wodurch er sich normalerweise rückwärts bewegt. Auf Grund der Gegenwirkung des ihn umgebenden Mediums treibt ihn die Kraft des ausgestoßenen Wasserstroms in die gewünschte Richtung. Zeitweise war das Wasser aus dem Sipho schwarz wie Tinte.

Die Fischer warfen kühn einen Enterhaken nach dem Tier, zogen es an Land und befestigten die Schnur an einem Baum. Der Kalmar starb und wurde zu Hundefutter zerschnitten. Reverend Harvey, bei dem all diese Informationen zusammenliefen, schätzte, dass der Kalmar von Thimble Tickle 16,8 Meter lang war.

Bevor sich das Jahrzehnt von *Architeuthis* dem Ende zuneigte, tauchten auf Neufundlands Stränden noch weitere Riesen auf: Im November 1878 wurde bei James's Cove, Bonavista Bay, „ein prächtiges, vollständiges Exemplar" gefangen. Die Fischer „gaben auf der Stelle ihrem Hang zum Schneiden und Vernichten nach"; daher blieb nichts von ihm übrig. Ein Beobachter hat jedoch diesen Fang später in einem Brief folgendermaßen geschildert: „Einer der Männer schlug mit einem Ruder auf es ein. Sofort wandte es sich dem Land zu und kam ganz auf den Strand." Der Körper war 2,7 und die Tentakel 8,8 Meter lang. Am 2. Dezember 1878 trieb bei Three Arms nach einem schweren Sturm ein Exemplar an Land, das man als *Architeuthis princeps* identifizierte. Sein Körper maß vom Schnabel bis zum Schwanzende 4,6 Meter.

Das Jahrzehnt ging zu Ende, ohne dass weitere Riesenkalmare in Neufundland strandeten. 1881 fand man jedoch bei Portugal Cove noch ein letztes Exemplar, das auf der Wasseroberfläche trieb. Es wurde in Eis gepackt und mit einem Dampfer nach New York verfrachtet, woraufhin der unermüdliche Professor Verrill aus New Haven anreiste und es im Museum von E. M. Worth an der Bowery 101 untersuchte. Es war zu stark zerstört, um es noch genau vermessen zu können. Verrill war jedoch der Ansicht, es sei insgesamt etwa 6,10 Meter lang gewesen. Er notierte: „Die Farbe, die besonders an den Armen und auf der Ventralseite des Körpers teilweise erhalten ist, ... besteht aus kleinen violett-braunen Chromatophoren, die mehr oder weniger dicht auf der Oberfläche verstreut sind."

Im April 1875 waren in der Nähe von Boffin Island, vor der Küste von Connemara, Irland, drei Fischer in einem der landesüblichen Flechtboote auf See. Als sie eine große formlose Masse bemerkten, die auf der Oberfläche trieb, ruderten sie näher heran, um die Sache genauer zu untersuchen. Zu ihrer großen Überraschung entdeckten sie, dass es sich um einen Riesenkalmar handelte; sie packten einen der Tentakel und hackten ihn ab. Daraufhin brach aus dem Tier ein gewaltiger Schwall aus Schaum und Tinte hervor. Die Männer amputierten immer nur jeweils einen Fangarm, wobei sie versuchten, so lange außerhalb der Reichweite der übrigen herumfuchtelnden Gliedmaßen zu bleiben, bis der dem Tode geweihte Kalmar fast keine Fangarme mehr hatte und nur noch schwach um sich schlug. Dann zogen sie ihn an Land. A. G. More berichtete von den Umständen, unter denen das Tier sichergestellt wurde:

> Die Geschichte, die vor kurzem in einer Zeitung, dem „*Galway Express*", erschien und auch in der Juni-Ausgabe des *Zoologist* veröffentlicht wurde, ist kein Märchen. Dass das Tier so riesig war, ist hinreichend bewiesen: Sowohl die Briefe von Sergeant O'Connor von der in Boffin Island stationierten *Royal Irish Constabulary* als auch die Teile des Riesenkalmars, die er nach Dublin gesandt hat, bestätigen es. Der Kalmar ist zwar nicht vollständig, es sind aber beide Tentakel und Fangarme vorhanden, und den riesigen Schnabel mit einem Durchmesser von etwa 13 Zentimetern kann man jetzt im Museum der *Royal Dublin Society* besichtigen.
>
> Das Tier wurde am 25. April getötet. Da die Männer, die es angriffen, in einem kleinen Boot unterwegs waren, konnten sie nur den Kopf und einige Fangarme – genauer, die Tentakel und zwei der kürzeren Arme – an Land bringen; Kopf und Augen wurden leider zerstört. Sergeant O'Connor gelang es jedoch, die größeren Teile beider Tentakel, einen kurzen Arm sowie den Schnabel zu retten; dies alles hat er uns überstellt. O'Connor vermaß die Tentakel, als sie noch in frischem Zustand waren: Sie erreichten eine Länge von dreißig Fuß. Die Stücke, die wir davon erhalten haben, weisen – so geschrumpft und mitgenommen, wie sie jetzt sind – immerhin noch vierzehn und siebzehn Fuß auf, wenn man die einzelnen Teile aneinander legt.

Irgendetwas muss in der Zeit von 1870 bis 1890 in den eisigen Tiefen der Ozeane passiert sein und die Riesenkalmare dazu gebracht haben, an der Oberfläche und bestimmten Stränden aufzutauchen. Solange sich allerdings dieses unerklärliche Phänomen nicht wiederholt, werden wir wohl nie erfahren, was es war. A. E. Verrill war genauso verblüfft wie alle anderen; 1881 überlegte er:

> Warum so viele dieser großen Cephalopoden sterben, kann man nur vermuten. Vielleicht ist eine Epidemie unter ihnen ausgebrochen, oder es liegt an einer ungewöhnlichen Häufung tödlicher Parasiten oder anderer Feinde. Hier ist jedoch an die Tatsache zu erinnern, dass die Tiere in verschiedenen Jahren immer zur selben Zeit beobachtet wurden – die meisten der Exemplare hat man im Herbst in Neufundland angeschwemmt aufgefunden. Diese Zeit folgt

möglicherweise direkt auf die Vermehrungszeit der Tiere, nach der sie unter Umständen so geschwächt sind, dass sie sehr viel leichter Parasiten, Krankheiten oder anderen ungünstigen Verhältnissen zum Opfer fallen.

87 Jahre später und auf dem Hintergrund größerer Mengen an Daten und verfügbarer Exemplare konnte Frederick Aldrich dann darüber spekulieren, ob vielleicht Fluktuationen im Labradorstrom dafür verantwortlich sind, dass ungefähr alle 90 Jahre Riesenkalmare vor Neufundland auftauchen. Wenn dessen kalter, als Avalon-Strömung bekannter Anteil auf den Nordosten Neufundlands trifft, kommt der Kalmar, wenn er den kalten Wassermassen folgt, nahe an die Küste heran. Aldrich sagte nach Auswertung der Daten voraus, dass die nächste Gruppe von Exemplaren von *Architeuthis* um 1960 herum an Land getrieben werde. Dies erwies sich als korrekt; zwischen 1961 und 1968 wurden neun Exemplare an Land gespült. (Alle neun waren noch nicht geschlechtsreif; daran zeigte sich, dass das Phänomen nichts mit dem Reproduktionszyklus zu tun hat.) Nach Aldrichs Vorhersage müssten die nächsten Riesenkalmare um das Jahr 2050 herum in Neufundland landen.

Vielleicht ist das eine Erklärung dafür, warum in Neufundland Riesenkalmare angetrieben wurden. Was aber ist mit einer ähnlichen, wenn auch nicht so starken Invasion von *Architeuthis*, die in denselben Jahren stattfand, allerdings auf der anderen Seite des Globus: in Neuseeland? Im Mai 1879 strandete dort ein Exemplar bei Lyall Bay in der Cook Strait. T. W. Kirk hat es der *Wellington Philosophical Society* beschrieben. Es dauerte drei Jahre, bis das Exemplar wissenschaftlich untersucht wurde. Zu dieser Zeit waren nur noch der Schnabel, die Raspelzunge sowie ein paar Saugnäpfe vorhanden. Ein Jahr später verschlug es einen anderen Riesenkalmar nach Island Bay, ebenfalls in der Cook Strait. Wieder war es Kirk, der das Tier beschrieb; er nannte es *Architeuthis verrilli*. In ihrem *Scientific American*-Artikel von 1982 bezeichneten Clyde Roper und Kenneth Boss den Riesenkalmar von 1880 mit seinen 16,8 Metern als „das größte Exemplar, über das in der wissenschaftlichen Literatur je geschrieben wurde." 1886 wurde ein Kadaver auf dem Strand von Cape Campbell gefunden. Der Autor dieses Berichts, ein Leuchtturmwächter namens C. W. Robson – nicht zu verwechseln mit G. C. Robson, einem Kalmarforscher vom British Museum – taufte es nach T. W. Kirk *Architeuthis kirki*. 1887 landete ein weiterer Kalmar bei Lyall Bay; Kirk bemerkte dazu: „Jetzt haben wir einen weiteren dieser hochinteressanten, aber sehr störenden Besucher." Kirk begab sich an den Strand, untersuchte das Tier sorgfältig, machte sich Notizen, vermaß es und „bekam auch eine Skizze zu Stande, die dir hoffentlich eine ungefähre Vorstellung vom allgemeinen Umriss dieses zuletzt

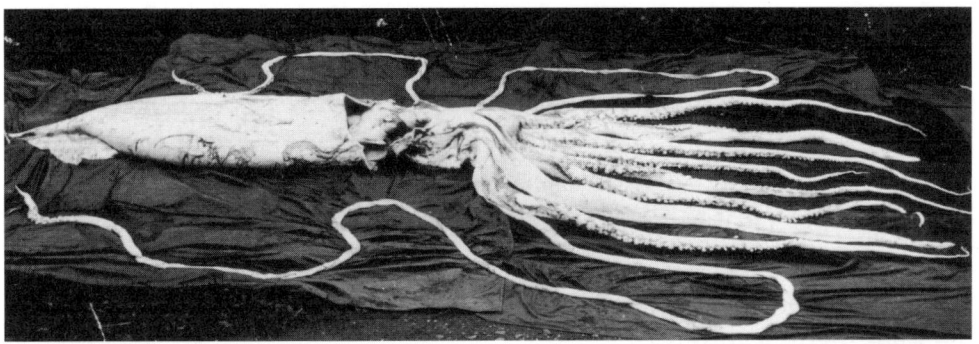

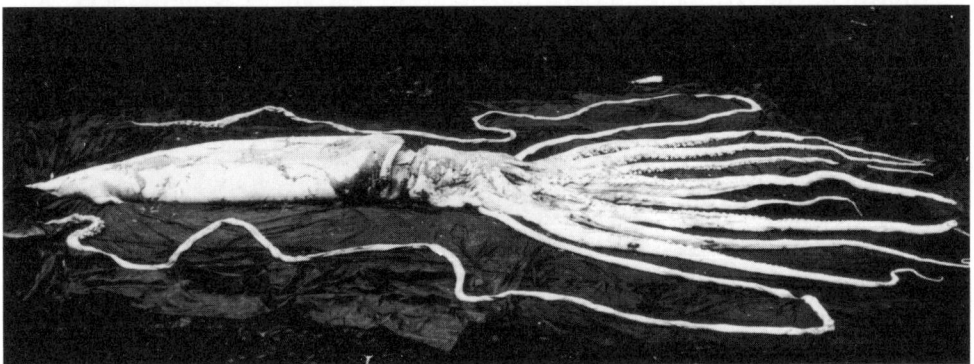

Dieses Exemplar von Architeuthis, das 1896 bei Hevne vor dem Trondheimsfjord in Norwegen gefunden wurde, war von den Tentakelspitzen bis zum Schwanz knapp 10 Meter lang.

angekommenen Kraken vermitteln wird, obwohl der furchtbar heftige Regen und der Südwind es unmöglich machten, dem Gegenstand wirklich gerecht zu werden." Kirk nannte diese neue Art wegen der enormen Länge ihrer Fangarme *Architeuthis longimanus*; ein einheimischer Fischer namens Smith war auf 18,9 Meter gekommen, Kirk maß jedoch 16,8 Meter „oder mehr als anderthalb so viel wie die längste, bisher registrierte Art aus diesen Meeren." Obwohl die Gesamtlänge von *Architeuthis longimanus* aus Lyall Bay über 16,8 Meter betrug und er somit der längste je gemessene Riesenkalmar war, entfielen lediglich 1,7 Meter davon auf seinen Körper (Mantel).

R. K. Dell schrieb 1970 über die Tiere, die im 19. Jahrhundert in Neuseeland gestrandet waren: „Die meisten Exemplare waren in miserablem Zustand und wurden von inkompetenten Leuten untersucht. Wahrscheinlich kommt es sehr viel häufiger vor, als man auf Grund der veröffentlichten Berichte vermuten sollte, dass in unbewohnten Abschnitten unserer Küsten Kalmare stranden oder auf dem Meer tote Körper gesichtet werden." Als 1956 ein Riesenkalmar bei Makara an Land gespült wurde, hatte Dell die Chance, ein „vollkommen frisches" Exemplar zu untersuchen. Die Tentakelarme waren, möglicherweise von einem Pottwal, etwa einen Meter vom Kopf entfernt schräg abgetrennt worden, der Körper befand sich jedoch in einem guten Zustand. Wo die Farbe noch erhalten war, wurde sie als irgendwo zwischen einem rötlichen Braun und einem Ziegelrot beschrieben. In den letzten Jahren wurden mit Aufkommen der Tiefseefischerei in Neuseeland und den angrenzenden Gewässern so viele Exemplare von *Architeuthis* gefangen, dass klar wurde, dass man hier wohl ganz klar das Gebiet mit dem weltweit größten Vorkommen an Riesenkalmaren vor sich hat. (Diskussion der letzten Funde in Neuseeland am Ende dieses Kapitels.)

Ab Anfang des 20. Jahrhunderts waren die Stellen, an denen gestrandete Riesenkalmare registriert wurden, geographisch weiter gestreut. Im März 1909 kam Massachusetts zu seinem ersten Riesenkalmar; der zweite tauchte übrigens erst 71 Jahre später auf. Vor dem Dorf Truro von Cape Code entdeckte der Fischschoner *Annie Perry* einen Riesenkalmar auf dem Wasser. In einem anonymen Brief an Henry Blake, der ihn in der malakologischen Zeitschrift *Nautilus* in einem Artikel zitierte, stand:

> Er war noch ganz frisch. Die Mannschaft verwendete Teile des Tieres als Köder und fing damit eine ansehnliche Menge Fisch. Ich sah einen der Tentakel ... Er war sieben Fuß, sechs Inches lang, und die Saugnäpfe waren so groß wie ein 25-Cent-Stück. Ein Teil des Körpers war, würde ich sagen, vier Inches dick und die Tentakel müssen an ihren dickeren Enden ebenfalls einen Durchmesser von vier Inches gehabt haben ... Der Kapitän des Bootes, der den Kalmar fing, meint, dieser sei nur unwesentlich länger als ihr Ruderboot gewesen; das bedeutet, dass er 16 oder 17 Fuß lang war ... Der gesamte Körper hatte etwa den Umfang eines Fischfasses.

Norwegen, ein Land, das fast nur aus Westküste besteht, war ebenfalls eine ergiebige Stelle, um tote oder sterbende Riesenkalmare zu beobachten. 1916 stellte August Brinckmann eine Liste mit einigen Fällen gestrandeter Tiere aus dem Vorjahr zusammen. Seine größte Aufmerksamkeit widmete er aber einem Tier, das man im November 1915 bei Austrheim, direkt nördlich von Bergen auf der Oberfläche schwimmend gesehen hatte:

> Joakim Lerøen ... entdeckte das Tier, als es auf der Wasseroberfläche schwamm und sich mit seinem Hinterende voran kreuz und quer zur Engstelle der Bucht hin bewegte. Er rannte ins Bootshaus und nahm einen Landungshaken. Mit ihm riss er ein Loch in das Auge des Kalmars, als dieser am Ende der Bucht wieder auftauchte. Bis dahin schien das Tier hell gefärbt zu sein. Als jedoch die Gaffel in das Auge eindrang, wurde der Kalmar dunkelrot. Gleichzeitig entleerte er seinen Tintenbeutel und trübte so das umliegende Wasser. Er warf einen seiner riesigen Tentakel über die Wasseroberfläche hinaus in die Höhe und versuchte zweimal,

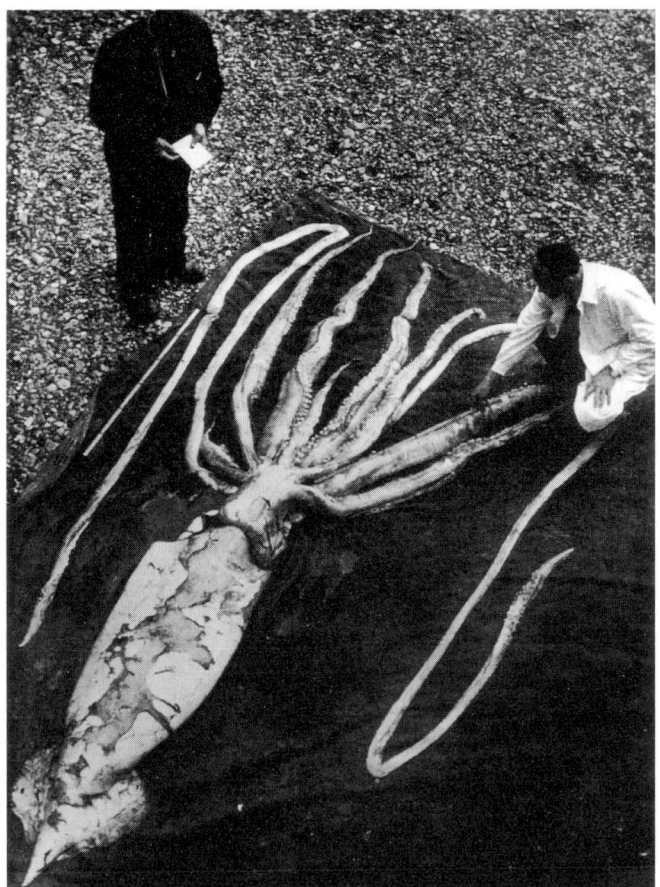

Ein Riesenkalmar, der im Oktober 1954 bei Ranheim, Norwegen, an Land gespült wurde, wurde auf dem Boden ausgebreitet, um zu zeigen, wie groß er ist und wie seine Arme und Tentakel angeordnet sind.

den Mann zu umklammern. Inzwischen war der Nachbar des Fischers zu Hilfe gekommen. Beiden Männern gelang es, das Tier hochzuziehen und im Flachwasser festzumachen.

Im folgenden Jahr sah man auf dem Strand von Hellandsjø einen lebenden Kalmar; wie bei dem Kalmar von Austrheim war es wieder im Hevnefjord. Ein Junge näherte sich dem Kalmar und stellte seinen Fuß auf einen der Fangarme. Der Kalmar heftete sich mit seinen Saugnäpfen so fest an den Schuh, dass der Junge ihn ausziehen musste, um frei zu kommen. Fischer töteten den Kalmar und schnitten sich daraus Köder zurecht. Otto Nordgård, der 1923 darüber berichtete, bekam „nur einige Überreste", darunter die 6,1 Meter langen Tentakel.

Einer anderen norwegischen Beschreibung eines gestrandeten Exemplars – ein 9,1 Meter langes Tier, das im Jahre 1954 bei Ranheim an Land geschwemmt wurde – fügte Erling Sivertsen eine Karte Norwegens bei, auf der alle 18 Stellen und Zeitpunkte eingetragen waren, an denen zwischen 1874 und 1954 Riesenkalmare gestrandet waren. Man könnte sich im Nordatlantik einen zentralen Punkt vorstellen; von dort aus gehen strahlenförmig Linien nach Neufundland im Westen und Norwegen im Osten ab, an denen entlang sich die Riesenkalmare verbreiten. Für ein solches Konzept würde man allerdings sehr viel mehr Informationen über die Verteilung und das Verhalten von *Architeuthis* benötigen, als derzeit zur Verfügung stehen. (Obwohl mehrere der norwegischen Aufzeichnungen aus dem Jahrzehnt von 1870-1880 stammten, war doch die Mehrzahl aus einer späteren Zeit; daraus lässt sich anscheinend so etwas wie ein unregelmäßiger zeitlicher Verlauf ablesen, bei dem in der Zeit von 1900 bis 1950 auf jedes Jahrzehnt jeweils ein paar Berichte entfallen.)

Architeuthis zeigte sich auch weiterhin vor Neufundland, jetzt allerdings sehr viel seltener. 1933 und 1935 wurden zwei weitere Riesenkalmare gesichtet. Der von 1933 war im Dezember an Land getrieben worden und, wie man sich vorstellen kann, war das nicht der beste Monat, um Objekte am Strand von Neufundland einer genaueren Betrachtung zu unterziehen; der Riesenkalmar wurde daher erst im Februar näher untersucht. Man lagerte ihn kühl, sodass die inneren Organe gut erhalten blieben. Allerdings waren, wie Nancy Frost 1934 berichtete, „der Kopf und der Schwanz vom Körper abgetrennt, und sämtliche Fangarme bis auf ein fast vollständiges Tentakelende ... hoffnungslos verstümmelt."

Reuben Reid war 12 Jahre alt, als er und Richard Gosse den Kadaver fanden. Er sagte in einem Zeitungsinterview, das 1996 veröffentlicht wurde, dass er „etwas auf dem Wasser treiben sah ... Als es näher kam, erkannte ich, dass es ein Kalmar war, ein Riesenkalmar." Er war auf Grund eines Sturms in die Nähe der Küste geraten. Als Reid versuchte, ein Seil um ihn herum zu legen, wurde der Kopf abgetrennt. Sie luden den Kopf und den Körper auf einen Schlitten und zogen ihn in die Stadt, wo sie ihn wogen und vermaßen. „Wir setzten den Kopf wieder auf", sagte Reid. „Seine Augen waren so groß wie kleine Untertassen, der Körper hatte eine Länge von etwa 3 Meter; die längsten Tentakel waren 3,6 Meter lang und der Schwanz 60 Zentimeter breit. Er wog 258 Kilogramm."*

Auf der anderen Seite des Atlantik erhielt W. J. Clarke im Januar 1933 „die Nachricht, bei Scarborough [Yorkshire] sei in der South Bay ein großer Hai an Land geschwemmt worden. Als ich unterwegs war, um ihn mir anzusehen, wurde

---

* Das Interview von Lillian Simmons, das am 2. April 1996 im *Compass* von Neufundland veröffentlicht wurde, drehte sich um Reids Entdeckung des Kalmarkadavers im Eis sowie um die Schaffung eines lebensgroßen Modells, das auf diesem Exemplar basierte und in Dildo als Touristenattraktion gebaut wurde.

er größer und schließlich zu einem Wal. Bei meiner Ankunft stellte sich dann heraus, dass es ein riesiger Kalmar war." Sein Körper war jedoch durch Leute, die „auf dem Körper herumgetanzt und dabei die empfindliche Außenhaut bis auf ein paar Überbleibsel abgerubbelt hatten", schon erheblich beschädigt worden. Er wurde in die naturkundliche Abteilung des British Museum (Natural History) gebracht, wo er von dem renommierten Kalmarforscher des Museums, G. C. Robson, beschrieben wurde. In diesem Aufsatz von 1933 nannte Robson ihn *Architeuthis clarkei* – „zu Ehren von W. J. Clarke aus Scarborough, der seit vielen Jahren ein so eifriger Beobachter der Cephalopoden in der Nordsee ist und dem ich für seinen Einsatz zu Dank verpflichtet bin."

Robsons Charakterisierung des Kalmars von Yorkshire war noch nicht veröffentlicht, als Frost das Exemplar von Neufundland aus dem Jahr 1933 beschrieb. Zwei Jahre später jedoch, als ein weiterer Kalmar an der Küste von Neufundland angetrieben wurde, konnte sie ihn mit Robsons Beschreibung von *Architeuthis clarkei* vergleichen. Das Exemplar von 1935 „wurde in gewisser Entfernung vor der Küste von Harbour Main, Conception Bay, gesehen, wo es sich durch das Wasser quälte. Das Tier muss kurz vor der völligen Erschöpfung gewesen sein, denn Jos. Exekiel, ein junger Fischer, konnte es mit Hilfe eines kleinen Bootes auf den Strand ziehen" (Frost 1936). Es handelte sich um ein noch nicht geschlechtsreifes Weibchen, dessen Mantel 2,2 Meter und dessen größter Tentakel trotz fehlender Endkeule noch 5,2 Meter lang war. Obwohl Nancy Frost sicher war: „Die Form der Flossen unterschied es sofort von dem früher beschriebenen Exemplar aus Dildo", konnte sie es nicht genauer charakterisieren. Sie schloss mit den Worten: „Diese Spezies ähnelt in vieler Hinsicht dem *Architeuthis clarkei* von Robson, beide Arten unterscheiden sich jedoch hinsichtlich der Radula erheblich. Da vergleichbare Daten fehlen und da die Spezies der Gattung *Architeuthis* derzeit noch nicht klar definiert sind, wird das Exemplar zwar beschrieben, aber kein Versuch unternommen, die Art zu bestimmen."

Im Juli 1935 ging dem Fischtrawler Palombe aus La Rochelle ein *„calmar géant"* ins Netz, den er in den Hafen zurückschleppte. Jean Cadenat, ein Wissenschaftler aus dem Amt für Meeresfischerei von La Rochelle beschrieb den Fang folgendermaßen:

Am 1. Juli 1935 brachte der Fischdampfer *Palombe* aus La Rochelle unter Kapitän Le Bescou aus der Flotte von F. Castaing einen riesigen Dekapodenkopffüßer zum Lagerhaus der Firma. Dieser war vom Hinterende des Körpers bis zur Spitze der ausgestreckten langen Tentakel über acht Meter lang. Er war am 8. Juni 1935 im Golf von Biscaya 46° 50' nördlicher Breite in einer Tiefe von etwa 200 Metern mit einem Schleppnetz gefangen worden. Das Wetter war nicht besonders gut, aber für normale Schleppnetzfischerei ruhig genug. Auf diese ruhige Phase folgte eine recht lange stürmische Periode.

Keiner von der Besatzung des Trawlers, nicht einmal die erfahrenen Seeleute, die auf den Bänken von Neufundland, für die es Berichte über das Vorkommen von Riesenkalmaren gegeben hat, gefischt hatten, hatte sich je in der Nähe eines so großen Kalmaren befunden. Leider hatten die Besatzungsmitglieder die Fangarme abgetrennt und die Augen zur Gänze herausgerissen. Außerdem hatten sie den Körper etwa 48 Stunden lang ungeschützt auf Deck liegen lassen, bevor sie sich dazu entschieden, ihn nach La Rochelle zurückzubringen. Das alles trägt zu dem schlechten Zustand bei, in dem er sich befand, als wir ihn zur Untersuchung bekamen.

Architeuthis tauchte sogar überraschenderweise auch in wärmeren Gewässern auf. Gilbert L. Voss, einer der führenden Kalmarexperten der USA, schrieb seine Dissertation über die Cephalopoden im Golf von Mexiko. Darin untersuchte er ungefähr 300 Exemplare, die zwischen 1950 und 1956 von der *Oregon*, einem Schiff des *U. S. Fish and Wildlife Service* gefangen worden waren. Unter ihnen befand sich auch ein recht großes Exemplar, das man im Mississippi-Delta auf der Oberfläche treibend gefunden hatte. Obwohl es sich in schlechtem Zustand befand – der Kopf war fast vom Mantel abgetrennt, die Fangarme und Tentakel trieben frei herum – war es keine Frage, um was es sich handelte: Es war *Architeuthis* (Voss gab als Artname *Architeuthis physeteris* an, bei einer neueren Überprüfung der Taxonomie hat sich allerdings herausgestellt, dass diese Artbezeichnung wahrscheinlich keine Gültigkeit hat.) Der Mantel hatte eine Länge von 61,2 Zentimetern, und die Tentakel waren etwa 2,8 Meter lang. Die Haut des Mantels war noch überwiegend vorhanden, dorsal rötlich-braun und auf der Unterseite gelblich gefärbt mit winzigen rötlichen Pigmentflecken. Der Magen war leer. Vorne aus dem Penis ragten etwa 30 Spermatophoren hervor, die jeweils etwa 10 Zentimeter lang waren. (S. 121f.)

In den letzten Jahren wurden mehr Riesenkalmare an Land geschwemmt oder auf der Meeresoberfläche treibend aufgefunden. Im Jahre 1955, ein Jahr, nachdem ein gut 9 Meter langes Exemplar bei Ranheim in Norwegen gestrandet war, entdeckte man im Magen eines Pottwals, der vor den Azoren harpuniert worden war, einen 183 Kilogramm schweren *Architeuthis*. (Auch wenn es sonst keinen Hinweis gäbe, zeigt schon allein dieser 183 Kilogramm schwere Brocken, dass ein Pottwal durchaus in der Lage ist, einen Menschen zu verschlingen.) In seinem Labor an der Universität von Miami nahm Gilbert Voss ein 14,6 Meter langes Exemplar in Empfang, das man 1958 wahrscheinlich nach einem Kampf mit einem Pottwal nordöstlich der Bahamas auf der Oberfläche treibend aufgegriffen hatte. In einem kleinen Buch mit dem Titel „*Fantasi og virklelighed i natu-*

Anfang Februar 1980 fand man am Strand von Plum Island, Massachusetts, einen gut 9 Meter langen Kadaver eines Riesenkalmars. Nachdem er im New England Aquarium von Boston ausgestellt worden war, wurde der 400 Pfund schwere Kalmar der Smithsonian-Institution in Washington (D.C.) übergeben.

ren" („Phantasie und Wirklichkeit in der Natur") schrieb der dänische Zoologe Lars Thomas: „In dänischen Zeitungen konnte man 1965 von dem Kapitän eines Fischerbootes aus Jütland lesen, der einen 11 Meter langen Kalmar in den Hafen von Skagen gebracht hatte. Das Tier war ihm vor Lindesnes in Norwegen ins Netz gegangen. Der Kapitän erhielt für jedes Kilo des 82 Kilo schweren Kalmars 80 Öre. Anschließend wurde das Tier nach Italien geschickt, weil man glaubte, es dort günstiger verkaufen zu können als in Dänemark." (Es ist zwar denkbar, aber unwahrscheinlich, dass die Italiener eine Vorliebe für Calamari mit Ammoniakgeschmack haben.)

Wie Frederick Aldrich vorausgesagt hatte, wurden in Neufundland zwischen 1964 und 1982 15 Exemplare registriert. Von ihnen waren einige in so schlechtem Zustand, dass sie nicht erhalten werden konnten.* Im Februar 1980 wurde

---

* Eines dieser Exemplare, das man 1964 vor Neufundland in der White Bay auf der Oberfläche treiben gesehen hatte, besaß Tentakelkeulen, die eine dermaßen andere Größe und Form hatten, dass Frederick Aldrich und seine Frau Margueritte einen Artikel über die bis dato ungeahnte Fähigkeit der Riesenkalmare veröffentlichten, verlorene Tentakel zu regenerieren.

ein 3,6 Meter langes Exemplar mit Augen, die einen Durchmesser von 25 Zentimetern hatten, bei Plum Island an die Küste von Massachusetts geschwemmt. Seine langen Tentakel, die zum Ergreifen der Beute benutzt werden, waren abgerissen. Wissenschaftler schätzten, dass dieses nicht ganz ausgewachsene Tier mit intakten Tentakeln etwa 9,1 Meter lang gewesen sein musste. (Das ist das Exemplar, das in der Smithsonian-Institution ausgestellt ist.) Weiter: Als der Fischer Rune Ystebo im August 1982 in der Nähe von Bergen in Norwegen zu Hause aus dem Fenster sah, erblickte er etwas, was er für eine Gruppe von Tauchern hielt. Er ließ sein kleines Fischerboot ins Wasser, um sich diese Gruppe näher anzusehen. Als er erkannte, dass es ein lebender Kalmar war, spießte er ihn auf und zog das Tier an Land, wo es verstarb. Es wog ungefähr 220 Kilogramm und war insgesamt etwa 10 Meter lang. Dr. Ole Brix, der Direktor des zoologischen Labors an der Universität Bergen, machte bei der Untersuchung des Tieres eine Blutanalyse und kam zu dem Ergebnis, dass die Sauerstoffbindungskapazität vom Blut des Riesenkalmars sehr gering war. Das veranlasste ihn zu der Behauptung, das Tier sei tatsächlich ein langsamer Schwimmer und vielleicht sogar ein passiver Räuber.

Vor einigen Jahren haben die Klimatologen M. E. Schlesinger und N. Ramankutty von der Universität von Illinois Faktoren gefunden, die die Temperatur im Nordatlantik beeinflussen und damit möglicherweise irgendwie mit dem Lebenszyklus der Riesenkalmare in Zusammenhang gebracht werden können. Wenn wärmere Wassermassen nördlich des Äquators etwa in den Golfstrom gelangen, kühlen sie ab und sinken herab. Dadurch ziehen sie wie ein Förderband

Martin von Stanke, ein südaustralischer Fischer, fand diesen Architeuthis im März 1995, als dieser gerade gestorben war und direkt südlich von Mount Gambier im Wasser trieb.

weitere warme Wassermassen nach Norden. Mit zunehmender Menge an war-
mem Wasser beginnt dieses sich im Uhrzeigersinn zu drehen, wobei es ver-
mehrt leichteres Wasser aus dem Westen mit sich zieht. Dieses Wasser kann
nicht sinken, bevor es nicht kühler geworden ist. Daher verlangsamt sich der
Vorgang, bis sich die neuen Wassermassen abgekühlt haben und nun in Gegen-
richtung bewegen. Dabei werden dichtere, salzhaltigere Wassermassen aus
dem Osten mit einbezogen. (Der östliche Teil des atlantischen Ozeans ist salz-
haltiger als der westliche Teil, da das salzige Oberflächenwasser des Mittel-
meers dort hinein fließt.) Schlesinger und Ramankutty propagierten für diese
Vorgänge versuchsweise einen Zyklus von 70 Jahren. Physiker vom *Geophysi-
cal Fluid Dynamics Laboratory* der Princeton University kamen jedoch anhand
von Computermodellen, die sie für diesen Zyklus entwickelt hatten, zu der
Schlussfolgerung, die Dauer des Zyklus liege irgendwo zwischen 40 und 60
Jahren (Delworth et al. 1993). In diesen Untersuchungen werden zwar nir-
gendwo Riesenkalmare erwähnt, aber die Bewegung des Wassers, in dem
Architeuthis lebt, muss auch das Leben und Sterben dieser stets rätselhaften
Tiere beeinflussen.

Am 9. März 1995 fand man etwa drei Meilen vor der Stadt Mount Gambier
in Südaustralien den Körper eines gerade verstorbenen 9,1 Meter langen Weibchens, das auf der Wasseroberfläche trieb. Das Geschlecht konnte man anhand
der Eier feststellen. Der Fischer Martin von Stanke holte es ein und brachte es ins
South Australian Museum in Adelaide. Dort wurde es von Wolfgang Zeidler für
die Sammlung katalogisiert. Die Länge von Kopf und Körper lag bei 1,8 Meter,
der längste Tentakel war 7,3 Meter lang und das Auge hatte einen Durchmesser
von 15 Zentimetern. Der Kadaver war insgesamt in einem guten Zustand; nur
zwei klaffende Wunden auf der linken Mantelseite gaben Anlass zu der Vermutung, das Tier „könnte von einem Raubtier wie etwa einem Pottwal angegriffen
worden sein". (Zeidler und Gowlett-Holmes 1996).

Als R. K. Dell (1952) die Situation von *Architeuthis* in den neuseeländischen Gewässern zusammenfasste, bezog er sich auf Bemerkungen, die Anton
Bruun über die Cephalopoden von Island gemacht hatte. Dieser hatte in einem
Artikel aus dem Jahr 1945 behauptet: „Aus der Verteilung der Stellen, an
denen *Architeuthis* an Land getrieben worden ist, könnte man schließen, dass
es sich um eine arktische Spezies handelt. Das ist aber nicht der Fall, obwohl
man nur sehr wenig über den natürlichen Lebensraum dieser Tiere weiß. Praktisch alle Berichte über *Architeuthis* ... weisen darauf hin, dass er aus den Sub-
tropen oder zumindest aus relativ warmen Gewässern stammt. Dass so viele
Exemplare von *Architeuthis* an der Nordküste von Island gefunden werden, ist
folglich damit zu erklären, dass Tiere aus südlichen Breiten bei der Jagd nach

Hering vom Wege abkommen und paralysiert sind, wenn sie mit richtig arktischem Wasser in Berührung kommen." Falls Bruun Recht hat, folgerte Dell, und *Architeuthis* normalerweise in subtropischen Gewässern zu Hause ist, dann sollte sich der Riesenkalmar bei Neuseeland in zwei Bereichen konzentrieren: der Cook Strait zwischen der Nord- und der Südinsel sowie der Foveaux Strait zwischen der Südspitze der Südinsel und den Stewart Islands. Dell: „Es gibt noch eine andere Möglichkeit, zumindest was das lokale Auftreten betrifft. Die beiden erwähnten Bereiche befinden sich ganz in der Nähe großer Ozeangräben, die sehr tief sind – in den Zugängen zur Cook Strait beispielsweise fast 3700 Meter. Wenn die Riesenkalmare normalerweise in sehr tiefen Bereichen leben, geraten sie möglicherweise in einen Zustand körperlicher Hilflosigkeit, wenn sie in flachere Gewässer getrieben werden."

In ihrem Artikel aus dem Jahr 1994 berichteten Gauldie, West und Förch über ihre Untersuchung des Statolithen eines Exemplars von *„Architeuthis kirki"*. Abgesehen davon, dass die Bezeichnung *„Architeuthis kirki"* fragwürdig ist, enthält der Artikel auch die erstaunliche Neuigkeit, dass „zwischen 1983 und 1988 insgesamt 24 Riesenkalmare in neuseeländischen Gewässern entdeckt wurden". Die „zoologischen Daten werden an einer anderen Stelle veröffentlicht"; daher kennen wir gegenwärtig nur die Fangtage, die Fundstellen, das Geschlecht sowie die dorsale Mantellänge der zwei Dutzend Riesenkalmare. Von diesen Tieren, die zwischen 1983 und 1988 gefunden wurden, strandeten fünf in der Nähe der Foveaux Strait und nur einer an den Ufern der Cook Strait. Das größte war ein Weibchen, das 2,1 Meter groß war, das kleinste ebenfalls ein Weibchen, dessen Mantel 92 Zentimeter maß. Den angegebenen Fundstellen zufolge (die meisten Exemplare wurden von Schleppnetzfischern gefangen, die auf andere Beute aus waren, nur zwei Tiere waren an Land geschwemmt worden) kann man sie überall rund um die Nord- und Südinsel finden, aber auch etwa 300 Meilen weiter südlich in der Nähe der Auckland-Inseln.

Die Tiefseefischer Neuseelands haben so viele Riesenkalmare eingeholt wie noch nie. Offenbar haben sich die Kalmare an den in Tiefen von 300-1200 Metern lebenden Fischschwärmen (den *Kinglips*, orangefarbenen Degenfischen sowie seehechtartigen Fischen namens *hoki*) gütlich getan. Damit hatten die Forscher jetzt zum ersten Mal eine Vorstellung davon, wo man diese bisher zurückgezogen lebenden Geschöpfe finden könnte. Sie wollten aber nicht solange warten, bis ihnen Fischer einen mit mehr Glück als Verstand gefangenen Kalmar ins Labor liefern würden.

Im Januar 1996 fingen australische Fischer vor der tasmanischen Küste ein großes *Architeuthis*-Weibchen. Im selben Jahr wurden noch zwei weitere Weibchen aus den Gewässern Tasmaniens herausgeholt. Ebenfalls im Januar 1996, also mitten im Sommer in diesen Breiten, gingen in den Gewässern von Chatham Rise, einem Felsplateau östlich von Neuseeland zwei weitere vier und acht Meter lange Weibchen ins Netz. Als nächstes holte man mit einem Schleppnetz, das ebenfalls vor Neuseeland in einer Tiefe von 300 Metern ausgelegt worden war, ein 6,1 Meter langes Männchen hoch. 1996 wurden in neuseeländischen Gewässern insgesamt vier Riesenkalmare gefangen.

Was bedeutet es, dass *Architeuthis* häufiger in australischen und neuseeländischen Gewässern zu finden ist? Hat der Riesenkalmar sein Verbreitungsgebiet verlagert oder haben die Fischer der südlichen Hemispäre nur einfach mehr Glück als ihre Kollegen im Norden? Genauso wie in den 70er Jahren des 19. Jahrhunderts eine große Anzahl von Riesenkalmaren auf den Felsenküsten Neufundlands strandeten, scheinen auch wir jetzt Augenzeuge eines vorübergehenden Phänomens zu werden, das möglicherweise mit noch unbekannten Temperaturmustern der Ozeane oder eventuell mit der Fortpflanzung von *Architeuthis* zu tun hat. Architeuthiden wurden auch früher schon in neuseeländischen Gewässern gesehen: 1870-1887 gab es sieben Meldungen, einschließlich des Exemplars von 1886, über das C. W. Robson berichtete und es nach T. W. Kirk benannte. 1983-1996 wurden in den Gewässern Australiens und Neuseelands mehr Riesenkalmare registriert als irgendwo sonst auf der Welt in einem entsprechenden Zeitraum. (In der Zeit von 1870 bis 1881 wurden in den Gewässern Neufundlands insgesamt 20 Exemplare registriert, weitere wurden von Wissenschaftlern nicht dokumentiert oder aber zu Ködern verarbeitet.) Erneut verwirrt uns *Architeuthis* mit seiner mangelnden Bereitschaft, irgendeinem erkennbaren Muster zu entsprechen; er weigert sich, die Spielregeln einzuhalten.

Im Januar 1997 wurde eine Expedition ausgerüstet, die versuchen sollte, *Architeuthis* dort zu filmen, wo man seinen natürlichen Lebensraum vermutete. Die von Clyde Roper geführte Expedition bestand aus Malcolm Clarke, Greg Stone vom *New England Aquarium*, dem *National Geographic*-Fotografen Emory Kristof, Teddy Tucker von den Bermudas, Adam Frankel vom *Bioacoustic Research Programm* der Cornell University, James Bellingham vom *Underwater Vehicles Laboratory* aus dem MIT sowie verschiedene Hilfsteams, darunter auch Programmierer, die täglich Berichte für die Websites des *Smithsonian* und des *National Geographic* verfassen sollten. Sie fuhren nach Neuseeland; Kaikoura an der Nordostküste der Südinsel war ihr Ausgangspunkt, da es am Rande des Kaikoura-Canyons liegt, einem Tiefseegraben, von dem man weiß, dass sich dort das ganze Jahr über Pottwale aufhalten. Sie hatten vor, das Problem von verschiedenen Seiten aus anzugehen. Man wollte die *Odyssey*, ein unbemanntes Unterwasserfahrzeug des MIT, einsetzen und daran eine Videokamera anbringen – in der Hoffnung, damit Kalmare filmen zu können. (Das Fahrzeug kann auch die Wassertemperatur und den Salzgehalt ermitteln, um ein genaues Bild davon zu bekommen, welche Art von Lebensraum Kalmare bevorzugen.) Emory Kristof plante, verschiedene mit Ködern ausgestattete Kameras ins Wasser zu lassen. Jede Kamera sah nach seinen eigenen Worten „wie ein 1,4 Meter langer, horizontal im Wasser fliegender kastenförmiger Drache" aus und enthielt als Köder für den Kalmar eine 23 Liter fassende Trommel mit stinkendem, verflüssigtem Fisch. Schließlich wollten sie versuchen, eine Videokamera, die so genannte „Crittercam", an einen Pottwal zu heften. Dieser sollte dann, wenn er auf der Suche nach Futter in die Tiefe ginge, Filmaufnahmen von seiner Beute machen. Diese Kamera schwimmt frei und hängt, ohne ein Risiko für das Tier darzustellen, in einer Schlaufe, die über eine kurze Leine in den Rücken des Wals eingesetzt wurde. Sie ist so konstruiert, dass sie in dieselbe Richtung schaut wie das Wirtstier. Die Anbindung der Kamera löst sich nach zwei Stunden im Meerwasser auf; sobald sie frei geworden ist und an die Oberfläche kommt, können die Forscher sie über ein eingebautes Funkfeuer wiederfinden und bekommen auf diese Weise das Band wieder zurück.*

In dem Artikel von Gauldie, West und Förch über die Statocysten und Statolithen der Riesenkalmare gibt es eine Karte, in denen die Stellen eingezeichnet sind, an denen in der Zeit von 1983 bis 1988 die 24 Exemplare gefunden wurden. Vier von ihnen wurden in der Tiefsee vor Kaikoura gefangen. Es schien daher eine Erfolg versprechende Kombination zu sein: Das bekannte Biotop der Pottwale und Riesenkalmare, Experten, die das Verhalten dieser beiden großen Tiefseeungeheuer umfassend erforscht hatten sowie eine Hightech-Ausrüstung, die die allerersten Bilder einfangen sollte.

Doch während die Wale immer zu sehen waren, tauchte kein Riesenkalmar auf, und als das neuseeländische *Department of Conservation* endlich die Erlaubnis erteilte, die Crittercam zu benutzen, hatte sich das Wetter soweit verschlechtert, dass es zu riskant war, sich den Walen zu nähern.

---

* Obwohl es nach der Idee eines verrückten Wissenschaftlers klingt, wurde diese Technik tatsächlich bei Weißen Haien in südafrikanischen Gewässern für den spektakulären *National Geographic*-Film „*Great White Shark*" aus dem Jahre 1995 als auch bei Pottwalen auf den Azoren für den Film „*Sea Monsters: The Search for the Giant Squids*" aus dem Jahre 1998 erfolgreich eingesetzt.

Was wir über *Architeuthis* wissen

Unser gesamtes naturkundliches Wissen über Riesenkalmare beschränkt sich eigentlich darauf, dass sie gelegentlich an Land geschwemmt werden – und wenn das dann passiert, wissen wir nicht warum. Von was und wie sie sich ernähren, wie sie sich fortpflanzen, in welcher Wassertiefe sie sich aufhalten, wo auf der Erde sie überall vorkommen, wie lange und wo sie leben – das alles wissen wir nicht. In einigen Bereichen liegt es auch an der Art des Tieres selbst, dass wir nur die elementarsten Informationen darüber erhalten können. Nehmen wir zum Beispiel die Größe. Während der Mantel stabil und muskulös ist und sich nicht leicht verformen lässt, können die Tentakel wie riesige Gummibänder auseinander gezogen und dadurch die Gesamtlänge des Tieres maßlos überschätzt werden. Aus diesem Grund gilt die Mantellänge (ML) normalerweise als die verlässlichste Größe, obwohl die Tentakellänge, die von Art zu Art erheblich variiert, ebenfalls ein wichtiges Bestimmungsmerkmal ist.

Wie bei vielen Aspekten der Riesenkalmare ist auch das Gewicht der Tiere ein Thema voller Variationen. Aus der *„Natural History of Marine Animals"* von Nettie und G. E. MacGientie aus dem Jahre 1949 erfahren wir beispielsweise, dass „zwei Fangarme von *Architeuthis* gefunden wurden, die 12,8 Meter lang waren. Würde man den Körper rekonstruieren ..., so hätte der Kalmar, zu dem diese Arme gehörten, einen Durchmesser von 1,4 und eine Länge von 7,3 Metern gehabt. Er wäre damit insgesamt 20 Meter lang gewesen und hätte etwa 38 Tonnen gewogen." Im Buch der MacGienties lesen wir weiter, dass ein 17 Meter langes Tier einschließlich der Tentakel „26,5 – 27,2 Tonnen [ein sonderbares Gewichtsspektrum, das nicht weiter erklärt wird] wiegen würde – ein wahrhaft stattliches Tier, das etwas mehr als ein Fünftel soviel wie der größte Wal wiegt und größer ist als die größten Fische, die Walhaie." Diese Angaben scheinen völlig aus der Luft gegriffene Übertreibungen zu sein. In den Fällen, in denen die Kadaver der Kalmare tatsächlich gewogen wurden, brachten die längsten von ihnen, die etwa im Bereich von 15 Metern lagen, offenbar nicht mehr als etwa eine Tonne auf die Waage.

Bernard Heuvelmans bittet allerdings darum zu differenzieren. Sein 1958 erschienenes Buch *„Le kraken et la poulpe colossal"* ist voller Berichte über Riesenkalmare und Teilen von ihnen, die seines Erachtens stark dafür sprechen, dass „es Exemplare von *Architeuthis* geben muss, die über 4,5 Tonnen wiegen, und einige sogar noch größere mit einem Gewicht von 2 bis 24 Tonnen. Normalerweise liegt das Gewicht bei etwa 8 Tonnen. Es gibt gute Gründe dafür zu glauben, dass es sogar Kalmare gibt, die doppelt so lang wie das Exemplar von Thimble-Tickle sind und zu Lebzeiten je nach Umfang zwischen 16 und 216, meist aber wohl so um 64 Tonnen gewogen haben könnten." Ich halte diese Behauptung von Heuvelmans für vollkommen lächerlich. Man kann zwar nicht beweisen, dass es keinen *Architeuthis* gibt, der 15 Tonnen wiegt, aber selbst wenn es so wäre, begeht Heuvelmans dennoch einen fundamentalen Fehler bei der Berechnung des Gewichts einiger dieser Ungeheuer, wenn er schreibt, dass „die Dichte von Lebewesen nur geringfügig über der von Wasser liegt ... Ein Dezimeter lebendes Fleisch wiegt etwa ebensoviel wie ein Liter Wasser." Das mag für einige andere Lebewesen zutreffen, das mit Ammoniumchlorid gesättigte Fleisch von *Architeuthis* ist jedoch *leichter* als Wasser, sodass der Riesenkalmar im Wasser schwebt. (Es wird angenommen, dass das der Grund dafür ist, dass tote oder sterbende Kalmare auf der Oberfläche treiben oder an Land gespült werden.) Daher ist seine Annahme, dass der 17 Meter lange Kalmar von Thimble Tickle „wahrscheinlich etwa 22 Tonnen gewogen hat", offenkundig falsch.

Der 1916 geborene Heuvelmans ist vielleicht weltweit *der* führende Kryptozoologe. Tatsächlich erfand er den Begriff und die Disziplin, die er als „Untersuchung verborgener oder unbekannter Tiere" definiert. Seine Bücher* sind Musterbeispiele für sorgfältige Forschung und exakte Dokumentation. Als er außerhalb von Paris, in Le Vésinet das Zentrum für Kryptozoologie aufbaute, brachte er „etwa 2500 Bände mit, von denen etwa 800 das Gebiet der Kryptozoologie zum Thema hatten, des Weiteren ungefähr 100.000 Originalseiten oder Photokopien zur Kryptozoologie, etwa 2500 bibliographische Karteikarten sowie eine Dokumentation von etwa 4000 Abbildungen und Photos, die ihresgleichen sucht."

---

* Heuvelmans Bücher, eine wahre Enzyklopädie der Kryptozoologie, wurden in unterschiedlicher Zusammenstellung immer wieder veröffentlicht, sodass es schwer ist, eine endgültige Liste zu erstellen. In der Einführung zu einer Wiederveröffentlichung von *„On the Track of Unknown Animals"* aus dem Jahre 1995, das erstmals 1955 veröffentlich wurde, führt er selbst folgende Bücher an: *„The Kraken and the Colossal Octopus"* (1958); *„In the Wake of the Sea-Serpents"* (1965); *„The Last Dragons of Africa"* (1978), sowie *„Beast-Men and Man-Beasts of Africa"* (1980).

Einige Krypto- und andere Zoologen glauben nur an empirisch überprüfbare Lebewesen oder deren Ausmaße. So haben sich Quastenflosser und Riesenmaulhai, von denen man früher annahm, dass sie ausgestorben beziehungsweise überhaupt nicht existent seien, als lebende Kreaturen erwiesen, die untersucht, vermessen, photographiert und in Museumssammlungen gelagert werden können; mittlerweile sind sie allgemein als legitime Mitglieder der großen Meeresfauna dieser Erde anerkannt. Und trotz der Geschichten über 9-12 Meter lange Weiße Haie liegt die anerkannte maximale Größe von *Carcharodon carcharias* bei 6,4 Meter. Doch Heuvelmans, der zahlreiche Bücher und Artikel über rätselhafte Tiere geschrieben hat, gehört einer Schule an, die die Meinung vertritt, alles nur Erdenkliche könne in fast jeglicher Größe existieren, weil keiner beweisen kann, dass es nicht so ist. Seine schwer zu widerlegende Position bezüglich des *riesigen* Riesenkalmars ist die, dass die Berichte von gewaltigen Bruchstücken von Fangarmen, Beobachtungen auf See und selbst die von Schiffen, die angegriffen wurden, nicht alle Lügengeschichten, Sinnestäuschungen oder Druckfehler sein können. (Dasselbe gilt für Seeschlangen, gigantische Hominiden, die durch die Schneefelder des Himalaya tappen, Seeungeheuer in Schottland, Dinosaurier im afrikanischen Dschungel sowie jede Menge anderer kryptozoologischer Wesen.) Als Beweis dafür, dass die Kryptozoologie ein berechtigtes Anliegen verfolgt, nennt Heuvelmans nicht nur den Quastenflosser und den Riesenmaulhai, sondern auch die Hunderte überraschend entdeckter Tiere wie das Okapi, mehrere neue Arten von Schnabelwalen, zwei neue Lemuren in Madagaskar sowie die zwei neuen Hirscharten, die im Dschungel von Vietnam gefunden wurden. Die Okapis in den afrikanischen Wäldern beweisen natürlich keinesfalls, dass dort auch ein Dinosaurier vorkommt, es deutet aber darauf hin, dass in den entlegeneren und unerforschten Bereichen dieses Planeten noch viele andere Tiere entdeckt werden können. Davon bin ich überzeugt, aber das bedeutet noch lange nicht, dass eines dieser Tiere ein 196 Tonnen schwerer Kalmar ist.

Um ein bestimmtes Tier identifizieren zu können, ist es sicherlich hilfreich, seine voraussichtliche Farbe zu kennen. Obwohl wir das von unseren begrenzten Kenntnissen über andere große Teuthiden ableiten müssen, nehmen wir doch an, dass *Architeuthis* seine Färbung mehr oder weniger nach Belieben ändern kann, sodass er anhand seiner Farbe nicht eindeutig bestimmt werden kann. Die meisten der toten oder sterbenden Exemplare zeigten Spuren einer rötlichen Farbgebung. Roper und Boss gaben in ihrem *Scientific American*-Artikel von 1982 an, dass „die vielschichtige Haut, die Körper, Kopf und Fangarme umhüllt, in einem dunklen Violettrot gefärbt ist, das dorsal in ein Kastanienbraun und ventral in einen etwas helleren Farbton übergeht." In ihrer

Beschreibung eines Riesenkalmars, der bei Victoria in Australien gefunden wurde, bemerkte Joyce Allan zur Färbung des Tieres: „Es muss einfach aufregend sein, das Tier lebend zu sehen. Überreste der Außenhaut – das Fleisch darunter war fest, glatt und weiß wie Mandelmilchgelee – waren leuchtend karminrot, weil sie mit winzigen Tupfen dieser Farbe gesprenkelt waren." Als Fischer in der Trinity Bay in Neufundland an der Wasseroberfläche auf einen lebenden Riesenkalmar stießen, sahen sie, wie er „einen lebhaften Farbwechsel" zeigte, bevor er tauchte und verschwand. Als Joakim Lerøen einen Kalmar, der in norwegischen Gewässern auf und ab schwamm, auf einen Haken aufspießte, war er hell gefärbt, „als aber die Gaffel in das Auge eindrang, verfärbte er sich dunkelviolett" (S. 98 f.).

Da *Architeuthis* seine Farbe wechseln kann, müssen die Beschreibungen seiner Grundfarbe von Bericht zu Bericht unterschiedlich ausfallen. Außerdem wissen wir nicht, ob er vielleicht eine bestimmte Farbe annimmt, wenn er verletzt wird oder stirbt. Und da die meisten bekannten Exemplare tot waren oder im Sterben lagen, ist unsere Vorstellung von ihm vielleicht nur falsch. Wie auch immer, die meisten Beschreibungen stimmen mit der von Roper und Boss überein und sprechen von einer roten bis rotbraunen Färbung:

> Die vielschichtige Haut, die Körper, Kopf und Fangarme umhüllt, ist in einem dunklen Violettrot gefärbt ist, das dorsal in ein Kastanienbraun und ventral in einen etwas helleren Farbton übergeht. Die dorsalen und ventralen Oberflächen der Fangarme sind weniger intensiv gefärbt als die auf den Seiten ... Die innere Oberfläche des Mantels sowie einige Eingeweide sind ebenfalls dunkelrot pigmentiert, was für Meereskalmare ungewöhnlich ist.

Die Mägen der meisten gestrandeten Riesenkalmare waren leer. Daher haben wir so gut wie keine Ahnung, wovon sie sich ernähren. Fischer haben jedoch beobachtet, dass sich andere Arten wie der 3 Meter lange *Dosidicus gigas* auch gegenseitig auffressen. Die Zähnchen auf der Raspelzunge und in der Speiseröhre zerkleinern die Nahrungsbrocken, die die kräftigen Schnäbel abgebissen haben, bereits bevor sie in den Magen-Darm-Trakt gelangen. Auch aus diesem Grund ist es schwierig herauszufinden, wovon sich der Kalmar ernährt.

Tiere aus der Tiefsee, seien es Fische oder Cephalopoden, haben in der Regel größere Augen als Tiere, die im Flachwasser leben. Da *Architeuthis* von allen Tieren auf der Erde die größten Augen hat, folgt daraus, dass seine Augen gebraucht werden, um etwas in Bereichen zu erkennen, in die nur sehr wenig Licht fällt. Die Schlussfolgerung, die Augen seien nur deshalb so groß, weil der Kalmar so riesig ist, ist falsch. Der Pottwal, der ungefähr genauso lang werden kann wie der Riesenkalmar und sich zumindest zu bestimmten Gelegenheiten ebenfalls in solchen Tiefen aufhält, hat Augen, die etwa einen Durchmesser von 6 Zentimetern haben, also nicht viel größer sind als die einer Kuh. Die Augen eines Riesenkalmars können einen Durchmesser von bis zu 38 Zentimeter erreichen und damit größer werden als die Radkappe eines Autos. Das Auge des Blauwals, des größten Tieres, das es je gegeben hat, hat dagegen einen Durchmesser von etwa 18 Zentimetern.

Viele Kalmararten können sichtbares Licht erzeugen, indem sie spezielle Zellen, so genannte Photophoren, aufleuchten lassen; *Architeuthis* gehört jedoch nicht dazu. Der Riesenkalmar hat zwar einen Tintenbeutel, aber einen sehr kleinen; daher stößt das Tier vermutlich keine seiner Größe entsprechende Tintenwolke aus. Denn in den dunklen Tiefen des Ozeans wird der Riesenkalmar – soweit wir wissen – nur vom Pottwal verfolgt. Und ein Tier, das wie der Pottwal in totaler Finsternis mit Hilfe von Tönen jagt, lässt sich wohl kaum von einer Tintenwolke oder einem Farbwechsel abschrecken.

Eine Reihe von Kalmararten schwebt nicht schwerelos im Wasser, sondern muss sich bewegen, um einfach nur an einer Stelle zu bleiben. Diese Tiere würden zu Boden sinken, wenn sie nicht dauernd – normalerweise durch eine Kombination aus Flossenbewegungen und Wasserausstoß aus dem Trichter – in Bewegung blieben. Das gilt nicht für *Architeuthis*.

Außerhalb des Wassers ist der Riesenkalmar gummiartig und schwer. Seine Muskeln sind jedoch mit Vakuolen durchsetzt, die eine Ammoniumchloridlösung enthalten; diese ist leichter als Wasser und verleiht daher dem Tier die Fähigkeit, ohne abzusinken im Wasser zu schweben oder sogar an die Oberfläche zu treiben, falls es keine Anstrengungen unternimmt, unten zu bleiben. Viele Kalmare enthalten Ammoniak. Einer Untersuchung von Clarke, Denton und Gilpin-Brown aus dem Jahre 1979 zufolge „schweben nicht weniger als 12 der 26 Familien nahezu schwerelos im Wasser", während die übrigen 14 eine höhere Dichte als Meerwasser aufweisen und daher schwimmen müssen, wenn sie nicht absinken wollen. Die ammoniakalischen Kalmare – *Architeuthis* ist nur einer von vielen – sind dem russischen Kalmarforscher Kir Nesis zufolge „für Menschen ungenießbar, aber wohl ganz nach dem Geschmack von Pottwalen."*
Im Wasser schwebende Arten der Familien Histioteuthidae, Octopoteuthidae und Cranchiidae bilden eine wichtige Nahrungsquelle für die Pottwale, schrieben Clarke und Mitarbeiter. „Das Gewicht der Mitglieder aller drei Familien, die pro Jahr von Pottwalen gefressen werden, übersteigt das des gesamten Fisch-

---

* C. C. Lu feierte den Abschluss seiner Doktorarbeit (über die atlantische Kalmargattung *Illex*), indem er für sich, seine Frau und die anderen Kalmarforscher aus seinem Komitee, Clyde Roper, Malcolm Clarke und Fred Aldrich, ein Stück *Architeuthis* kochte. Dieses erwies sich auf Grund seines „strengen, bitteren Ammoniakgeschmackes als ungenießbar." Clarke, Denton und Gilpin-Brown brachten es zurück nach England, um es zu analysieren, und veröffentlichten schließlich ihren Artikel über die Rolle des Ammoniums beim Auftrieb von Kalmaren.

fangs aller Fangflotten weltweit." Hat diese Vorliebe der Pottwale etwas mit dem Ammoniak zu tun oder geben die von der Wassersäule getragenen Kalmare nur ein besseres Ziel ab für die Geräuschsalven der räuberischen Pottwale? Clarke, Denton und Gilpin-Brown stießen auf das Ammoniak in den Geweben der Kalmare, als sie die Kalmare sezierten und ihre Körperflüssigkeiten analysierten. Je mehr Flüssigkeit aus einem bestimmten Gewebe entfernt wurde, desto weniger wurde es vom Wasser getragen.

Die Untersuchung gestrandeter Exemplare von *Architeuthis* lieferte einige der erforderlichen anatomischen Angaben. Über die Vermehrung der Riesenkalmare ist dagegen nur wenig bekannt. Bis auf die Beschreibung der körperlichen Gegebenheiten stammen die meisten Informationen aus Aufzeichnungen über andere, leichter zugängliche Arten; daher sollte man diese Angaben über *Architeuthis* als reine Spekulation betrachten. Bei ausgewachsenen männlichen Kalmaren – und Kraken – sind ein oder mehrere Fangarme zu einem Hektokotylus** umgewandelt, einem Geschlechtsorgan, mit dem sie die Spermatophoren (lange, mit Sperma gefüllte Röhren) auf das Weibchen übertragen. Man kann die Männchen daher leicht anhand dieser beiden Arme, die keine Saugnäpfe enthalten und deren Enden abgeflacht sind, von den Weibchen unterscheiden. Sie speichern die Spermatophoren in einem Organ, das als Needham-Schlauch bezeichnet wird, da es von einem John Needham entdeckt wurde, und übertragen die Spermatophoren dann mit den spezialisierten Armen in den Eileiter des Weibchens; zumindest bei den meisten Arten ist das wohl so. Die Spermatophoren von *Architeuthis* sind stark verdrillt und 10-20 Zentimeter lang, was man schon für reichlich groß halten könnte. Der Pazifische Riesenkrake *(Octopus dofleini)* besitzt jedoch Spermatophoren, die auseinandergezogen nahezu 1,2 Meter lang sein können.

Architeuthis jagt wahrscheinlich allein. Es muss jedoch eine, wenn auch nur kurze Phase geben, in der sich zwei von ihnen zusammentun. Wie bei den meisten Aspekten der Biologie von Riesenkalmaren kann man nur vermuten, was in dieser Zeit passiert. Es gibt jedoch einige kleinere Kalmararten, deren Paarungsaktivitäten man genau beobachtet hat. *Loligo opalescens* beispielsweise ver-

---

** Das Wort Hektokotylus hat eine faszinierende Geschichte. 1829 untersuchte Baron Cuvier mehrere Argonauten oder Papierboote – hochspezialisierte Kraken, die ihren Namen auf Grund ihrer zerbrechlichen Schalen erhalten haben. Dabei fand Cuvier etwas, das er für einen parasitären Wurm hielt. Da der Wurm dem Arm eines Kopffüßers ähnelte, nannte er ihn Hektokotylus, was so viel bedeutet, wie „hundert Saugnäpfe" *(hecto*: hundert; *cotyla*: Napf). Erst 1853 erkannte der deutsche Zoologe Heinrich Müller, dass dieser „Wurm" das Geschlechtsorgan des winzigen männlichen Papierboots ist. Diese Spezies zeigt den ausgeprägtesten Geschlechtsdimorphismus aller Cephalopoden: Während das Männchen nur 2 Zentimeter lang ist, hat das Weibchen einschließlich der Tentakel eine Länge von 46 Zentimetern. Sein Reproduktionsorgan, der so genannte Hektokotylus, fällt ab und wird dann vom Weibchen in der Schale mitgeführt, sodass es zur Befruchtung kommen kann. Daher wird der Begriff Hektokotylus für die zum Transfer der Spermatophoren umgewandelten Fangarme vieler männlichen Cephalopoden benutzt.

sammelt sich vor der Küste von Südkalifornien zu seinen jährlichen Laich- und Paarungsritualen. In den letzten Jahren ist das Tauchen und Filmen des Paarungstaumels dieser Kalmare zu einer beliebten Beschäftigung geworden. Es herrscht daher kein Mangel an Fotos oder bewegten Bildern von Kalmaren, die auf frischer Tat ertappt wurden. Es kommen riesige Mengen von Tieren zusammen. „Wir befanden uns inmitten einer mehrere Meter dicken, nahezu festen Schicht", beschrieben Cousteau und Diolé ihren Tauchgang, „von sich drehenden und windenden Tieren, die vor und zurückschnellten und dabei wie eine Riesenflotte kleiner Jets Wasser aus ihren Trichtern pressten."

Arm in Arm der Partnerin gegenüberstehend hält das *Loligo*-Männchen sein Weibchen fest, entnimmt mit der Spitze seines Hektokotylus eine Anzahl Spermatophoren und steckt sie in der Nähe des Trichters in den Mantel des Weibchens. Durch die Befruchtung der Eier wird die Eiablage ausgelöst. Die Weibchen heften die Eikapseln mit einem klebrigen Stiel an den Meeresboden. Für das Team von Cousteau sahen diese Büscheln von Eikapseln wie „Dahlien" aus. Nach der Kopulation und der Eiablage sind die Kalmare sehr geschwächt. Wenn sie nicht auf der Stelle sterben, werden sie zu einer leichten Beute für Seelöwen, Haie und Delphine, die das jährliche Laichen hungrig verfolgen. Rund um die Eikapseln ist allerdings etwas, das den Raubtieren völlig den Appetit verschlägt. Daher werden sie drei bis fünf Wochen lang auf dem Boden nicht angerührt, bis die Jungen schlüpfen und der Wachstums- und Reproduktionszyklus von neuem beginnt.

Bei den Riesenkalmaren vollführen wahrscheinlich weniger Tiere eine etwas schwerfälligere Variante des zum Tode führenden Paarungstanzes von *Loligo*. Es ist jedoch schon eine ziemliche Herausforderung für unsere Phantasie, ein Bild dieser beiden ungeheuren Erscheinungen heraufzubeschwören, die einander mit 20 Armen fest umschlingen: das Weibchen wie bei den meisten Kalmarenarten größer als das Männchen, seine Schwanzflosse unter Umständen 18 Meter von der ihres Partners entfernt. Erröten sie zu einem tiefen Purpurrot, das in der Dunkelheit des Abgrunds verborgen bleibt? Sterben sie wie viele andere Arten nach der Paarung? Sind einige dieser toten oder sterbenden Giganten, die an Land getrieben wurden, Opfer dieses titanischen Geschlechterkampfes?

Indizien vermitteln den Forschern nach und nach eine Vorstellung davon, was wirklich passiert, wenn Riesenkalmare Sex haben. Es ist verrückter, als alles, was man sich vorstellen kann. Wie Mark Norman und C. C. Lu – beide stammen aus Melbourne, Lu ist allerdings mittlerweile nach Taiwan gegangen – 1997 in einem Artikel in *Nature* berichteten, untersuchten sie zwei große Weibchen, die 500-750 Meter vor der Küste Südaustraliens gefangen wurden. Bei einem der

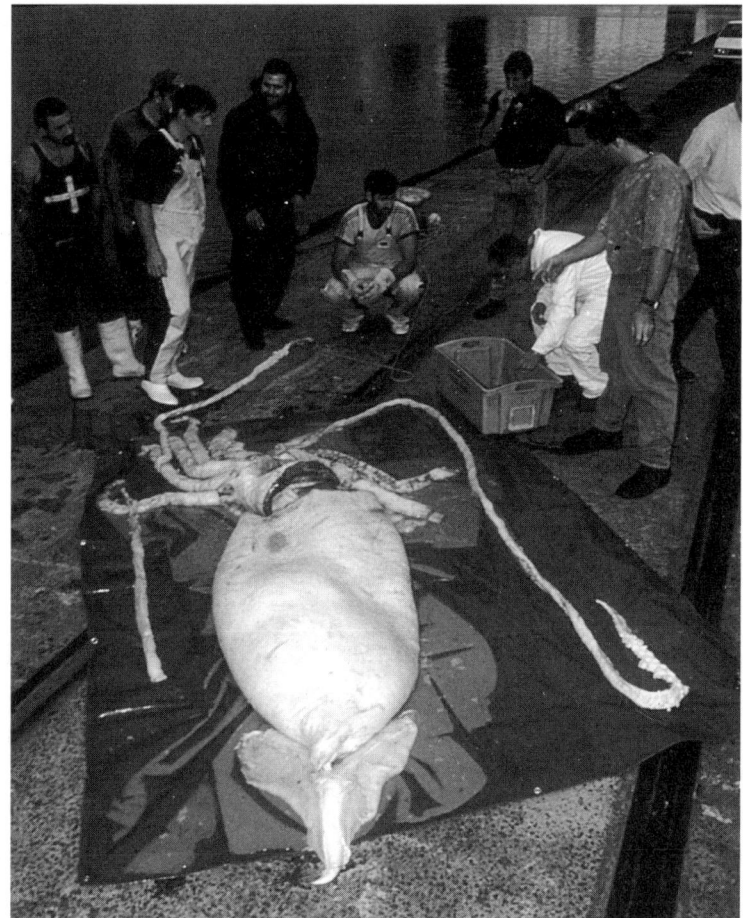

Wissenschaftler untersuchen ein Riesenkalmarweibchen, das 1996 vor Tasmanien gefangen wurde. Da der meiste Teil der Haut fehlte, war das Exemplar nahezu weiß.

Tiere fanden sie in der Haut beider ventraler Arme Spermatophoren. Diese Position der Spermatophoren an den ventralen Fangarmen – und sonst nirgendwo – lässt darauf schließen, dass das Männchen sie absichtlich dort platziert hat. (Von Weibchen anderer Kalmararten weiß man, dass sie Spermatophoren am Mantel, am Kopf, den Armen, rund um die Mundöffnung, innerhalb der Mantelhöhle oder auch im Reproduktionstrakt aufbewahren. Soweit man das aus den beschränkten Beobachtungsmöglichkeiten sagen kann, scheint es bei *Architeuthis* ebenso zu sein.) Der Penis eines geschlechtsreifen Riesenkalmars kann 90 Zentimeter lang sein und, obwohl man auch bei diesen Tieren beobachtet hat, dass Fangarme zu Hektokotyli umgewandelt worden waren, benutzen sie vielleicht den Penis, um ihre Spermatophoren dem Weibchen direkt zu übertragen. Da das *Architeuthis*-Männchen keine Form von Haken hat, mit dem es eine Öffnung schaffen könnte, in die es die Spermatophoren hineinstecken könnte, „injiziert" es sein Sperma „möglicherweise unter hydraulischem Druck" in die Haut des Weibchens. Dieses entnimmt es dort wieder – wie, ist unklar –, deponiert es im Reproduktionstrakt und befruchtet so die Eier. Norman und Lu beenden ihren Artikel mit den Worten:

> Da man bei „hautspeichernden" Kalmaren (zu denen auch *Architeuthis* gehört) noch nie das Ablaichen beobachtet hat, weiß man nicht, wie die Weibchen an das Sperma herankommen, mit dem sie ihre Eier befruchten. Saugnäpfe oder Schnäbel könnten dazu benutzt werden, die Haut über den Spermatophoren abzuziehen. Das Sperma kann aber auch auf hormonelle oder chemische Signale hin an die Oberfläche gelangen. Eine andere Möglichkeit ist die, dass die Haut des Weibchens nach dem Laichen abgebaut wird und dadurch die eingebetteten Spermadepots freisetzt.

Obwohl das von Norman und Lu beschriebene Weibchen noch nicht geschlechtsreif war, enthielt ihr Eierstock bereits Hunderttausende nicht entwickelter Eier. „Die Entdeckung von Sperma", schrieben die Autoren, „deutet darauf hin, dass das *Architeuthis*-Weibchen Sperma schon in einem noch unreifen Stadium speichern kann, wie man es bereits von anderen Cephalopoden kennt. Darin spiegelt sich vielleicht die Tatsache wider, dass es in diesen dunklen Tiefen nur selten auf männliche Riesenkalmare trifft."*

P. R. Boyle von der University of Aberdeen beschrieb ein großes Weibchen, das am 8. Januar 1984 in Schottland bei Cove Bay südlich von Aberdeen an Land gespült worden war. Es hatte eine Gesamtlänge von 4,23 Metern und eine Mantellänge von 1,75 Metern. Beide Tentakel fehlten. Da es insgesamt 170 Kilogramm wog und außerdem Minustemperaturen herrschten und Schneestürme tobten, erwies es sich als schwierig, das Tier aus dem Wasser zu hieven. Man fand bei dem Weibchen ungefähr 3000 Eier, die an drei gesonderten Eischnüren befestigt waren. Während Ole Brix vermutet hatte, dass Riesenkalmare nahe der Wasseroberfläche ersticken müssen, weil das in ihrem Blut enthaltene Hämocyanin so niedrige Wassertemperaturen benötigt, wie man sie nur in der Tiefe findet, meinte Boyle: „Die geringe Wassertemperatur, die herrschte, als das Exemplar in Schottland strandete, spricht gegen die These, die Tatsache, dass *Architeuthis* an der Oberfläche stirbt, sei auf eine Asphyxie zurückzuführen, die auf die nur bei niedriger Temperatur vorhandene Affinität des Hämocyanins zum Sauerstoff zurückzuführen sei."

---

* Als die Londoner *Times* diesen Artikel brachte, nannte der Wissenschaftsredakteur Nigel Hawkes seinen Beitrag „*Sex Is a Shot in the Arm for Giant of the Ocean.*" Etwas an dieser Geschichte muss den Humoristen im jeweiligen Schreiber hervorlocken, denn selbst Norman und Lu schrieben, als sie über ein Kalmarmännchen aus Norwegen berichteten, in dessen Fangarmen Spermatophoren steckten: „Diese Spermatophoren könnten von einem anderen Männchen dort injiziert worden sein, das gerade dabei war, ein Weibchen zu befruchten und dabei zufällig einen Konkurrenten ‚erwischt' hat. Das Männchen kann sich allerdings auch buchstäblich ‚selbst in den Fuß geschossen haben'."

Ein Riesenkalmarbaby ist nahezu ein Widerspruch in sich. Wenn wir an Riesenkalmare denken, sind wir es gewohnt, Furcht erregende Ungeheuer vor Augen zu haben, dass es nahezu unmöglich ist, sich ein Baby vorzustellen. Als jedoch 1981 das australische Forschungsschiff *Soela* seine Netze einzog, fand sich darin unter anderem ein kleiner Kalmar mit einer Mantellänge von 10,3 Millimetern. Keiner der australischen Wissenschaftler kam auf die Idee, dass dieser kleine Kalmar irgendetwas mit dem Riesen *Architeuthis* zu tun haben könnte. Als aber C. C. Lu ihn „beim routinemäßigen Sortieren von Cephalopoden, die im Museum von Victoria deponiert sind", genauer untersuchte, erkannte er, dass der kleine Kalmar in Wirklichkeit eine *Architeuthis*-Larve war, die kleinste, die man je gesehen hatte. Sie war in einer Tiefe von 20 Metern gefangen worden, „der bislang geringsten Fangtiefe von *Architeuthis*."

„Die Larve unterscheidet sich von großen Exemplaren", so Lu, „in mehreren anatomischen Merkmalen sowie in den Körperproportionen. Es fehlen die charakteristischen Ansammlungen von Saugnäpfen und Knöpfen an der Basis der Tentakel. Die paarweise angeordneten Saugnäpfe und Knoten, die man bei erwachsenen Tieren auf den Armstümpfen der Tentakel findet, sind noch nicht entwickelt, man kann jedoch bereits entsprechende Vorläufer erkennen. Bei erwachsenen Tieren sind die Flossen länger als breit, bei diesem Exemplar ist die Flosse dagegen zweieinhalb Mal so breit wie lang."*

Es wurden auch zwei Jungtiere untersucht, die sich jetzt beide in der Sammlung des *Institute of Marine Sciences* an der University of Miami befinden. (Die Forscher aus Miami hatten keines der beiden direkt gefangen, sondern sie in Mägen von Fischen aus der Fischsammlung entdeckt.) Das größere der beiden hatte einen Mantel von 57 Millimetern Länge und stammte aus dem Magen eines Langnasen-Lanzenfischs *(Alepisaurus ferox)*, der vor Madeira gefangen wurde. Das zweite Exemplar mit einer Mantellänge von 45 Millimetern wurde wahrscheinlich ebenfalls einem *Alepisaurus*** entnommen, der aber im Ostpazifik vor Chile ins

---

* Wie konnte er wissen, dass es sich um *Architeuthis* handelte? In einem späteren Artikel haben Jackson, Lu und Dunning mehrere Bestimmungsmerkmale der Spezies genannt: „Der Trichter wurde durch einen geraden einfachen Knorpel verschlossen, die Bukkalhäute waren mit dem dorsalen Rand von Fangarm IV verbunden, und die Endkeulen der Tentakel trugen vier Reihen von Saugnäpfen, wobei die in der mittleren Reihe wesentlich größer waren als die übrigen, die in den äußeren Reihen dagegen klein. Außerdem befanden sich sowohl auf dem proximalen Ende des Arms eine spezielle Anhäufung zahlreicher kleiner Saugnäpfe und Knöpfe als auch auf den Endkeulen der Tentakel zwei Längsreihen mit alternierenden Saugnäpfen und Knöpfen."

** Was sind das für Geschöpfe, die Riesenkalmare fressen? Der Lanzenfisch wird als „ein grimmig aussehender, mesopelagischer Fleischfresser beschrieben, eine der größten Arten, die man in Gewässern mittlerer Tiefe antrifft. Er ist im Durchschnitt 1-1,5 Meter lang, wird aber vereinzelt über 2 Meter groß ... Lanzenfische sind gefräßige Fleischfresser, die auf alle kleineren Fische Jagd machen und oft auch kleinere Individuen aus den eigenen Reihen verspeisen." (Ayling 1982). Frank Lane (1974) zitiert den Kalmarforscher Gilbert Voss mit den Worten: „Die Mägen dieser Fische aufzuschneiden, ist ein probates Mittel, um an Tiefseekalmare und Kraken zu kommen."

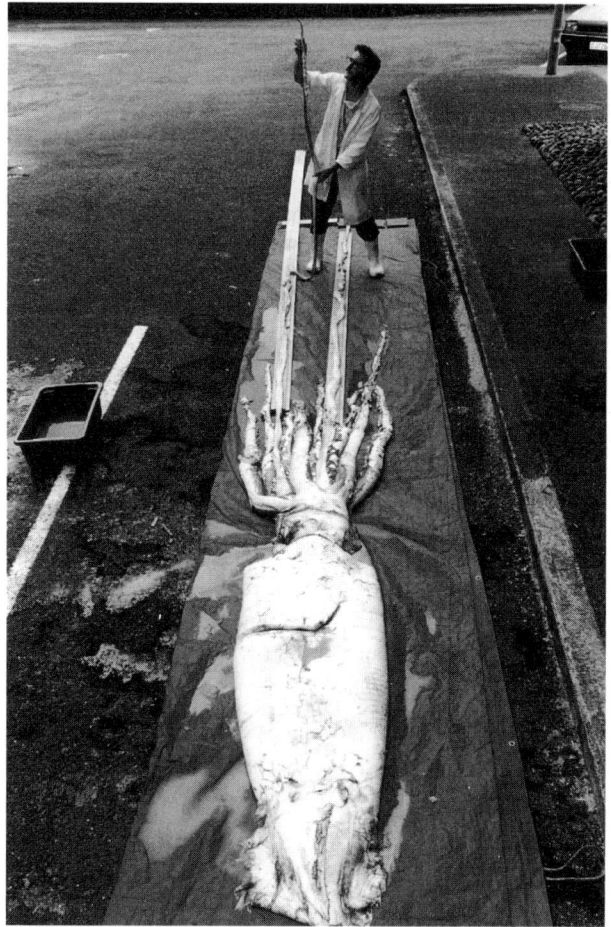

Kalmarexperte Steve O'Shea hält das Ende eines Tentakels in die Höhe. Der acht Meter lange Kalmar wurde 1996 vor Neuseeland gefangen.

Netz ging. Bevor Lu 1986 seine Larve gefunden hatte, waren diese beiden die kleinsten Exemplare, die je vermessen wurden. Roper und Young drückten es in ihrem Bericht von 1972 so aus: „Sie waren eine Größenordnung kleiner als das kleinste bisher beschriebene Exemplar", ein *Architeuthis physeteris* mit einer Länge von 46 Zentimetern.

Wir wissen so wenig über die Biologie von *Architeuthis*, dass das Thema Raum für Spekulation lässt. Jeder, der einmal ein totes Exemplar untersucht hat – und das heißt, jeder, der im Labor oder am Strand jemals einen Riesenkalmar gesehen hat – hat seine eigenen Vorstellungen von der Lebensweise dieser rätselhaften Geschöpfe. Sind es aggressive Jäger? Was fressen sie? Wie lange leben sie? Wo vermehren sie sich?

Die vier Riesenkalmare, die in den ersten Monaten des Jahres 1996 vor Neuseeland ins Netz gingen, wurden von Steve O'Shea vom *National Institute of Water and Atmospheric Research* Neuseelands untersucht. Keiner der Kalmare wurde

absichtlich gefangen, alle vier Kalmare waren zufällig bei kommerziellen Fang-
unternehmen mit eingefangen worden. In ihren Mägen fand man nur einige
Fischschuppen, was O'Shea zu der Bemerkung veranlasste: „Der Magen war ange-
füllt mit einer Flüssigkeit, die ganz und gar nicht nach nahrhaften Bestandteilen
aussah. Das findet man immer wieder in Mägen von *Architeuthis*: Sie sind fast
immer leer."*

Eines der Exemplare aus Neuseeland war ein 6 Meter langes Männchen, das
am 16. Januar 1996 gefangen wurde. O'Shea meinte dazu:

> Als es gefangen wurde, ragte sein Penis aus dem Trichter heraus. Als ich den Kadaver
> bekam, war er mit Spermatophoren übersät [S. 117 f.]. Das ist interessant, weil ich glaube,
> dass sich ganz in seiner Nähe ein riesengroßes Weibchen in der Wassersäule befand, als das
> Netz dort entlang gezogen wurde. Er war wahrscheinlich vom Orgasmus noch so benommen,
> dass er das Netz nicht kommen sah.

O'Shea spekuliert weiter:

> Ich glaube, dass diese Tiere wahrscheinlich in der Tiefe leben und nur zur Paarung auf
> den Kontinentalsockel kommen. Das würde auch erklären, warum ihre Mägen immer leer
> sind: Sie kommen nicht dahin, um sich zu ernähren, sondern um sich zu vermehren, und
> ihr Durchhaltevermögen hängt ganz von ihrer riesigen Größe ab. Angesichts des mehr als
> zufälligen Fangs einer Reihe von Exemplaren vor der Küste Südaustraliens, haben wir es
> wahrscheinlich mit einer einzigen Spezies zu tun, die – vielleicht in den Tiefen, vielleicht
> allgemein im Meer – enorm verbreitet ist, zumindest in einer bestimmten Phase ihres
> Lebenszyklus. Die Eier sind äußerst winzig: höchstens 1-2 mm groß. Das deutet ebenfalls
> auf ein längeres Larvenstadium hin. Neueste Forschungsergebnisse lassen darauf
> schließen, dass diese Tiere eine kurze Lebensdauer von etwa 3 Jahren haben. Sie haben
> nicht die Möglichkeit, 20 Jahre alt zu werden und dann im dunklen Abgrund einem poten-
> ziellen Geschlechtspartner zu begegnen. Ich will damit nicht sagen, dass diese Dinge gang
> und gäbe sind, aber ich glaube, sie sind weitaus häufiger anzutreffen, als wir uns das augen-
> blicklich klar machen.

Die einzige, von C. C. Lu untersuchte Larve zeigt, dass *Architeuthis* bei der
Geburt winzig ist. Mehr wissen wir nicht über den Laichvorgang. Roper und
Young deuten jedoch in ihrer Besprechung der beiden Jungtiere an, dass „die
geringe Größe der vorliegenden Exemplare darauf schließen lässt, dass sie nahe
der Stelle, an der sie auch gefangen wurden, in tropischen oder warmen Gewässern gemäßigter Breiten abgelaicht wurden." Die Lanzenfische, die diese Jung-

---

* Diese Mitteilung von O'Shea gehörte zu verschiedenen E-Mails, die er mir im Mai und Juni 1996 schickte, nachdem
ich um weitere Informationen über diese Exemplare aus Neuseeland gebeten hatte.

tiere verschlungen haben, jagen, wie man weiß, vor allem in den oberen 300 Metern der offenen See. Das gibt uns einen winzigen Hinweis auf die vertikale Verteilung dieser ansonsten rätselhaften Dekapoden. Wenn sie heranwachsen, tauchen sie wahrscheinlich in tiefere Gewässer ab. Lu schrieb: „Dass [das Exemplar im Larvenstadium] tagsüber und in so geringer Tiefe gefangen wurde, lässt darauf schließen, dass *Architeuthis* im Laufe der Ontogenese abtaucht, während die Larven in der Nähe der Wasseroberfläche bleiben."

Schnäbel von *Architeuthis*, die in Mägen von Albatrossen gefunden und von M. J. Imber untersucht wurden, untermauern ebenfalls die Vorstellung, dass die Jüngeren näher an der Oberfläche leben. Imber untersuchte 1992 an sechs Stellen der Antarktis Cephalopoden, die von wandernden Albatrossen *(Diomedea exulans)* gefressen worden waren. Dabei fand er heraus, dass Jungtiere von *Architeuthis* „bei Gough und den Macquarie Islands zahlenmäßig und auch in der Biomasse am stärksten vertreten waren." (Die anderen Stellen, an denen Proben genommen wurden, waren die Auckland- und die Antipoden-Inseln, Prince Edward Island sowie Südgeorgien.)

1881 berichtete Steenstrup von bestimmten Kalmaren, die vom „Ersten Maat Asm. Corneliussen ... während seiner späteren Reisen in die südlichen Meere" gesammelt worden waren. Dabei handelte es sich um die Überreste von Cephalopoden (Gattung *Gonatus*), „die er aus den Mägen von Albatrossen *(Diomedea exulans)* herausgeschnitten hatte. Bekanntlich gehören diese großen Vögel zu den gefräßigsten Cephalopodenjägern, da ihre Nahrung vor allem aus den Kopffüßern besteht, die weit entfernt von den Küsten im Meer leben. Selbstverständlich ist der Inhalt ihrer Mägen für die Wissenschaft von größter Bedeutung, da wir bisher äußerst wenig über die Cephalopodenformen auf der offenen See wissen."

Gelegentlich kann man diese großen Vögel, die mit einer maximalen Flügelspannweite von 3,3 Metern die größten fliegenden Vögel sind, beim Fressen beobachten, wenn sie auf dem Wasser schwimmen; sie tauchen aber auch, um im Flug einen Bissen aufzunehmen. Heutzutage sezieren die Wissenschaftler nicht mehr die Vögel, um zu sehen, was sie gefressen haben, sondern untersuchen, was die Elterntiere hervorwürgen, wenn sie nach der Futtersuche zum Nest zurückkehren, um ihre Jungen zu füttern, oder sie bringen die Küken dazu, ihren Mageninhalt von sich zu geben. Von den meisten Kalmararten, die anhand ihrer Schnäbel bestimmt wurden, weiß man, dass sie bei Nacht an die Wasseroberfläche kommen. Bei Imber (1992) ist zu lesen, dass „die Aufwärtsbewegung bei Nacht einige dieser [Kalmararten] wie *Octopoteuthis* und *Taningia* in die oberen Wasserschichten trägt. *Magistoteuthis* driftet auch nach oben, bleibt aber bei Nacht meist unterhalb von 200 Metern, sodass nur wenige von Albatrossen erreicht werden können. Die Art *Gonatus antarcticus*, die vor allem in den oberen 250 Metern lebt, dürfte jedoch wohl nachts bis an die Oberfläche kommen. Dasselbe gilt für Jungtiere von *Architeuthis*, die in einer ähnlichen Tiefe leben."*

In dem oben erwähnten Artikel überlegte Steve O'Shea:

> Ein Kollege aus einem anderen neuseeländischen Institut hat ungefähr 20 *Architeuthis*-Schnäbel gesammelt, die Vögel vor den Chatham-Inseln hervorgewürgt haben. Während ein einziger Vogel 20 Jungtiere verzehren kann, fangen wir in vier Monaten nur vier Riesen. Es wäre daher keine Überraschung, wenn die Vögel irgendeinen anderen Weg gefunden hätten, um an diese Tiere heranzukommen. Wenn die Tiere an der Oberfläche im Sterben liegen, was sie höchstwahrscheinlich tun, würden diese Schnäbel einfach nur zeigen, dass dort 20 tote Tiere erbeutet wurden. Wenn 20 tot sind, muss es weiter unten Hunderte geben. Wenn man nach der Populationsstruktur gehen kann, dann würde ich erwarten, dass es viel mehr Jungtiere als erwachsene Tiere gibt und mehr tote verbrauchte Erwachsene als Jungtiere.

O'Shea ist der Erste, der zugibt, dass solche Gedanken reine Spekulation sind. (Er sagt: „Ich sitze so weit von allem anderen entfernt in einem Büro in Neuseeland, dass ich viel Zeit habe, meiner Phantasie freien Lauf zu lassen.") Er hat möglicherweise Unrecht: Vielleicht paaren sich die Riesenkalmare gar nicht über Chatham Rise, hören in der Paarungszeit auch nicht mit dem Fressen auf oder leben länger als drei Jahre. Aber als einer Autorität für *Architeuthis*, der zudem in jüngster Zeit vier Kadaver übergeben wurden, müssen O'Shea im Rahmen seiner eigenen Erfahrungen auch einmal freiere Gedankenflüge erlaubt sein. Wer ist schließlich besser dazu geeignet, über das Leben und Lieben von *Architeuthis* Vermutungen anzustellen? Etwa Jules Verne oder Peter Benchley?

Kalmare haben als Besonderheit eine hohe Reproduktionsrate und einen kurzen Lebenszyklus. Bei Fischen dagegen leben die erwachsenen Tiere lange und investieren in ihre Vermehrung nur so viel, dass sie ihr eigenes Überleben nicht gefährden. (Bei den meisten Kalmararten, deren Reproduktionsbiologie untersucht wurde, sterben die Tiere nach der Paarung.) Obwohl es zur Stützung einer solchen Annahme keine sicheren Erkenntnisse gibt, glauben einige Kalmarfor-

---

* Weder Albatrosse noch Pottwale scheinen auf das Ammoniak in ihrer Nahrung allergisch zu reagieren. Bei Menschen steht es allerdings auf der Liste der bevorzugten Gewürze nicht unbedingt an erster Stelle. Die Kalmararten, die Menschen essen, enthalten kein Ammoniak. Das heißt, sie sind schwerer als Meereswasser und müssen daher immer durch Schwimmen verhindern, dass sie absinken. Dazu gehören auch die Arten, die von den Kalmarfischern für den Handel gefangen werden wie beispielsweise die Loliginiden – kleine Kalmare, die normalerweise als Calamari serviert werden – sowie die größeren *Ommastrephes*, *Todarodes* und *Dosidicus*.

scher, dass *Architeuthis* schnell heranwächst, aber nur kurze Zeit lebt. Da der Riesenkalmar nicht zu den Endgliedern der Nahrungskette gehört, muss er die Stadien, in denen er leicht von anderen Raubtieren gefressen werden kann, möglichst schnell durchlaufen. Erst seitdem vor nicht allzu langer Zeit die Larven und Jungtiere entdeckt wurden, weiß man, wie klein ein frisch geschlüpfter *Architeuthis* wirklich ist. Clyde Roper, der den Riesenkalmar nicht für einen guten Schwimmer hält, soll gesagt haben: „Je rascher man wächst, desto schneller verringert sich die Anzahl und Art der Tiere, die sich von einem ernähren. Mit seiner Wachstumsgeschwindigkeit ist der Riesenkalmar schon in seinen Jugendstadien zu groß, um von jemand anders als von Zahnwalen gefressen zu werden" (Abrahamson 1992).

Peter Boyle von der University of Aberdeen untersuchte den Kadaver eines weiblichen Riesenkalmars, der im Januar 1984 bei Cove Bay an der Nordostküste Schottlands an Land gespült wurde. Zwei Fangarme waren vollständig: Der größere hatte eine Länge von 2,3 Metern, die Mantellänge lag bei 1,8 Meter. Boyle fand den Eierstock „voller winziger Eier, die alle einen Durchmesser von einem Millimeter hatten". Auf Grund der sehr kleinen Eier kann man annehmen, dass *Architeuthis* klein geboren wird und äußerst schnell wächst. Als Jackson, Lu und Dunning die Wachstumsringe auf dem Statolithen eines jungen Weibchens (Mantellänge: 42 Zentimeter) zählten, das 1982 vor der Südküste Australiens in einem Schleppnetz gefangen wurde, kamen sie zu dem Ergebnis, dass der Kalmar 153 Tage alt und daher tatsächlich pro Tag 2 Millimeter gewachsen war. (Das Auszählen der Statolithenringe hatte sich bereits bei anderen Arten als verlässlicher Indikator für die Wachstumsgeschwindigkeit erwiesen.)

Gauldie, West und Förch beschrieben in „*Statocyst, Statolith and Age Estimation of the Giant Squid, Architeuthis kirki*", wie sie einen Statolithen eines neuseeländischen Exemplars, eines noch nicht geschlechtsreifen Weibchens, aufschnitten, um die Wachstumsrate zu bestimmten. Auf Grund von Beobachtungen an gefangenen Tieren anderer Spezies schlossen sie, dass „Jungkalmare ein unerhört schnelles, exponentielles Wachstum zeigen, wenn sie genügend Nahrung haben." Wenn der Statolith des oben erwähnten südaustralischen Kalmars, der am 30. Januar 1982 gefangen wurde, 153 kleine Wachstumsringe aufwies und wenn diese Schichten tatsächlich täglich abgelagert werden, dann wurde das Tier nach der Berechnung von Jackson und seinen Mitarbeiten „wahrscheinlich am 30. August 1981 geboren. ... Ein Überblick über die Frage, ob es bei mehreren Kalmarspezies zu täglichen Mikroablagerungen kommt, geben Rodhouse und Hatfield (1990). Der in diesem Artikel beschriebene Statolith, der am 3. Mai 1987 vor Neuseeland gefunden wurde, besaß 393 große Wachstumsringe. Das entspräche einer

Geburt am 6. April 1986." Die Mantellänge des neuseeländischen Exemplars von Gauldie, West und Förch betrug etwa 1,5 Meter. Das würde bedeuten, dass es innerhalb von einem Jahr und 28 Tagen von der unbekannten Größe, die es bei der Geburt hatte, bis zu der Größe heranwuchs, mit der es starb. Die drei Autoren bemerkten dazu: „Die Gewebe des Mantels enthalten viel Kollagen, und das kleine Knochengerüst, das vorhanden ist, besteht aus Knorpel. Knorpel und Kollagen benötigen äußerst wenig Energie — weniger als ein Prozent der Energie, die Knochen brauchen. Daraus ergibt sich, dass die Energie bei den Kalmaren wohl sehr effizient umgewandelt wird. Das rapide Wachstum könnte erklären, warum bisher so wenig von kleinen Exemplaren *von Architeuthis* sp. die Rede war."

Bei den Diskussionen über den „Monster"-Kalmar übersieht man meist, dass auch hier und da ein „Miniatur"- oder „Zwerg"-*Architeuthis* erwähnt wird. 1978 fand man im Magen eines 2 Meter langen Schwertfischs, der in den Gewässern Floridas gefangen wurde, einen kleinen ausgewachsenen Riesenkalmar mit einer Mantellänge von 17 Zentimetern. Nach Toll und Hess, die das Exemplar beschrieben, ist es „... der kleinste geschlechtsreife *Architeuthis*, den man kennt. Seine Größe sowie der Grad seines Reifestadiums lösen verschiedene Fragen hinsichtlich der Entwicklungsgeschichte der 'Riesenkalmare' aus." Der russische Kalmarforscher Kir Nesis gab in seinem Überblick über die Cephalopoden der Welt an, „die Spezies der kleinwüchsigen Riesenkalmare" sei wohl noch nicht beschrieben. So bereichern die Riesenkalmare die Sprache um ein weiteres Oxymoron.*

Architeuthis wurde so gut wie nie an der Oberfläche gesehen. Wissenschaftler wissen nicht, wie das zu erklären ist. Es wurden jedoch einige Vermutungen geäußert, etwa, dass die Kalmare nur in der Tiefe lebensfähig seien, weil sie für ihre Lebensfunktionen diesen Druck bräuchten, oder dass sie in der Kälte der tiefen Abgründe prächtig gedeihen würden, die wärmeren sauerstoffärmeren Gewässer in der Nähe der Wasseroberfläche sie dagegen schwächen oder sogar umbringen würden. Es ist auch möglich, dass der Riesenkalmar trotz seiner enormen Größe und seines furchterregenden Ansehens ein relativ schwaches Tier ist, das langsam schwimmt, sich in großer Tiefe ernährt und daher keinen Grund hat, an die Oberfläche zu kommen — es sei denn, es ist krank oder im Begriff zu sterben und kann sich daher nicht mehr unten halten.

---

* 1952 untersuchten japanische Wissenschaftler zwei Exemplare aus dem Verdauungstrakt von Pottwalen, die man vor den Bonin Islands gefangen hatte. Das größere war mit Mantel und Tentakel insgesamt 2,4 Meter lang, das andere war kleiner. Eiji Iwai identifizierte beide als „Nacktaugenkalmar, der zur Gattung *Architeuthis* gehört." In der folgenden Diskussion waren allerdings Roper und Young (1972) der Meinung, dass „diese Tiere zweifellos nicht richtig bestimmt wurden", und nahmen an, dass „die Exemplare zu den Psychroteuthidae zu gehören scheinen, einer wenig bekannten Familie von Meereskalmaren, die man bisher nur aus antarktischen Gewässern kennt."

Da man die Riesenkalmare immer noch nicht richtig kennt, bestanden die meisten Äußerungen über dieses Tier entweder aus Phantasien, dass es Schiffe angreift und Menschen aus den Wanten zieht, oder ausführliche wissenschaftliche Beschreibungen der Kadaver, die an Land geschwemmt wurden. Es gab einige wenige Versuche, über seine Populationsdichte, seine Gestalt und seinen Lebensraum zu spekulieren – vorausgesetzt, dass es nur eine Art gibt. Besonders bemerkenswert waren die Bemühungen von G. C. Robson vom *British Natural History Museum*, ein vollständigeres Bild von *Architeuthis* zu entwerfen. Robson war wahrscheinlich der Erste, der versucht hat, aus der Struktur des Tieres auf „seine Lebensweise" zu schließen. In seiner Beschreibung von 1933 gibt es einen Abschnitt, den er *„General Characteristics and Presumed Mode of Life of the Group"* genannt hat. In diesem erwähnt er, dass die Flossen im Vergleich zu der gesamten Körpergröße relativ klein sind, dass der Verschlussmechanismus des Trichters nicht sehr effizient ist und dass die Saugnäpfe klein und kraftlos und die seitlichen sowie dorsalen Membranen der Fangarme im Vergleich zu denen anderer Arten schlecht entwickelt sind. Diese Eigenschaften veranlassten ihn zu der Schlussfolgerung, der Riesenkalmar sei für die Jagd auf große Beutetiere denkbar schlecht gerüstet, und daher wohl eher ein passiver Aasfresser, der in Bodennähe wartet, bis Wirbellose und Aas seinen Weg kreuzen. Robson:

> Ich neige insgesamt zu der Ansicht, dass *Architeuthis* eher träge ist und in den oberen Bereichen des Kontinentalsockels in einer Wassertiefe von 180-360 Metern lebt oder, falls das Wasser zu warm ist, auch tiefer. Die Struktur der Saugnäpfe lässt vermuten, dass er es nicht mit großen Beutetieren zu tun hat. Die bemerkenswert kleinen Flossen sind ein Hinweis darauf, dass er sich passiv verhält, sich eventuell in Bodennähe aufhält und sich von sesshaften wirbellosen Tieren und Aas ernährt.

Andere Kalmarforscher haben auch über seine Qualitäten und Fähigkeiten spekuliert. Da sie geteilter Meinungen sind, haben sich offenbar zwei Lager gebildet. Die einen behaupten, *Architeuthis* sei ein starkes, aggressives Raubtier, die anderen halten ihn dagegen für einen schwachen, ineffizienten Jäger. Japetus Steenstrup glaubte, dass *Architeuthis* auf dem Boden von dunklen, tiefen Gewässern lebt. Gilbert Voss beschönigte 1959 in einem Artikel für ein Magazin nichts: „Beim Riesenkalmar sind diese Organe [der Knorpel, mit dem der Mantel abgedichtet wird, das Ventil für den Trichter und so weiter] sehr schlecht ausgebildet, der Trichter ist schlaff, das Ventil undicht, die Schließknorpel sind voller flacher Furchen und Kämme."

Malcolm Clarke antwortete auf diese Angriffe auf den Ruf des armen Kalmars (1966): „Die Mägen [der gestrandeten Tiere] sind fast immer leer. Aber die Annahme, dass die Kalmare wahrscheinlich schlechte Schwimmer und kaum dazu geeignet sind, aktiv Beute zu machen (Robson 1933; Voss 1956), ist wohl kaum in Einklang zu bringen mit den vielen hundert großen Saugnäpfen von bis zu 3 Zentimetern Durchmesser, der sehr kräftigen Bukkalmuskulatur, den kurzen, dicken Kiefern mit maximaler Hebelkraft und der dicken Mantelwand."

Ron O'Dor berichtete unter der Überschrift *„The Energetic Limits on Squid Distributions"* von seiner Untersuchung:

Architeuthis könnte (unter dem Nordpol?) durchaus in 80 Tagen um die Welt reisen. Warum er das tun sollte, ist zwar unklar, aber einige Wale verfügen über genügend Energie, um von der nördlichen zur südlichen Planktonblüte zu wandern. Bei *Architeuthis* würde das noch nicht einmal einen Monat dauern. Ein solches Szenario stimmt ohne weiteres mit seiner Verteilung überein. Es wird jetzt häufig behauptet, *Architeuthis* sei kein guter Schwimmer. Dafür spricht lediglich die Tatsache, dass er Ammoniak enthält und nicht so muskulös ist wie die kleineren Kalmare ... Um auf einer „Reise" das Tempo zu halten, setzen Kalmare nur 10 Prozent ihrer Kraft und wahrscheinlich auch nur 10 Prozent ihrer Muskeln ein, die ihnen für ein fluchtartiges Wegschnellen zur Verfügung stehen. Vielleicht braucht *Architeuthis* nur einen Muskel, der auf Dauer ausgelegt ist. Denn es kann ja nicht viele Dinge geben, vor denen er Reißaus nehmen muss.

In seiner ausführlichen Erörterung von *Architeuthis*-Funden in Neufundland fasste Aldrich 1991 die früheren Hypothesen über das Verhalten der Riesenkalmare folgendermaßen zusammen:

Ich glaube, dass diejenigen, die *Architeuthis* für einen schlechten Schwimmer halten, tendenziell vielleicht schnelles Schwimmen mit Flexibilität verwechseln. Der Mechanismus, mit dem der Mantel verschlossen wird, funktioniert wirklich nicht gut ... und man kann sich leicht vorstellen, dass ein *Architeuthis*, der von jetzt auf gleich seine Richtung ändern muss, dabei vermutlich sein Inneres nach außen kehrt. Das darf aber nicht mit schnellem Schwimmen verwechselt werden, sondern weist vielmehr auf mangelnde Manövrierfähigkeit und das Unvermögen hin, schnell die Richtung zu wechseln.

Außerdem, so Aldrich weiter, sei *Architeuthis* bekanntlich eine der Hauptnahrungsquellen der Pottwale und müsse daher auch fliehen: „Der klassische Bericht darüber, wie schnell die Architeuthiden schwimmen, stammt von Grønningsaeter (1946) ..., der eine Geschwindigkeit von 20-25 Knoten gemessen hat. Falls das zutrifft, und ich nehme das an, dann reicht die Geschwindigkeit, die der Kalmar auf Grund seiner Morphologie erreicht, sicher aus, um Walen zu entkommen." Diese erreichen nämlich nur Geschwindigkeiten von 10-12 Knoten.

Als Roeleveld und Lipinski drei südafrikanische Exemplare von *Architeuthis* untersuchten, entdeckten sie, dass die Statocysten entsprechend groß waren – was keine Überraschung war. Sie erkannten aber darüber hinaus, dass diese schräg ausgerichtet waren. Das lässt vermuten, dass „*Architeuthis* normalerweise in einem bestimmten Winkel zur horizontalen Ebene im Wasser liegt, wobei sein Kopf und seine Fangarme, im Allgemeinen die schwersten Körperteile, nach unten hängen." Wenn das stimmt, sagen die Autoren – und folgen damit der Argumentation von Pérez-Gándaras und Guerra –, dann jagt der Riesenkalmar möglicherweise, indem er „eine Art Hinterhalt aufbaut und dann mit seinen langen Tentakel nach der Beute greift." (Da jeder Kalmarforscher eine eigene Meinung über die Schwimm- und Jagdfähigkeiten von *Architeuthis* hat, beziehen auch Roeleveld und Lipinski Stellung; für sie ist „*Architeuthis* ein schlechter Schwimmer sowie ein passives und schwerfälliges Raubtier.")

In ihrer Studie zum Verhalten von Cephalopoden aus dem Jahr 1996 widmen Hanlon und Messenger einen Abschnitt den „Riesenkalmaren" einschließlich *Dosidicus*, *Moroteuthis*, *Taningia* und *Mesonychoteuthis*. Ihre Beschreibung beschäftigt sich aber vor allem mit den wahren Giganten der Riesenkalmare, mit *Architeuthis*: „Trotz ihrer Größe ist die Muskulatur des Mantels und der Fangarme nicht besonders gut entwickelt ... Die Flossen sind nicht besonders kräftig oder lang und die ‚riesigen' Nervenfasern sind viel kleiner als die von *Loligo*, dem Gemeinen Kalmar ... Daher ergibt sich eher das Bild eines sich relativ langsam bewegenden, zahmen Tiers als das eines aggressiven, haiartigen Ungeheuers."

Im Frühjahr 1995 wurden vor der Westküste Irlands drei Architeuthiden in einem Schleppnetz gefangen. Bei allen dreien passierte es tagsüber, als das Netz in etwa 300 Metern Tiefe über den Boden gezogen wurde: Das lässt die Vermutung aufkommen, dass Riesenkalmare wie viele andere Teuthiden in der Nacht an die Oberfläche kommen. Alle drei irischen Exemplare waren Männchen und hatten eine Mantellänge von etwa 90 Zentimetern. Das erste, das der Trawler *Shannon* aus Dingle unter Kapitän Michael Flannery fing, war vom Schwanzende bis zu den Spitzen der Tentakel 6 Meter lang, wog aber nur 27 Kilogramm. Alle drei hatten in ihren Mägen Nahrung, die aus Merlan, Bastardmakrele, Garnelen, Kraken sowie anderen Kalmaren bestand. Colm Lordan vom University College Cork schrieb 1997 in einem Brief an mich: „Es wird im Augenblick darüber debattiert, ob Riesenkalmare ihre Nahrung am Boden suchen oder aktive Jäger sind. Mittlerweile kann man wohl mit einiger Wahrscheinlichkeit sagen, dass sie aktiv jagen – vermutlich, indem sie die Beute mit ihren langen Tentakel in einen Hinterhalt locken."

Roger Hanlon hat das Verhalten von *Architeuthis* in einer allem Anschein nach sehr vernünftigen Art und Weise zusammengefasst.* Zum einen ist auf Grund der Tatsache, dass *Architeuthis* leichter als Wasser ist, zu vermuten, dass er nicht aktiv jagt, sondern „schwebt", wobei er seine Position in der Tiefe beibehält und darauf wartet, dass seine Beute in Reichweite seiner langen, zupackenden Tentakel kommt. Da er im Gegensatz zu vielen anderen räuberischen Kalmaren keine Haken auf seinen Tentakel hat, kann er große, kräftige Beutetiere wahrscheinlich nicht festhalten und überwältigen. Die geringe Größe seiner Saugorgane führt zu demselben Schluss. Da aber ein Kalmar, der eine halbe Tonne wiegt, am Tag wahrscheinlich etwa 90 Kilogramm Nahrung benötigt, kann seine Ernährung nicht aus Plankton oder kleinen Fischen bestehen, auf die er zufällig trifft. Der Norweger Torleif Holthe meinte 1976: „Da er nichts hat, mit dem er kleine Organismen fangen könnte, nimmt er vermutlich Beutetiere, die so groß sind, dass er sie mit seinen Tentakel und Fangarmen fassen und festhalten kann." (Bei einem Tier, das in der Dunkelheit lauert, würde man eigentlich Leuchtorgane erwarten – vielleicht an den Tentakelspitzen –, mit denen es die Beute in seine Reichweite locken könnte; bisher gibt es jedoch keine Anzeichen dafür, dass *Architeuthis* sichtbares Licht erzeugen kann.) Seine riesigen Augen, die größten, die man kennt, versetzen ihn wohl in die Lage, seine Beute noch unter Bedingungen zu entdecken, unter denen die meisten anderen Tiere blind wären.

Keiner hat bisher einen Riesenkalmar fressen gesehen; tatsächlich hat bisher niemand einen gesunden Riesenkalmar irgendetwas tun sehen. Solange keiner *Architeuthis* bei der Jagd beobachtet, wird die Debatte über seine Schnelligkeit und Stärke kein befriedigendes Ende finden. Frederick Aldrich, wahrscheinlich der treueste Anwalt der Riesenkalmare, geht davon aus, dass *Architeuthis* ein kräftiges, aggressives Tier ist, das zumindest in einem Fall noch in der Lage war, eine große Furche in den Strandkies zu ziehen, bevor es starb. Wie genau der Riesenkalmar jagt oder was er eigentlich frisst, ist unbekannt. Aldrich glaubte jedoch, dass seine Beute vor allem aus Haien und Rochen besteht – nicht gerade die Nahrung eines schwächlichen Jägers.

In diese Debatte spielt auch die Frage herein, wie tief Riesenkalmare tauchen und wie groß ihre Reichweite ist. Riesenkalmare sind immer wieder im Nordatlantik und den Gewässern um Australien und Neuseeland gesichtet worden. Doch erst jetzt erfahren wir allmählich mehr über ihren Lebensraum. Das „unbekannte" Tier, das Straßenbauarbeiter 1983 vor der Küste schwimmend in der

---

* Während der Dreharbeiten zu einer Fernsehshow bei Woods Hole hatten Hanlon und ich im Juni 1996 Gelegenheit, unsere Vorstellungen über die Natur und das Verhalten von *Architeuthis* und anderer Teuthiden auszutauschen.

Nähe von *Stinson Beach* gesehen haben, könnte ein Riesenkalmar gewesen sein (S. 34). Nur vom Hörensagen oder auf Grund von Gerüchten ist es jedoch schwer, ein Tier genau zu bestimmen. Es wäre natürlich hilfreich, wenn es Berichte von *Architeuthis* an oder vor der kalifornischen Küste gäbe. Man hat zwar am Strand noch keinen gesehen, aber ihr Vorkommen in kalifornischen Gewässern ist zumindest zuverlässig belegt. 1971 identifizierten Pinkas und seine Mitarbeiter im Magen eines vor der Küste Kaliforniens gefangenen Weißen Thuns einen Kalmarschnabel, der zu *Architeuthis* gehörte. Weitere Hinweise, dass *Architeuthis* auch den nordöstlichen Pazifik bewohnt, liefern die Kiefer aus den Mägen von Pottwalen, die in kalifornischen Gewässern gefangen wurden (Fiscus und Rice 1974). In den letzten Jahren tauchen jedoch zunehmend mehr Exemplare auf; man kann also vermutlich davon ausgehen, dass diese Region relativ dicht mit Riesenkalmaren besiedelt ist.

Als 1980 150 Meilen vor der Küste Südkaliforniens ein Schleppnetz eingezogen wurde, mit dem ozeanographische Proben gesammelt werden sollten, entdeckte man, dass sich ein 3,7 Meter langes Stück eines Riesenkalmarententakels darin verfangen hatte. Robison (1989) zufolge „wurde der Tentakel einem lebenden Kalmar abgerissen. Das Gewebe war noch elastisch, die Saugnäpfe kontrahierten sich und packten zu, wenn man sie berührte, und wenn man die Haut rieb, zogen sich noch die Chromatophoren zusammen." Da der Kalmar sich nur im Netz verheddert haben konnte, solange es noch offen war, und da wir dessen Tiefe kennen, wissen wir, dass der Kalmar seinen Tentakel 500 bis 600 Meter unter der Wasseroberfläche verloren hat. Damit haben wir einen Anhaltspunkt, in welchen Tiefen sich *Architeuthis* aufhält. Doch „beruhen", wie Robison sagt, „die vorliegenden Informationen nur auf einem Körperteil eines einzigen Riesenkalmars. Es ist nicht zulässig, von diesem Fund auf den gesamten Körper oder das Tiefenverhalten der gesamten Spezies zu schließen. Leider wurde vieles von dem, was wir über diese Gattung wissen, aus solchen Einzelteilen erschlossen."

Vielleicht beginnt sich ja der Schleier, der das Geheimnis umgibt, langsam zu lüften. Doch die russischen Kalmarforscher Nesis, Amelekhina, Boltachev und Shevtsov in einer 1985 veröffentlichten Untersuchung über eine vollkommen neue Gruppe von *Architeuthis*-Exemplaren; sie wurden mit Hilfe von „großen Trawlern, die in variabler Tiefe Riesenkalmare fangen und Hinweise auf die Position und die Tiefe ihrer Lebensraums bestätigen können", aus dem Wasser gezogen. Das erste dieser Exemplare ging dem spanischer Trawler *Yeyo* im September 1976 in einer Tiefe von 375 Metern in südafrikanischen Gewässern ins Netz; es wurde in einem Artikel der spanischen Kalmarforscher Pérez-Gándaras und Guerra beschrieben. 1980 und 1981 fing G. A. Shevtsov im Nordpazifik verschiedene Kalmararten mit dem sowjetischen Forschungsschiff *Novoulianowsk* (S. 152). Das größte Exemplar wurde etwa 1500 Meilen vor Oregon im offenen Ozean in nur 15 Meter Tiefe an einer Stelle herausgeholt, die fast drei Meilen tief war. Sein Mantel hatte eine Länge von 1,6 Metern. Die *Novoulianowsk* sammelte von Ende März bis Anfang April 1980 etwa 250 Meilen vor Los Angeles erstaunlicherweise noch 18 weitere Exemplare. Obwohl diese beträchtlich kleiner waren als die Ungetüme, die man in Neufundland, Norwegen oder Neuseeland gefunden hatte – die Mäntel waren im Durchschnitt nur 60 Zentimeter lang –, waren es doch echte Riesenkalmare der bisher riesigen (und schrecklichen) Gattung *Architeuthis* ...

Zwei weitere Exemplare fing A. P. Boltachev im südöstlichen Atlantik. Bei Arbeiten in etwa 400 Metern Tiefe hievte das Forschungsschiff *Novoukrania* vor Zaire einen Riesenkalmar an Bord. Leider löste sich der Körper beim Entladen von den Tentakel und fiel über Bord, sodass nur die ungefähr 4 Meter langen Tentakel übrig blieben.

Als sich die *Novoukrania* ein paar Monate später weiter südlich vor Namibia befand, übergab sie Boltachev noch einen weiteren *Architeuthis*. Dieser war vollständig und maß insgesamt 4,4 Meter. Nesis, Amelekhina, Boltachev und Shevtsov analysierten die vorhandenen Daten, und zum ersten Mal gelang es, ein Verteilungsmuster für *Architeuthis* zu erstellen.

Als 1972 im östlichen Atlantik vor Afrika in Höhe des Äquators ein Blauhai (*Plionace glauca*) gefangen wurde, fand man in dessen Magen Teile eines großen Kalmars, den der russische Kalmarforscher C. M. Nigmatullin als *Architeuthis* identifizierte. Mit einer Mantellänge von 75 Zentimetern gehörte dieses Tier sicher nicht in die Gruppe der 15 Meter langen Exemplare, dennoch war es ein großer Kalmar. Legt man die von Nesis und seinen Mitarbeitern (1985) aufgestellten Maßangaben zugrunde, nach denen bei einigen Exemplaren für die Gesamtlänge das 4,4-fache der Mantellänge anzusetzen ist, war dieses Exemplar schätzungsweise insgesamt 3,2 Meter lang. Interessanter als die Tatsache, dass man das Tier im Magen eines Haies entdeckt hat, war jedoch die Gegend, in der man den Hai und damit auch den Kalmar aus dem Wasser gehievt hatte. Aus den nur in beschränkter Zahl vorhandenen Aufzeichnungen hatte man den Eindruck gewonnen, *Architeuthis* halte sich zur Fortpflanzung in subtropischen Gewässern auf, steuere jedoch für die Nahrungssuche die höheren, kälteren Breiten an. Mit Ausnahme der Jugendform, auf die man vor Chile im Magen eines Lanzenfisches gestoßen war, war man bisher in tropischen Gewässern nie einem Architeuthiden begegnet. Das könnte jedoch mehr mit der begrenzten Anzahl an Proben zu tun haben, als damit, dass es dort keine Kalmare gibt. Riesenkalmare kennt man vor allem auf Grund von Exemplaren, die an Land getrieben oder in Mägen von

Pottwalen gefunden wurden. Obwohl die Walfänger im 19. Jahrhundert ihre Beute oft am Äquator jagten, wurden die Pottwale in letzter Zeit mehr in den kälteren Gewässern des Nordpazifiks und der Antarktis gefangen. Das schließt natürlich keineswegs aus, dass sich juvenile Kalmarformen in Gewässern am Äquator tummeln. Nigmatullin schrieb in seinem Bericht über dieses Exemplar: „Möglicherweise wird man in Zukunft, wenn man die tropische Fauna mittlerer Tiefen besser kennt, erkennen, dass *Architeuthis* ein typischer Vertreter dieser Fauna ist."*

Im September 1989 traf das brasilianische Passagierschiff *Imaipesca* vor dem Bundesstaat Santa Catarina auf einen Kadaver, der an einer 3400 Meter tiefen Stelle auf der Oberfläche trieb. Der *lula gigante*, der zum Instituto de Pesca in São Paulo gebracht wurde, war ein Weibchen mit einer Mantellänge von 1,5 Metern und einem Gewicht von 90 Kilogramm. Kapitän Hisami Funatsu zufolge fand man ein anderes Stück eines großen Kalmars im Magen eines Schwertfischs und „ein anderes Thunfischboot, das im selben Gebiet operierte, beobachtete einen Kalmar riesigen Ausmaßes, der um das Boot herum trieb" (Arfelli et al. 1991).

Die russischen Wissenschaftler halten *Architeuthis* für ein „subtropisches Tier", das in wärmeren Gewässern laicht und dort auch seine ersten Lebensphasen verbringt, im Jugendstadium dann aber in fischreichere, kältere Gewässer in die Nähe der Polargebiete zieht oder aber in Regionen, wo entsprechende Wassermassen in großen Mengen an die Oberfläche gelangen. Auf Grund der Entwicklung von Schleppnetzen für Gewässer mittlerer Tiefe, bei denen man präzise die Tiefe einstellen kann, kann man mittlerweile angeben, wie die Verteilung von *Architeuthis* in der Vertikalen aussieht. Und natürlich erfahren wir umso mehr über die Lebensweise und die Verteilung des bisher rätselhaften Tieres, je mehr Exemplare untersucht werden. „Vermutlich", so Nesis und seine Mitarbeiter, „verbringen sie ihre Jugend in einer Tiefe von 100-300 Metern und leben als ausgewachsene Tiere in Gewässern mittlerer Tiefe sowie auf dem Grund in einem Bereich von 100-200 bis zu etwa 500 Metern Tiefe ... Zumindest während der warmen Tageszeit scheinen sie sich in den epi- und mesopelagischen Zonen aufzuhalten, das heißt von dem Bereich unterhalb der Oberfläche bis in Tiefen von mindestens 500-600 Metern und wahrscheinlich noch tiefer." Größere Exemplare mit einer Mantellänge von 3-5 Metern hat man bisher nur an den äußersten Grenzen ihres bekannten Verbreitungsgebietes gefunden: in den kalten Gewäs-

---

* Nigmatullin erwähnte auch, dass „große Kalmare in der Region, die zur Zeit überprüft wird, entdeckt wurden". Im östlichen Atlantik beobachteten sowjetische Fischer große Kalmare, die sich in Thunfischnetzen verfangen hatten oder den gefangenen Fisch mit ihren Fangarmen oder Tentakel festhielten. Einer nicht bestätigten mündlichen Beschreibung zufolge schien es sich dabei um *Architeuthis* zu handeln.

sern Neufundlands, Neuseelands und Norwegens, aber „die absolute Mehrheit der bekannten *Architeuthis*-Arten hatte eine Mantellänge von nicht mehr als 2-2,5 Metern". Das lässt darauf schließen, dass die geschlechtsreifen Tiere in kälteren Gewässern anzutreffen sind. (In Fällen, in denen man das Geschlecht bestimmen konnte, waren die größeren Tiere in der Regel Weibchen.)

Trotz der Fülle an neuem Material konnten die Russen nicht die Frage klären, wie viele Riesenkalmararten es gibt. Sie schrieben: „In der über ein Jahrhundert andauernden Erforschung der Riesenkalmare konnte die Anzahl der Spezies nicht genau ermittelt werden – ganz zu schweigen von den Unterschieden zwischen den einzelnen Arten." Möglicherweise gibt es in jedem der drei Bereiche jeweils eine Art: *Architeuthis dux* im Nordatlantik, *Architeuthis martensii* im Nordpazifik und *Architeuthis sanctipauli* auf der Südhalbkugel. Oder man kann alle drei als Unterart von *Architeuthis dux* ansehen und sie daher *Architeuthis dux martensii* beziehungsweise *Architeuthis dux sanctipauli* nennen. Da aber so viele Exemplare klein und möglicherweise nicht geschlechtsreif waren, sind wir uns bei der taxonomischen Einordnung der Gruppe unsicher. Vielleicht gibt es auch eine Miniatur- oder Zwergform, zu der das kleine geschlechtsreife Männchen mit einer Mantellänge von 17 Zentimetern gehört, das 1978 in den Gewässern Floridas im Magen eines Schwertfisches entdeckt wurde (Toll und Hess 1981).

Obwohl das Wissen über *Architeuthis* stetig anwächst, ist er ein rätselhaftes Tier geblieben. Es ist schon schwer genug, sich einen 17 Meter langen Riesenkalmar vorzustellen. Da sich diese Tiere aber zudem immer nur ungern zeigen, kann wohl keiner mit Fug und Recht behaupten, dass es nicht noch größere Exemplare geben könnte. Alles, was wir mit Sicherheit über ihre maximale Größe sagen können, ist, dass bisher kein Exemplar ans Ufer gespült wurde, das größer als 17 Meter war. Dadurch dass auch kleinere ausgereifte Tiere gefunden wurden, ist es höchst fragwürdig geworden, *Architeuthis* als ein Monster anzusehen. Der Riesenkalmar bleibt weiter ein großes Rätsel. Sylvia Earle, eine der führenden Ozeanographen Amerikas und Weltrekordlerin im Tiefseetauchen, sagte im Februar 1991 in einer programmatischen Rede am *American Institute of Biological Sciences*:

> Und was ist mit diesem sagenhaften Geschöpf, diesem Kalmar aller Kalmare, mit *Architeuthis dux*, dem Riesenkalmar? Wir haben so viele Geschichten von Seeleuten gehört, zahlreiche Einblicke gehabt und Fragmente von Tieren untersucht, die aus den Mägen von Pottwalen stammten oder an verschiedene Strände angetrieben wurden. Und doch hat noch keiner diese Kreaturen jemals in ihrem eigenen Reich direkt beobachten und zuverlässige Aufzeichnungen darüber machen können. Wenn es in irgendeinem terrestrischen Lebensraum auf der Erde ein 18 Meter langes Tier gäbe, so wäre es sehr unwahrscheinlich, dass es unserer

Aufmerksamkeit entgehen würde. Den Riesenkalmaren ist es jedoch bisher gelungen, sich sogar den Blicken der hoch motivierten Meereswissenschaftler zu entziehen.

Wir Menschen wissen möglicherweise nicht viel über die Gewohnheiten von *Architeuthis*. Es gibt aber eine Gruppe warmblütiger Säugetiere, die ein großes Gehirn hat und eine Menge darüber weiß. (Ich entschuldige mich für den anthropomorphen Gebrauch des Wortes „wissen" in diesem Zusammenhang; denn wir haben keine Ahnung, was Tiere „wissen" – oder ob sie überhaupt etwas „wissen".) Man weiß, dass der Pottwal, Wissenschaftlern unter der Bezeichnung *Physeter macrocephalus* bekannt, der größte Feind des Riesenkalmars ist. Tatsächlich könnte man die Pottwale als die Erzfeinde sämtlicher Kalmare bezeichnen, genauso wie wir Löwen als Feinde der Zebras ansehen oder den Weißen Hai als Feind der Seelöwen: Sie fressen sie, wenn sie sie kriegen können.

Die Schlacht der Giganten

Während Wissenschaftler noch darüber diskutierten, ob es Kraken überhaupt gibt, wusste eine andere Gruppe von Menschen bereits, dass mit Sicherheit etwas existierte, das auf die frühen Beschreibungen passt. Und viele dieser Leute hatten es tatsächlich schon mit eigenen Augen gesehen. Nordamerikanische Pottwalfänger, die auf der Suche nach dem Pottwal die Ozeane durchstreiften, sahen häufig, wie ihre Beute im Todeskampf große Stücke von irgendetwas wieder ausspie, und holten dann häufig eines dieser Stücke mit der Angel heraus, um es sich näher anzusehen. In seinem Buch *„Whaling and Fishing"* beschrieb Charles Nordhoff 1856 etwas, was Walfänger als „Kalmar" bezeichneten, was jedoch wie er glaubte, eher „eine Riesenspezies eines Tintenfisches" war:

> Das Tier zeigt sich dem Menschen nur sehr selten; an guten Walgründen sieht man aber oft Teile der Tentakel im Wasser treiben. Ich habe solche Teile von den Booten aus untersucht und herausgefunden, dass sie aus einer schmutzig gelben Oberfläche bestehen, unter der sich schleimiges, gallertartiges Fleisch befindet. Bei mehreren Stücken, an die wir zu verschiedenen Zeiten gerieten, als wir in den Booten waren, trugen die meisten Teile auf der Oberfläche so genannte „Saugnäpfe" oder Luftaustauscher, mit denen der gewöhnliche Tintenfisch seine Beute festhalten kann, um die er seine schlangenähnlichen Arme geschlungen hat. Diese dahintreibenden Stücke waren vermutlich von den Walen abgebissen oder abgerissen worden, während sie auf dem Meeresgrund fraßen. Viele von denen, die wir sahen, hatten etwa den Umfang eines Mehlfasses. Wenn dies schon die Größe der Arme ist, von denen sie wahrscheinlich Hunderte haben, jedes besetzt mit Luftaustauschern in der Größe eines Tellers, welche Ausmaße muss dann wohl der gesamte Körper haben, der so gebaut ist?

Das Räuber-Beute-Verhältnis von Pottwal und Riesenkalmar ist von allen bekannten Verhältnissen dasjenige, in dem beide Partner am engsten miteinander verbunden sind. Zwar macht der Pottwal auch auf andere Theutiden Jagd, aber wahrscheinlich gibt es – außer dem Pottwal – kein Tier, das den voll ausgewachsenen Riesenkalmar jagt. Der Riesenkalmar wird oft beschuldigt, die kreisförmigen Narben auf den Köpfen einiger Pottwale verursacht zu haben, entweder beim Versuch, den Wal zu fressen, oder – was wahrscheinlicher ist – im verzweifelten Versuch zu verhindern, selbst gefressen zu werden. (In einem Interview, das Harry Thurston 1989 mit Frederick Aldrich für einen Artikel im *Equinox* führte, sprach Aldrich davon, dass der Riesenkalmar in einer Auseinandersetzung mit dem Pottwal immer der Verlierer ist.) Obwohl viele glauben, *Architheuthis* sei eher schwerfällig und weder kraftvoll noch aggressiv, wird niemals der Widerspruch zwischen solchen Vermutungen und dem nicht auszumerzenden Ruf des Tieres gesehen, es sei ein menschenfressendes, nach Schiffen grapschendes und mit Walen ringendes Monster. Es gehört lange Zeit zu den Geschichten um den Pottwal, dass dieser in sagenhafte Tiefen abtauchen muss, um dort den Riesenkalmar, seine Lieblingsbeute, zu suchen. Die Größe und angebliche Wildheit von *Architheuthis* lieferte mehr als genug Stoff für kreative Schreiber oder Naturforscher mit blühender Phantasie, und auch in Zukunft wird es immer wieder Berichte über Titanenkämpfe zwischen dem Kalmar und seinem Erzfeind, dem Pottwal, geben.

Als die *Pequod* nordöstlich von Java segelt, sieht der Harpunist Daggoo in „Moby Dick" von seinem Ausguck im Hauptmastkorb aus ein „eine seltsame Erscheinung":

> Schwer hob sich in der Ferne ein großer weißer Körper, und hob sich höher und höher und löste sich aus dem Blau, bis er endlich vor unserem Bug schimmerte wie eine eben zu Tal gestürzte Lawine. So leuchtete er einen Augenblick auf, erlosch dann langsam und versank. Und wieder tauchte er empor und glänzte still.

Sie ließen die Boote zu Wasser und „staunten stumm das wunderbarste Wesen an, das die verschwiegenen Meere je der Menschheit offenbarten":

> Eine ungeheure schlüpfrige Masse, wohl an die zweihundert Meter lang und breit, von sahnig weißem Glanz, trieb auf dem Wasser; unzählige lange Arme strahlten von ihrer Mitte aus und schlangen und wanden sich wie ein Knäuel Anakondas, als wollten sie blindlings jedes unselige Geschöpf ergreifen, das sich in ihre Reichweite verirrte. Kein Vorn und Hinten, kein Gesicht war erkennbar, kein fassliches Zeichen von Empfindung oder Instinkt: Vor uns auf den Wellen schlängelte sich ein gespenstisch formloses, wesenloses Stück Leben, unergründbar wie der Zufall.

In der gewaltigen, geheimnisvollen Erzählung von Herman Melville sieht man gemeinhin die höchste Vollendung amerikanischer Literatur, den großen amerikanischen Roman. Sie wurde als Klagelied auf die Demokratie bezeichnet,

Am Ende des Kapitels „Der Kraken" zeichnete Rockwell Kent in der Ausgabe von Moby Dick aus dem Jahre 1930 eine gespenstische Erscheinung an den Himmel.

als Traktat über das Wesen der Religion, als eine Untersuchung der Beziehung des Menschen zur Natur, als Konflikt zwischen den ewigen Kräften des Guten und des Bösen. Weil Melville den Walfang aus eigener Anschau-

ung kannte (er fuhr 1837 auf dem Walfangschiff *Acushnet* aus New Bedford mit), findet man in *„Moby Dick"* außerdem die beste Beschreibung vom Walfang in Nordamerika im 19. Jahrhundert, die je aufgezeichnet wurde. Es ist natürlich Fiktion, aber die naturgeschichtlichen Schilderungen und die Darstellung des Walfangs, die Melville in seine Geschichte einarbeitete, sind so exakt wie die eines Biologen aus dem 19. Jahrhundert – und dabei sehr viel besser geschrieben. Wenn daher die Walfänger irgendetwas über Riesenkalmare gewusst hätten, so hätte es Melville in *„Moby Dick"* erwähnt. Er schrieb: „Von einigen Naturforschern, die unklare Gerüchte über diese geheimnisvolle Kreatur, den Zehnfüßer, vernommen haben, wird er in die Klasse der Tintenfische eingeordnet; und in manchen äußeren Bezügen scheint er wirklich zu diesen zu gehören – dann allerdings als der Enak des Geschlechts."*

Reverend Henry Cheever, der an Bord des Walfangschiffes *Commodore Preble* mitsegelte, schrieb im Jahre 1859 ein Buch mit dem Titel *„The Whale and His Captors"*; die meisten „Fänger" besaßen natürlich eine Harpune. Cheever lieferte dennoch eine Darstellung (die er nicht selbst miterlebt hat, die aber „im Jahre 1818 vor einem Friedensgericht in Kinebeck, Maine, unter Eid ausgesagt wurde") von etwas, das anscheinend eine Begegnung zwischen einem Pottwal und einem Riesenkalmaren war:

> Die Schlange warf ihren Schwanz fünfundzwanzig bis dreißig Fuß [7,50-9 Meter] senkrecht in die Höhe und versetzte damit dem Wal zwei oder drei Minuten lang schnell und wiederholt gewaltige, sehr laute Schläge, die man deutlich hören konnte. Dann verschwanden alle beide in südwestlicher Richtung, erschienen jedoch nach ein paar Minuten erneut, mehr

---

* Im Alten Testament (Numeri 13:33) ist Enak der Vater eines Volkes von Riesen, das die Israeliten während ihres Auszugs aus Ägypten bedroht.

küstenwärts vom Paketboot und beinahe direkt im Sonnenlicht. Die Reflektion der Sonne war so stark, dass man die beiden nicht so genau erkennen konnte wie beim ersten Mal. Die Schlange schlug jedoch erneut fürchterlich mit ihrem Schwanz und man konnte die Schläge wieder genauso deutlich hören wie zuvor. Erneut tauchten sie für eine kurze Weile unter und kamen dann unter der Backbordseite des Paketbootes wieder an die Oberfläche. Der Wal erschien zuerst, gefolgt von der Schlange, die – wie man sehen konnte – ihren Schwanz wie zuvor hochwarf. Sie streckte ihn einige Zeit aus dem Wasser und schwenkte ihn in der Luft, bevor sie zuschlug. Gleichzeitig tauchte, als ob sie einen Blick auf die Meeresoberfläche werfen wollte, auch ihr Kopf auf, der 15-20 Fuß [4,5-6 Meter] maß. Nachdem wir sie ein paar Minuten in dieser Position beobachtet hatten, verschwanden Schlange und Wal erneut und wurden von keinem an Bord mehr gesehen. Kapitän West zufolge versuchte der Wal zu fliehen, da er nur einmal Wasser ausgeblasen hatte, als er an die Oberfläche kam. Als er das letzte Mal erschien, tauchte er unter, bevor die Schlange hoch kam.

Da man in Wirklichkeit den Kopf von *Architeuthis* nicht sehen kann, wenn das Tier im Wasser ist, handelt es sich offensichtlich beim „Kopf“ und „Schwanz“ des Geschöpfes um die Tentakel eines Riesenkalmars, die für die beiden Enden einer Seeschlange gehalten wurden.

Wenn die Schlacht auf der Oberfläche tobt und es Leute gibt, die sie beobachten, kann man vielleicht eine Vorstellung davon bekommen, wie ein solcher Kampf tatsächlich aussieht. Am 8. Juli 1875 sahen die Besatzung und die Offiziere der Bark *Pauline* einen Kampf zwischen einem Pottwal und einem nicht identifizierbaren Etwas. Wie später in den *Illustrated London News* berichtet wurde, war Kapitän George Drevar etwa 20 Meilen von *Cape San Roque* (Brasilien) entfernt, als die *Pauline* auf „eine enorme Seeschlange“ stieß, „die zweimal um einen riesigen Pottwal gewickelt war.“ Die „Seeschlange“ besiegte Drevars Erzählung zufolge den Wal und zog den unglückseligen Walfisch unter die Oberfläche, „wo er zwei-

fellos in Ruhe von der Schlange verschlungen wurde.“ Eine Woche später befand sich Kapitän Drevar noch am selben Breitengrad, allerdings 89 Meilen von der Küste entfernt, als er „er-staunt dasselbe oder

In der Ausgabe von Moby Dick aus dem Jahre 1930 zeichnete Rockwell Kent diese sonderbare Darstellung eines Riesenkalmars an der Oberfläche.

ein ähnliches Ungetüm erblickte. In waagerechter Position zogen sein Kopf und etwa 40 Fuß [12 Meter] seines Körpers am Heck unseres Schiffes vorbei." Drevar meinte, das Maul der Schlange sei „immer offen" gewesen; davon einmal abgesehen, erinnert das Geschöpf sehr an einen Riesenkalmar. (Heuvelmans, der immer nach verlässlichen Berichten über Seeschlangen sucht, folgert aus der Beschreibung, dass man auf Grund des offenen Mauls und der Färbung einen Kalmar ausschließen kann; er schreibt, dass es sich um eine Schlange oder eher noch um einen riesigen Aal gehandelt haben muss; Aale entfalten seiner Meinung nach „beim Würgen Riesenkräfte"; das ist jedoch mit Sicherheit falsch. [1965])

Der Schriftsteller Frank Bullen (1857-1915), der wie Melville von Walen fasziniert war, hatte keine Bedenken, eine Begegnung zwischen einem Kalmar und einem Wal zu beschreiben. In Bullens Erzählung *The Cruise of the Cachalot"* wimmelt es von unglaublich theatralischen Episoden über Mut, der in der Regel sein eigener war, und weitgehend unwahrscheinlichen Verhaltensweisen verschiedener Tiere; die meisten Historiker halten sein Buch mehr für einen Roman als für eine Tatsachenbeschreibung. Nichtsdestotrotz bietet es eine sehr lebendige Schilderung eines Kampfes zwischen zwei gigantischen Raubtieren; hier ein Abschnitt daraus:

Ein sehr großer Pottwal war in einen tödlichen Kampf mit einem Tintenfisch oder Kalmar verstrickt, der beinahe so riesig war wie er selbst und dessen endlose Tentakel den immen-

1875 sahen Beobachter an Bord der Bark Pauline vor Brasilien, was sie für einen Kampf zwischen einer Seeschlange und einem Pottwal hielten. Abgesehen von dem Auge kann man sich die „Schlange" leicht als den Tentakel eines Riesenkalmars vorstellen.

sen Körper des Pottwals ganz umschlungen zu haben schienen. Insbesondere der Kopf des Wals sah so aus, als sei er völlig in ein Flechtwerk sich windender Arme eingesponnen – vermutlich deshalb, weil der Wal den Schwanz des Mollusken im Maul hatte und gerade dabei war, ihn geschäftsmäßig nüchtern und methodisch durchzusägen. Seitwärts des schwarzen, wie eine Säule geformten Walkopfes sah man den Kopf des großen Kalmars, so Grauen erregend wie die Halluzination aus einem Albtraum. Als ich versuchte, seine Größe so genau wie nur möglich abzuschätzen, war er mindestens so groß wie eines unserer Fässer, das 350 Gallonen* fasste. Er könnte allerdings auch genauso gut etliches größer gewesen sein – und war es wahrscheinlich auch. Die Augen waren wirklich bemerkenswert, groß und schwarz, sodass sie im Kontrast mit der bläulich-weißen Färbung des Kopfes besonders eindrucksvoll aussahen. Sie maßen mindestens einen Fuß im Durchmesser und sahen unter diesen Umständen äußerst unheimlich und gespenstisch aus.

Bullens Erzählung, die 1898 veröffentlicht wurde, scheint der von Melville einiges zu verdanken, besonders was die Färbung des Kalmars angeht. (In Melvilles Novelle ist der lebende Kalmar geisterhaft weiß gefärbt. Der Harpunist Daggoo hält ihn tatsächlich fälschlicherweise für Moby Dick und ruft laut: „Da! Da wieder! Da steigt er! Rechts voraus! Der Weiße Wal! Der Weiße Wal!") Mit welchen Tricks Bullen arbeiten musste, um seine Geschichte spannender zu machen, zeigt der Schauplatz der Handlung: Der Tintenfisch und der Wal tragen ihren gewaltigen Kampf im Mondlicht aus.

Als Victor Scheffer, ein angesehener Meeresbiologe, in *„The Year of the Whale"* als Wissenschaftler von einem Aufeinandertreffen eines Pottwals mit einem Riesenkalmar berichtete, verlieh seine wissenschaftliche Reputation seinen Worten Gewicht. Trotzdem beschrieb er eine Begegnung, die weder er noch irgendjemand sonst je bezeugt oder bestätigt hat:

Der Druck liegt jetzt bei 100 Tonnen pro Quadratfuß; das Wasser ist tödlich kalt und still. In einer Tiefe von 900 Metern fängt er sich ab und beginnt nach Beute zu suchen. Das Echolot in seiner riesigen Vorwölbung arbeitet auf vollen Touren. Innerhalb einer Viertelstunde registriert er eine attraktive Echofolge und wendet sich rasch nach links, dann wieder nach rechts. Plötzlich prallt er auf eine nur schemenhaft zu erkennende zähe, pulsierende Wand. Das akustische Signal zeigt das Zentrum von Etwas an. Wie ein Tor öffnet er schwungvoll seinen Unterkiefer mit den 60 Zähnen, ergreift seine Beute, hält sie sicher in seinem Maul und schießt an die Oberfläche. Er hat einen nicht ganz ausgewachsenen Riesenkalmar geschnappt: 9 Meter lang, 135 Kilogramm schwer. Der Kalmar windet sich in Qualen und versucht an seinem Eroberer zu zerren und zu ziehen, aber seine

---

* Eine Gallone entspricht 3,785 Liter.

Saugtentakel gleiten an dem glatten, dahinschießenden Körper ab. Als sein Papageien-schnabel den Kopf des Wals erreicht, schnappt er zu und reißt einen kleinen glatten Brocken schwarzer Haut mit weißem, fasrigem Gewebe heraus ... Der Wal zermalmt das Lebenszentrum des Kalmars, dessen graue Tentakel sich wie zerstückelte Schlangen obszön wringen und drehen ... Nun dreht der Bulle das tote Tier mit Leichtigkeit, zermalmt es in Muße zu mundgerechten Happen, jeder etwa in Fußballgröße, die er mit seiner mus-kulösen Zunge mechanisch in seine Kehle stopft.

Abgesehen von dem Teil, in dem der Wal den Kalmar in mundgerechte Hap-pen zermalmt – Victor Scheffer muss wissen, dass die Kiefer des Wals dafür nicht geeignet sind –, läuft es wahrscheinlich genau so ab, wenn ein Wal einen Kalmar fängt. Der Kalmar könnte ein bisschen mehr kämpfen und ihm stehen nicht nur „Saugtentakel" zur Verfügung, um die Haut des Wals zu packen: Seine mit schar-fen Sägezähnen ausgestatteten Saugnäpfe können sich tief in die empfindliche Haut des Wals eingraben.

Riesenkalmare und Pottwale leben bekanntlich beide in norwegischen Gewäs-sern; ein Kampf der Kolosse ist durchaus im Rahmen des Möglichen. In „*Norges Dyreliv*" (Das Leben der Tiere in Norwegen) erzählt Einar Koefoed eine Geschich-te über die Schlacht der Titanen:

> Ein norwegischer Walfänger sah einmal einen großen Wal, der den Körper eines Riesen-kalmars zwischen seinen Zähnen hatte ... Der Riesenkalmar hatte seine Tentakel, die so dick wie Seile waren, um den Kopf des Wals geworfen, sodass dieser seinen Kiefer nicht öffnen konnte. Plötzlich ließ der Kalmar los und der Wal tauchte unter. Nach einer Weile kam er erneut an die Oberfläche – mit dem zerquetschten Kalmar im Maul.

Es gibt nur sehr wenige zeitgenössische Berichte von Kämpfen zwischen einem Riesenkalmar und einem Pottwal. Als kurz vor Ausbruch des zweiten Weltkriegs J. W. Wray gerade vor den Kermadec Islands (nördlich von Neu-seeland) segelte, bemerkte er, dass es im Wasser eine Bewegung gab. Wie er in der Geschichte in „*South Sea Vagabonds*" erzählt, segelte er hinüber, um die Ursa-che ausfindig zu machen. „Da kam zu unserem Erstaunen ein riesiger, fast 8 Meter langer Tentakel aus dem Wasser heraus, wedelte einen Augenblick herum und schlug dann wieder in das Wasser zurück. Einige Sekunden später blieb uns das Herz vor Schreck stehen, als der vordere Teil eines riesigen Wals knapp 30 Meter weit aus dem Wasser emporschoss: Ein wirklich abscheulicher Rie-senkrake hatte sich um seinen Kopf gewunden und seine enormen Tentakel peitschten das Wasser ... Zwei größere Tentakel tauchten auf und veranstalte-ten ein Schrecken erregendes Spektakel auf dem Wasser." Obwohl Wray das Tier als Krake bezeichnet, spricht die Länge der Tentakel für einen Riesenkalmar, und der Kampf mit dem Wal (der zwar nicht näher benannt wird, aber in einem Gebiet vorkommt, das für Pottwale bekannt ist) lässt vermuten, dass es sich um die altbekannten Kontrahenten handelt.

1887 veröffentlichte der dänische Zoologe August Fjelstrup einen Artikel, in dem er diverse runde Markierungen auf den Köpfen von Grindwalen als Rudimente von Sinnesvibrillen oder Barthaaren beschrieb. Fjelstrup zitierte auch aus Frederick Debell Bennetts „*Narrative of a Whaling Voyage Round the Globe*" aus dem Jahre 1840, in der Bennett über den Grindwal schrieb: „Auf dem Kopf und vor allem rund um die Lippen zeichnen sich auf der Haut verstreut viele Kreise ab, von denen jeder etwa die Größe eines Sixpence-Stückes hat; sie bestehen aus einer einzigen Reihe kleiner, vertiefter Punkte, die wohl eine Anlage zur Ausbildung von Sinnesvibrillen darstellen könnten." Offensichtlich stimmten viele Zoologen des 19. Jahrhunderts mit Fjelstrup und

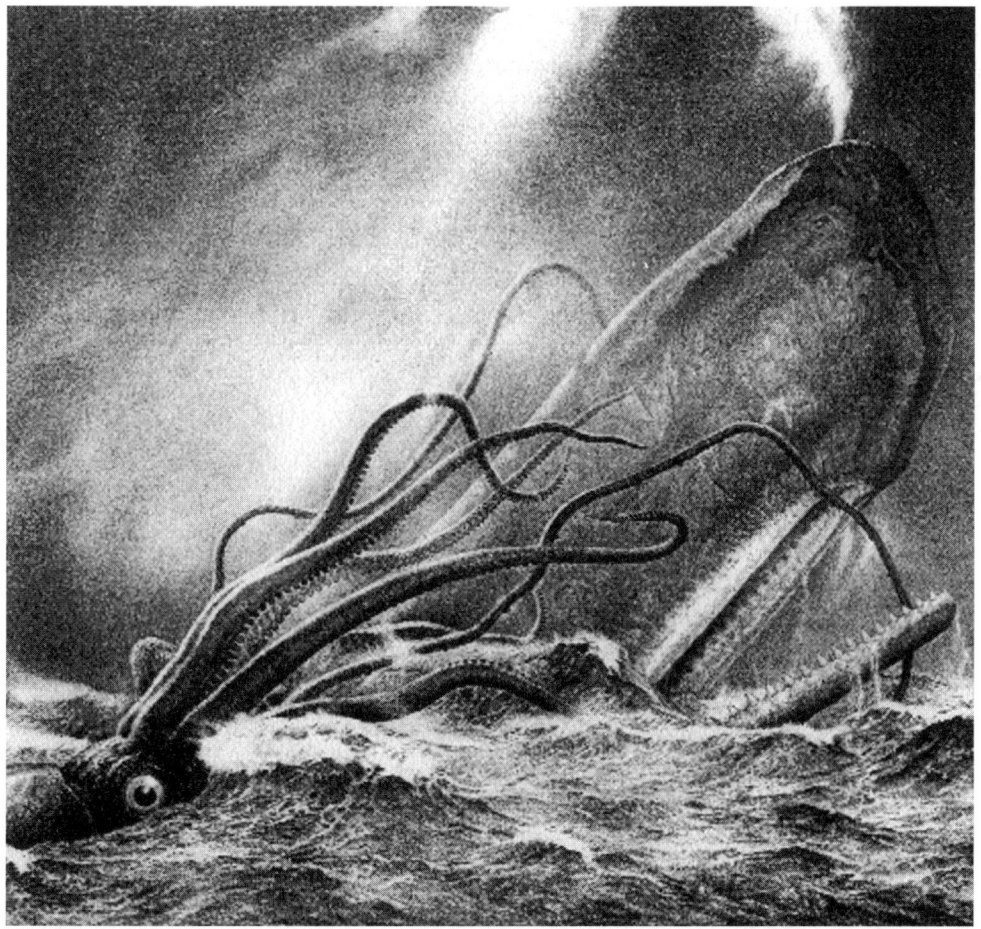

Diese beiden Giganten treffen mit größerer Wahrscheinlichkeit in der Tiefe aufeinander. Aber um die beiden Kontrahenten vergleichen zu können, zeichnete Glen Loates den Pottwal und den Riesenkalmar an der Meeresoberfläche.

Bennett überein, und obwohl nie ein Grindwal mit Sinnesvibrillen gefunden wurde, gab es keine bessere Erklärung.

Als Säugetiere haben viele Wale in gewissen Lebensstadien Haare, die sich in der Regel im Gesicht befinden. Finnwale haben vorne am Unterkiefer einige Haare und die „Hautknoten" in den Gesichtern von Buckelwalen, die mit Ofenbolzen verglichen wurden, sind in Wirklichkeit Haarfollikel. Aber weder bei Grindwalen noch bei Pottwalen, den Tieren mit den mysteriösen kreisförmigen Narben rund um ihre Mundöffnung, wachsen aus den Kreisen Haare heraus. Ein anderer Däne kam auf eine Antwort, die mehr der Realität entspricht als Wale mit Barthaaren. Adolf Jensen von der Universität Kopenhagen schrieb eine kleine Abhandlung „Über einige falsch verstandene Kennzeichen auf der Haut von Caaing-Walen"*; er beobachtete, dass bei Pilotwalen, von denen bekannt ist, dass sie Kalmare fressen, diese Zeichen offensichtlich „Abdrücke der Saugnäpfe des zehnarmigen Tintenfisches in der Haut des Wals darstellen." Jensen machte als Verursacher *Architeuthis*, *Onychoteuthis* und auch *Ommastrephes* aus, obwohl er erkannte, dass sich Grindwale normalerweise von den kleineren, und nicht so sehr von den größeren Kalmararten ernähren.

Gefangene Pottwale sind oft von runden Narben übersät, die sehr den Malen ähneln, die die Saugnäpfe an den Fangarmen von Riesenkalmaren hinterlassen. Seit bekannt ist, dass diese Wale Kalmare aller Größen fressen (allerdings meist kleinere als *Architeuthis*), kann man mit Recht annehmen, dass diese Narben von Kalmaren stammen, die sich nicht freiwillig von Walen fressen lassen wollen.

In *„Body Scarring on Cetaceans – Odontocetes"*, einem Artikel, der in den *Scientific Reports of the Whales Research Institute* aus dem Jahre 1974 veröffentlicht wurde, schlug Charles McCann mehrere Theorien vor, wie es zu diesen Narben auf den Köpfen verschiedener Wale kommen könnte. Dabei erwähnte er auch einige wunderliche Beobachtungen über Pottwale und Kalmare, die – soweit ich weiß – nirgendwo sonst erschienen sind. Er schrieb:

> Der riesige Kopf des Pottwals macht etwa ein Drittel der Gesamtlänge des Tieres aus. Er besitzt ein Polster aus Walrat, einer bereits erwähnten wachsähnlichen Substanz. Vermutlich wirkt dieses Polster als Stoßdämpfer, wenn das Tier seinen Kopf beim Angriff und zur Verteidigung als Rammbock benutzt. Darüber hinaus dient die stattliche Reihe großer Zähne

---

* In verschiedenen nördlichen Ländern bezeichnete man den Pilotwal (Globicephala spp.) als ca'ing-, caa'ing- oder caaing-Wal. Woher dieser merkwürdige Name stammt, ist unbekannt. Es scheint aber etwas mit „calling" zu tun zu haben. Sir Francis Fraser, ein angesehener Walkundler des British Natural History Museum, war damit nicht einverstanden: „Es muss festgestellt werden, dass der schottische Name caa'ing-Wal mit der Ausübung des Treibens oder Hütens von Tieren und nichts mit ‚calling' oder irgend einer Art von Rufen zu tun hat" (Norman und Fraser 1938).

als Verteidigungs- und Angriffswaffe; sie werden zum Greifen benutzt, wenn es darum geht, mit den großen, schlüpfrigen Cephalopoden, besonders dem Riesenkalmar, fertig zu werden, der einen Großteil der Nahrung des Pottwals ausmacht.

Bei einigen der größeren Cephalopoden könnte man vermuten, dass der Pottwal seinen Kopf einsetzt, um auf die Kalmare einzutrommeln, nachdem er sie mit seinem Maul gepackt hat (den fliehenden Kalmar, der, wie es seine Gewohnheit ist, sich rückwärts bewegt, würde er bei den Tentakel ergreifen). Beweise für die Kämpfe mit großen Cephalopoden sind die Abdrücke in der Gesichtsregion der Pottwale.

Das Bild eines Pottwals, der einen Kalmar bei den Tentakel gepackt hat und ihn auf dem Meeresgrund verprügelt, ist tatsächlich ungewöhnlich, ebenso wie dasjenige des Wals, der auf den hilflosen Kalmar mit seinem Kopf als Rammbock „eintrommelt". Wir wissen noch immer nicht genau, wie Wale Kalmare fangen, aber McCanns „Vermutungen" sind zu absurd, um ernst genommen werden zu können.

In „Depths of the Ocean" von 1912 machte Johann Hjort eine der am häufigsten zitierten – und auch falsch zitierten – Bemerkungen über den Riesenkalmar. Im Jahre 1902 befand sich Hjort im Nordatlantik an Bord des Forschungsschiffes Michael Sars, als sie auf einen kleinen Riesenkalmar trafen, der nördlich der Faroer-Inseln tot auf der Meeresoberfläche trieb. Es gab nichts Spektakuläres an dieser Beobachtung, Hjort schrieb jedoch: „1903 hatte ich in Island die Gelegenheit, eine interessante Beobachtung zu machen, die die gigantischen Ausmaße dieser Kalmare zeigt." Das Schiff besuchte die Walstation bei Mjofjördur, wo sich gerade zwei getötete Wale befanden, ein Pottwal und ein Glattwal. Hjort berichtete:

> Als ich den Kaschelott [Pottwal] inspizierte, sah ich rund um sein enormes Maul etliche lange parallele Streifen, die bei näherer Betrachtung aus einer großen Anzahl kreisförmiger Narben von etwa 27 Millimeter Durchmesser bestanden ... Es fiel mir ein, dass diese Narben von den Saugnäpfen eines Riesenkalmars stammen müssten, und indem ich diesen Gedanken weiter verfolgte, fand ich im Maul des Wals ein Stück eines Kalmartentakels mit einem maximalen Durchmesser von 17 Zentimetern.

In Hjorts Buch gibt es ein Bild von der „Haut eines Kaschelotts mit Zeichen eines Kampfes mit Architeuthis in natürlicher Größe". Die Narben, die Hjorts Messung zufolge 27 Millimeter groß waren, zeigten einen Durchmesser von gut 2,5 Zentimetern, auf der Photographie maß die größte etwa 2,5 Zentimeter im Durchmesser. Dieses Bild wird in beinahe jeder Diskussion über Pottwale und Kalmare gezeigt, aber irgendwie hat der Durchmesser der kreisförmigen Narben unmögliche Ausmaße angenommen, vielleicht weil die 27 Millimeter brei-

ten Narben und die 17 Zentimeter Durchmesser des Tentakels durcheinander-
gebracht werden.*

Clarke zufolge (1980) stammen die größten kreisförmigen Narben auf den
Walköpfen von *Architeuthis*, dem Kalmar mit den größten Saugorganen. Er
schrieb: „Ich habe bis jetzt noch keinen schlüssigen Beweis dafür gesehen, dass
Narben von Saugnäpfen einen größeren Durchmesser als 3,7 Zentimeter haben.“
1872 maß Reverend Harvey die Saugnäpfe der Exemplare aus Bonavista Bay und
kam auf einen Durchmesser von 6,3 Zentimetern, und L. Harrison Matthews
schrieb in seiner Pottwal-Monographie: „Beinahe alle männlichen Pottwale tragen Narben, die von den Saugnäpfen und Krallen großer Kalmare stammen. Diese
Narben haben normalerweise einen Durchmesser von etwa 10 Zentimetern. Die
Abdrücke der Krallen haben die Form von zwei bis drei Meter langen Kratzern
und scheinen häufiger zu sein als die Abdrücke von Saugnäpfen.“**

Trotz des dramatischen Bildes von gigantischen Cephalopoden mit tücki-
schen Krallen auf ihren Tentakel, sind die „Krallen“ der großen Kalmare nicht
annähernd so furchterregend wie die Autoren der Kalmar-Romane uns glauben machen wollen. Viele dieser Krallen sind mit modifizierten Saugnäpfen
bestückt, da sie sich „immer aus Saugorganen entwickeln, indem sich ein oder
vereinzelt auch zwei Zähne [auf dem Rand des Saugnapfes] ungleich verlän-
gern, krümmen und längs auffalten“ (Nesis 1982). In der Originalbeschreibung von *Mesonychotheutis* (den beiden Exemplaren, die man in den Mägen von
Pottwalen in der Nähe der südlichen Shetland-Inseln fand) gibt G. C. Robinson, die Länge des größten Hakens mit 2,5 Zentimetern und seine Breite mit
etwa 0,6 Zentimetern an.*** In seiner Beschreibung eines großen Exemplares
von *Moroteuthis*, das 1896 bei Unalaska in den Aleuten an Land geschwemmt
wurde, bemerkte D'Arcy zu den Haken: „Die größten, die sich in der Mitte der
verdickten Tentakelenden befinden, sind etwa 1,6 Zentimeter lang und an der
Basis 0,8 Zentimeter breit.“

---

* Im Folgenden sollen ein paar der besonders unglaublichen Beispiele angeführt werden: Im Time-Life-Buch „*Dangerous
Sea Creatures*“ von T. A. Dozier lesen wir, dass „ein gewöhnlicher Riesenkalmar von 15 Metern auf einem Wal Abdrücke
seiner von Zähnen umgebenen Saugnäpfe hinterlässt, deren Durchmesser zwischen 7 und 10 Zentimeter lag, man aber
auch Pottwale mit Tentakelabdrücken von 45 Zentimetern Durchmesser gefangen hat.“ Im „*The Guiness Book of Animal
Facts and Feats*“ schrieb Gerald Wood, dass „auf der Haut von Pottwalen, die man im Nordatlantik gefangen hat, Narben
gefunden wurden, die bis zu 13 Zentimeter groß waren“, und Willy Ley, der es eigentlich besser wissen müsste, schreibt
in *Exotic Zoology*: „Eine andere Quelle spricht von Abdrücken auf der Haut eines solchen Wals von einer Saugnapfscheibe
be mit über 60 Zentimeter Durchmesser.“
** Matthews Angabe von 10 cm ist so viel größer als jeglicher anderer Saugnapf, von dem bisher berichtet wurde, dass
man von einem Fehler entweder bei der Messung selbst oder bei der Abschrift ausgehen muss.
*** Ich schrieb an Kir Nesis in Moskau und fragte ihn nach der Krallengröße verschiedener Kalmararten. Nesis antwortete: „Eine Länge von 20 bis 25 Millimetern ist jedoch gar nicht so klein. Dr. Yulia Filippova, eine bekannte russische Wissenschaftlerin am VNIRO (Russian Federal Research Institute of Fisheries and Oceanography), die sich auf Kalmare spezialisiert hat, hat eine Halskette aus Mesonychotheuthis-Haken – sehr beeindruckend!“

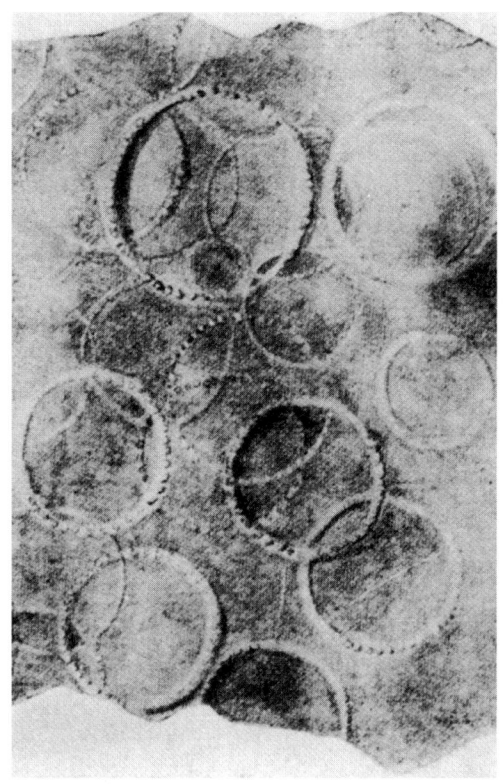

Photo von der Haut eines Pottwals mit den Abdrücken von den Saugnäpfen eines Kalmars. Im Original haben die Kreise einen Durchmesser von etwa 2,5 Zentimetern; die Größe wird jedoch in der Regel übertrieben, um so zu tun, als wären die Saugorgane viel größer.

Architeutis besitzt im Gegensatz zu anderen großen Kalmaren keine Krallen. Tatsächlich sind einige der beliebtesten Leckereien auf dem Speisezettel von Walen mit Krallen ausgestattet; die Abneigung solcher Spezies wie *Moroteuthis*, *Mesonychoteuthis* und *Taningia*, verschluckt zu werden, könnte eine Erklärung für einige der Kratzer sein.

Mit der bisher bekannten Maximallänge von 5,80 Meter gehört *Moroteuthis robustus* zu den größten Kalmaren. (Es gibt mindestens vier weitere Arten der Gattung *Moroteuthis*: *M. ingens*, *M. robsoni*, *M. loennbergii* und *M. knipkovitchi*. Keine von ihnen wird derart groß, aber alle besitzen an ihren verdickten Tentakelenden charakterischerweise Haken oder Krallen.) Darüber hinaus gibt es einen antarktischen Kalmar, *Kondakovia longimania*, der *Moroteuthis* ähnelt, jedoch Haken und Saugnäpfe auf seinen Tentakelkeulen hat, während *Moroteuthis* dort nur Haken aufweist.

Moroteuthis robustus kennt man nur unter seiner wissenschaftlichen Bezeichnung, manchmal wird er jedoch auch „Pazifischer Riesenkalmar" genannt. (Roper, Sweeney und Nauen nennen ihn in ihrem Buch *„Cephalopods of the World"*, dem dritten Band des Artenkatalogs der FAO, sehr umständlich *„robust club-hook squid"* – eine Bezeichnung, die sich wahrscheinlich nie einbürgern wird.) Zusätzlich zu den Schwanzflossen hat *M. robustus* noch einen spitzen „Schwanz", der über die Flossen hinausragt. Sein Verbreitungsgebiet umfasst den Bereich des Nordpazifiks von Kalifornien bis Japan, einschließlich Alaskas und der Aleuten.* In diesen Gewässern stößt man auch auf *Architeuthis*:

---

* In Japan kennt man *Moroteuthis* unter dem Namen *nyudoo-ika*. Grob übersetzt hieße das „Mönchs[oder Mann mit einem rasierten Kopf]-Kalmar", vielleicht weil jemand eine Ähnlichkeit zwischen dem Mantel und der Tonsur eines Mönches bemerkt hat. (Siehe dazu die Diskussion um den *Monachus marinus* oder „Seemönch" in europäischen Gewässern auf S.67 f.

Auf der Karte seines Verbreitungsgebietes im FAO-Katalog sind alle gemäßigten und tropischen Gewässer der Welt schraffiert; nur im Nordpazifik wird er selten gesichtet. Wenn daher in diesem Gebiet ein sehr großer Kalmar registriert wird, dann ist es sehr wahrscheinlich eher *Moroteuthis* als *Architeuthis*. Als W. H. Dall von der Smithsonian-Institution 1873 einige Cephalopoden der Aleuten beschrieb, gab er an, in Unalaska sei eine Anzahl „Riesentintenfische" an Land geschwemmt worden. Einer davon, war „vielleicht ein *Onychoteuthis bergi*, ein Exemplar, das vom Hinterende des Körpers bis zu den verstümmelten Enden der Tentakel 2,8 Meter maß, einen Körperumfang von etwa 90 Zentimetern aufwies und fast 90 Kilogramm wog." In diesem Gebiet findet man einen Kalmar, der unter der Bezeichnung *Onychoteuthis borealijaponica* bekannt ist. Dieser erreicht jedoch höchstens eine Mantellänge von 38 Zentimetern; daher war die von Dall beschriebene Spezies wahrscheinlich ein *Moroteuthis*.

In seinem nordpazifischen Verbreitungsgebiet ist *Moroteuthis robustus* bekanntermaßen die Lieblingsspeise der Pottwale. Denn dieser Bereich des Nordpazifiks war Mitte des 20. Jahrhunderts der bevorzugte Jagdgrund japanischer und russischer Pottwalfänger, die mehr als genug Gelegenheit hatten, den Mageninhalt von Walen, die sie an Bord ihrer Fabrikschiffe hievten, zu untersuchen.* In einer Studie über Kalmare, die man in der Beringsee und dem Golf von Alaska aus den Mägen von Pottwalen herausgeholt hatte, fanden Okutani und Nemoti heraus, dass in diesen Gewässern *Moroteuthis* die Lieblingsspeise der Pottwale bildete. Wörtlich schrieben sie: „Auf Grund ihrer enormen Größe, ihrer rötlichen Sprenklung und ihrer welligen Haut ist diese Spezies bei der Feldbeobachtung an Bord eines Fabrikschiffes leicht auszumachen. Eines der Exemplare, die wir mitbrachten, hatte eine Rückenlänge von insgesamt etwa 700 Millimetern." (*Riesige Größe* scheint ein relativer Begriff zu sein.)

Man nimmt an, dass der Pazifische Riesenkalmar in Meeresgrundnähe in 200-600 Metern Tiefe lebt, obwohl Berichten von Hochberg und Fields zufolge „man gelegentlich beobachten kann, dass er an der Meeresoberfläche schwimmt oder an der Brandungslinie strandet."

„Die Mägen von Pottwalen, die in Kalifornien und British Columbia gefangen wurden", schrieb Dale Rice 1978, „enthalten vor allem den großen Kalmar

---

* Die Blütezeit der kommerziellen Walfangindustrie waren nicht, wie viele Leute glauben, die Tage der hochaufgetakelten Walfänger aus Nantucket und New Bedford, sondern die 60er Jahre des 20. Jahrhunderts, als die Sowjets und die Japaner jedes Jahr mehr Pottwale töteten als die gesamte nordamerikanische Walfangflotte in einem jahrhundertelangen Gemetzel. Allein 1965 wurden im Nordpazifik 23.000 Pottwale getötet, während bei der Fischerei der Nordstaatler im Laufe ihrer gesamten Geschichte vermutlich nicht mehr als 20.000 Wale auf der Strecke blieben. (Townsend 1935).

Moroteuthis robustus. Ich habe Exemplare vermessen, die von der Schwanzspitze bis zum Vorderrand des Mantels bis zu 1,3 Meter und bis zur Tentakelspitze 3,5 Meter lang waren." Wie bei *Architeuthis* sind auch im Muskelgewebe dieser Art die Natriumionen durch Ammoniumionen ersetzt, die für die geringe Dichte und den bitteren Geschmack sorgen. (Pottwalen macht der leichte Ammoniakgeschmack offenbar nichts aus; einige ihrer Lieblingsspeisen wie *Architeuthis* und *Moroteuthis* stinken geradezu danach. Da aber Pottwale weder Geschmacksknospen noch einen Geruchssinn besitzen, beeinträchtigt ein bisschen Ammoniak ihre Essgewohnheiten nicht im Geringsten.) Tatsächlich ist der Ammoniumgehalt (nicht der vorhandene Geschmack) dieser Kalmare einer der Faktoren, die zur ihrer Beliebtheit auf dem Speisezettel der Pottwale beitragen. Die ammoniakhaltigen Kalmare werden ohne Kraftaufwand vom Wasser getragen und können daher völlig bewegungslos in der Wassersäule stehen. Die Gewohnheit der Kalmare, regungslos an Ort und Stelle zu bleiben, könnte mit der Art, wie Wale jagen, in Zusammenhang stehen. (Es muss leichter sein, etwas zu fangen, das still steht, als etwas, das dahin und dorthin flitzt.)

In der Pottwalfangsaison 1963/64 in Neuseeland hat der Walforscher David Gaskin 133 Kadaver untersucht. Er fand heraus, dass beim Auswiegen der frischen Kalmararten in den Mägen der Pottwale 74,8 Gewichtsprozent von Kalmaren der Gattung *Moroteuthis* stammten (wahrscheinlich *M. ingens*, eine große Kalmarart aus den Meeren rund um die Antarktis, die eine Mantellänge von 90 Zentimeter erreicht). Als Gaskin und Martin das Flensdeck auf der *Tory Channel*-Walfangstation überquerten, bemerkten sie, dass die Kalmare „bläulichweiß leuchteten und dieses Leuchten viele Meter weit zu sehen war." Da diese Lumineszenz „in den Händen verschwand" und daher nicht von speziellen Leuchtorganen hervorgebracht wurde, schlossen sie, dass sie eine „Eigenschaft der schleimigen Außenhaut der Kalmare war oder ... von einzelligen Organismen stammte, die in Suspension gehalten wurden." Viele Tiere aus der Tiefsee – Siphonophoren, Stachelhäuter, Quallen und sogar Fische – können einen lumineszierenden Schleim bilden, aber „eine generelle Lumineszenz der Art, wie sie vom vorliegenden Autor [Gaskin 1967] berichtet wurde, scheint in der verfügbaren Literatur bisher noch nicht für den Kalmar dokumentiert worden zu sein."**

Gaskins Artikel wurde einige Zeit vor der Entwicklung der verschiedenen Theorien über die Fresstechniken des Wales geschrieben. Zu den Theorien gehört

---

** Nesis (1982): „Die Haut der Cephalopoden ist dünn, aber in ihrem Aufbau sehr kompliziert. Die oberste Schicht, die Epidermis, besteht aus einer einzigen Schicht zylindrischen Epithels mit zahlreichen Schleimzellen. Durch den Schleim wird der Körper des Cephalopoden glitschig, sodass er sich im Wasser leichter bewegen kann. Unter der Epidermis liegt das Bindegewebe, das Muskelgewebe, Chromatophoren sowie Iridocyten enthält."

zum Beispiel, dass der Wal Geräuschsalven aussendet, um die Kalmare zu orten, oder – eine neuere Theorie – dass der Wal mit Hilfe des Schalls die Tiefen durchdringt, um wahrzunehmen, was er gerade jagt. Er kannte wahrscheinlich Beales Idee, dass der Kalmar von dem weißen Unterkiefer des Wale angelockt werden könnte (S. 162 f.), als er schrieb:

> Der Autor hat es immer als unwahrscheinlich angesehen, dass ein so großes Tier wie ein ausgewachsener männlicher Pottwal, der vielleicht 50 Tonnen wiegt, jeden gefressenen Kalmar einzeln jagen könnte. Er muss beträchtliche Energien aufbringen, um in Tiefen von etwa 1000 Metern abzutauchen – dabei ist die eigentliche Jagd auf die Kalmare, die sehr schnell sein können, noch gar nicht eingerechnet. Die lange schmale Form des Unterkiefers des Pottwals scheint nicht dafür geeignet zu sein, eine Beute zu fangen, die mit Geschwindigkeiten von mehreren Knoten davoneilt. Der Kiefer des Pottwals kann zudem kaum zur Seite hin bewegt werden.

Angesichts der Geschwindigkeit der Kalmare und der Schwierigkeiten des Wals, sie zu fangen, schlägt Gaskin vor, die Idee eines „aktiven Fressens" fallen zu lassen, und stattdessen von einer „plausibleren Methode passiven Fressens auszugehen":

> Der oben beschriebene leuchtende Schleim könnte leicht ins Innere und die Schleimhaut des Pottwalmauls übertragen werden und dann als Köder dienen, um weitere Kalmare anzulocken. Wenn sich der Schleim auf oder zwischen den Zähnen des Unterkiefers ansammelt, könnten die gleichmäßigen Zwischenräume zwischen den Zähnen aus einiger Entfernung wie ein Fisch oder ein anderes Tier aussehen, das an seiner Seite Leuchtorgane besitzt. Das Leuchten könnte Raubfische oder Kalmare anlocken, und der Pottwal müsste lediglich fast bewegungslos im Wasser liegen und die Tiere herunterschlucken, sobald sie in sein Maul geschwommen sind. Der Wal müsste lediglich aktiv ein paar Kalmare fangen, bis er genügend Schleim angesammelt hätte.

Das ist zwar ein geniales Gedankengebäude, aber sehr wahrscheinlich nicht so leicht zu beweisen. Es setzt im Übrigen voraus, dass sich Pottwale in allen Ozeanen der Welt nur von schleimbedeckten, leuchtenden Kalmaren ernähren. Was passiert aber, wenn der „passive" Wal auf eine Kalmarspezies trifft, die keinen Schleim produziert?

In seinem 1959 in *Sea Frontiers* erschienenen Artikel *„Hunting Sea Monsters"* erwähnt Gilbert Voss „einen Kalmar, der problemlos beim blutrünstigsten Tiefseespektakel hätte mitwirken können. Während sein Körper schmal und schwach war, hatte sein Kopf eine riesige Mundöffnung; darum herum befanden sich zwei lange Tentakel sowie acht muskelbepackte Fangarme mit großen, mit Haken versehenen Krallen." Er schrieb, dass Dr. Anna Bidder aus

Cambridge „andere Überreste besitzt, die auf einen Kalmar hindeuten, der etwa 7,3 Meter lang ist und sogar noch größer werden kann. Es ist nicht verwandt mit *Architeuthis*, wird aber ebenfalls von Pottwalen aus den Meeren um die Antarktis herum gefressen." Dr. Bidder kam nie dazu, die Beschreibung zu veröffentlichen, andere taten es jedoch an ihrer Stelle. Es war *Mesonychoteuthis hamiltoni*, einer der Furcht erregendsten, gewaltigsten Happen auf dem Speiseplan des Pottwals.

Wie Roper, Sweeney und Nauen geschrieben haben, ist *Mesonychoteuthis* „eine sehr große Spezies", die auf dem Speisezettel der antarktischen Pottwale an herausragender Stelle steht. Nach der Beschreibung von G. C. Robinson aus dem Jahre 1925 (sie basierte auf Fragmenten von zwei Exemplaren; diese hatte man aus den Mägen von Pottwalen gewonnen, die vor den südlichen Shetland-Inseln gefangen worden waren) war der längste Fangarm 1,2 Meter lang, und seine „Hand" war mit einer Reihe von Haken bestückt, die auf Drehgelenken saßen und daher in alle Richtungen gedreht werden konnten. Der

Mesonychoteuthis hamiltoni ist eine antarktische Art, die insgesamt 6 Meter lang werden kann. Dieses Tier, das Alexander Remeslo photographiert hat, wurde 1981 in etwa 750 Meter Tiefe in der Antarktis vor Droning Maud Land vom sowjetischen Trawler Evrica gefangen.

Name kann mit „Kalmar mit Mittelhaken" übersetzt werden; das bezieht sich darauf, dass in der Mitte eines jeden Arms zwischen den basal und terminal beringten Saugnäpfen eine Doppelreihe Haken sitzt. Dies ist der einzige große Kalmar, bei dem nicht nur auf den Tentakel, sondern auch auf den Fangarmen Haken zu finden sind. Der Körper von *Mesonychoteuthis* kann genauso groß oder sogar noch größer sein als der von *Architeuthis*, seine Tentakel sind aber wesentlich kürzer. Nesis bezeichnet ihn als „Riesen" mit einer Mantellänge von 200 bis 225 und einer Gesamtlänge von 350 Zentimetern ohne Tentakel; in der Antarktis wurde 1981 ein beinahe 5,2 Meter langes Exemplar gefangen. Man nimmt an, dass *Mesonychoteuthis* rings um die Antarktis verbreitet ist; folgt man Nesis (1982), ist er „auf Grund seiner Biomasse das führende Mitglied der antarktischen Teuthofauna."

Die Biologie von *Mesonychoteuthis* ist kaum erforscht. Wie bei *Architeuthis* ist nie ein lebendes Expemplar gesehen worden; beinahe alle unsere Informationen stammen aus der Untersuchung toter (und häufig halbverdauter) Tiere. Seine Tentakel sind verhältnismäßig kurz und dick, seine Schwanzflossen sind breit, muskulös und herzförmig; aus diesem Grund heißt er in Japan *dai-oo-hoozukai-ita*. Wie bei *dai-oo-ika*, der Bezeichnung für *Architeuthis*, bedeutet *dai-oo* „großer König", *ika* steht für „Kalmar" und *hoozukai* ist die Judenkirsche, allgemein auch bekannt als „Chinesische Laterne". Ihre Blütenkelche bilden zerbrechliche, hellorangefarbene Taschen und laufen an dem vom Stiel abgewandten Ende in einer Spitze aus.

Mesonychoteuthis gehört zu den Gallertkalmaren (Cranchiidae). Er besitzt auf der ventralen Oberfläche der vorstehenden, manchmal hervortretenden Augen Photophoren, und sein Mantel ist an einem ventralen und zwei dorsalen Punkten mit dem Kopf verschmolzen. Ein anderer großer Gallertkalmar ist *Galiteuthis*, ein mit großen, verdeckten Haken auf den Tentakel gut gerüsteter Kalmar. Im Review von 1980 über die Cranchiiden beschreibt Nancy Voss diese Art als „mäßig groß ... lang, schmal, am breitesten in der Vorderhälfte, nach hinten verjüngen sie sich zu einer schmalen Spitze; ihre Mantelwände sich dünn, muskulös und können bei halbwüchsigen oder erwachsenen Tieren auf der äußeren Oberfläche zahlreiche knöcherne Vorsprünge tragen." Nesis (1982) schrieb, dass es „in den bathypelagischen und bathyalen Zonen ... aller Ozeane, außer denen des arktischen Ozeans, fünf Arten [von *Galiteuthis*]" gibt. „Mantellängen von 66 Zentimetern, wahrscheinlich aber bis zu 2,7 Metern."

Das russische Schiff *Novoulianovsk**, das 1984 im Ochotskischen Meer arbeitete, brachte die Reste eines gigantischen Exemplars von *Galiteuthis phyllura* aus einer Tiefe von 1000-1300 Metern herauf, die Nesis zufolge (1985) „beinahe so groß waren wie *Mesonychoteuthis hamiltoni* (aus der gleichen Familie)." Man konnte lediglich einen Arm und ein Tentakel bergen, aber sie waren so groß (der Arm war 40 cm und der Tentakel 115 cm lang), dass Nesis die Mantellänge auf 265-275 Zentimeter und die Gesamtlänge auf über vier Meter schätzen konnte. „Auf Grund seines schmalen Körpers", schrieb Nesis, „können wir schließen, dass er durchweg eine geringere Masse besitzt als die anderen Kalmare." In einer populärwissenschaftlichen Veröffentlichung nennt Nesis diese Spezies den „blattschwänzigen Tiefseekalmar, da der blattähnliche Schwanz ein charakteristisches Merkmal der Gattung *Galiteuthis* ist."

Im *National Museum of Natural History* in Washington, einer Einrichtung der Smithsonian-Institution, ist ein Exemplar eines Kalmars namens *Taningia danae* ausgestellt, der 2,1 Meter lang ist und etwa 60 Kilogramm wiegt. Im Gegensatz zu den meisten anderen Kalmaren hat *Taningia* nicht zwei lange Tentakel für die Nahrungssuche, sondern stattdessen etwas sehr Überraschendes: An den Enden zweier seiner Fangarme sitzen gigantische gelbe Photophoren, die größten Leuchtorgane im Tierreich. Diese zitronenfarbenen und ebenso großen Photophoren können bei Bedarf Licht aussenden, weil sie mit einer schwarzen, einem Augenlid ähnlichen Membran versehen sind, die geöffnet oder geschlossen werden kann. Zusätzlich besitzt diese Spezies auf den Saugorganen ihrer Fangarme Krallen wie die einer Katze. Dieses Exemplar der Smithsonian-Institution plumpste, als Kapitän George Dow seine Netze leerte, in den Laderaum des Fischerbootes *Defender* aus Georges Bank. Es befand sich 200 Meilen südöstlich von Portland, Maine, als der Ingenieur auf die Brücke kam und lässig fragte: „Schon mal einen 2 Meter langen Kalmar gesehen?"

Dow brachte den Kalmar an Bord, kühlte ihn auf Eis und schickte ihn an das Labor des *National Marine Fisheries Service (NMFS)* in Gloucester, Massachusetts, wo das Tier ausgemessen und photographiert wurde. Überraschenderweise war dies das erste Mal, dass *Taningia* im westlichen Nordatlantik, einem der weltweit am stärksten befischten Gebiete, in dem außerdem bereits weit über ein Jahrhundert lang biologische Proben genommen wurden, registriert wurde.

---

* Die *Novoulianovsk* ist ein großer Hecktrawler, der von 1980-1992 für ozeanographische Forschungsreisen genutzt wurde. Nesis (persönliche Mitteilung) zufolge hatte das Schiff kräftige Motoren und eine Schleppnetzwinde, die in der Lage war, die größten kommerziellen Schleppnetze mit Geschwindigkeiten von bis zu fünf Knoten zu ziehen. Das Schiff schleppte riesige Mitteltiefenschleppnetze von 600 Metern Länge in Tiefen von bis zu 18000 Metern. Nesis schrieb: „Die meisten Kalmare verlieren Tentakel (sie werden ihnen ausgerissen), man findet aber auch viele Tentakel und Fangarme ohne Kalmare. Dies war der Fall bei meinem riesigen *Galiteuthis*, dessen Körper fehlte und von dem nur die 'Hufe und Hörner' übrig geblieben waren ... Das Grundschleppnetz ist insgesamt viel feinmaschiger; daher gelangen auf dem Grund lebende Kalmare und Kraken in viel besserem, Zustand an Deck, einige von ihnen leben sogar noch. Aber in allen Fällen war es meist meine Aufgabe, mit der Pinzette in der Hand auf dem Deck herumzukriechen und die Kalmare und ihre Einzelteile herauszusuchen wie ein Kleiber, der am Baumstamm entlang läuft." Ulianovsk ist eine große Stadt an der Wolga und Novoulianovsk ein Industrievorort.

Über die Biologie von *Taningia* ist nicht allzu viel bekannt. Pottwale könnten da sicherlich einige Fragen beantworten, da die meisten bekannten *Taningia*-Exemplare aus den Mägen gefangener Wale stammen. (Nach einem Review von Roper und Vecchione aus dem Jahre 1993 wurden andere Exemplare in den Mägen von Haien, Lanzen- und Thunfischen, wandernden Albatrossen und See-Elefanten gefunden.) 1959 untersuchte Malcolm Clarke in der Canaçal-Walstation auf der Insel Madeira den Mageninhalt eines Wals. Er fand 4000 Schnäbel, 28 teilweise verdaute Kalmare und ein „völlig intaktes Exemplar" eines Kalmars, der damals unter dem Namen *Cucioteuthis unguiculata* bekannt war, heute jedoch *Taningia danae* genannt wird. (Clarke wörtlich: „Andere Exemplare, die als *Cucioteuthis unguiculata* bezeichnet werden, sollten allesamt als *Taningia danae* betrachtet werden.") Clarke (1962b) schrieb, dass man das Tier „leicht an seinem großen, gallertartigen Körper erkennen kann; die breiten Flossen erstrecken sich fast bis auf die Vorderseite des Mantels, lange Tentakel fehlen (es gibt lediglich acht Fangarme); und auf den Armen befinden sich starke Haken." Der Mantel maß 140 Zentimeter.

Aus den Funden, die Roper und Vecchione zusammengestellt haben, geht hervor, dass *Taningia* anscheinend beinahe auf der ganzen Welt verbreitet ist; die gesammelten Exemplare – meist aus den Mägen von Pottwalen – stammten aus dem westlichen Nordatlantik sowie aus den Gewässern um die Bermudas, Hawaii, Südgeorgien, Südafrika, Japan, Australien, Neuseeland, den Azoren – kurz überall da, wo Pottwale gejagt wurden.* Roper und Vecchione schrieben: „Wenn wir das Material in diesem Artikel hinzu nehmen, kann die geographische Verbreitung von *Taningia danae* wirklich als global bezeichnet werden; die einzige Ausnahme bilden die Polarregionen. Diese Kalmarart kommt in allen größeren Ozeanbecken vor, in zentralen Gewässern, in der Nähe von Inseln im Ozean und in der Nähe des Festlandssockels; ferner in warmen, temperierten und subborealen Gewässern." Eine Spezies, die man überall auf der Welt und in so vielfältigen Lebensräumen findet, ist bei den Cephalopoden wirklich eine Seltenheit.

Da heutzutage Pottwale nicht mehr gejagt werden, muss man jetzt für die Registrierung auf das zurückgreifen, was sich in Fischernetzen verfängt; das ist zwar hilfreich, wenn es um die geographische Verbreitung und andere Aspekte

---

* 1980 wurden drei Exemplare gefunden, die in „beinahe perfektem Zustand" waren; sie trieben vor der Küste in südaustralischen Gewässern. Wolfgang Zeidler vom *South Australian Museum* beschrieb sie folgendermaßen: „Fast alle bekannten Exemplare von *Taningia* stammen aus Pottwalmägen. Es ist ungewöhnlich, sie auf der Meeresoberfläche treibend anzutreffen. Möglicherweise wurden sie von Pottwalen wieder ausgespuckt; das könnte zum Beispiel für das Exemplar zutreffen, dessen Kopf fehlt; die anderen beiden waren jedoch in relativ gutem Zustand; die Fischer schätzten, dass sie erst vor kurzem gestorben waren."

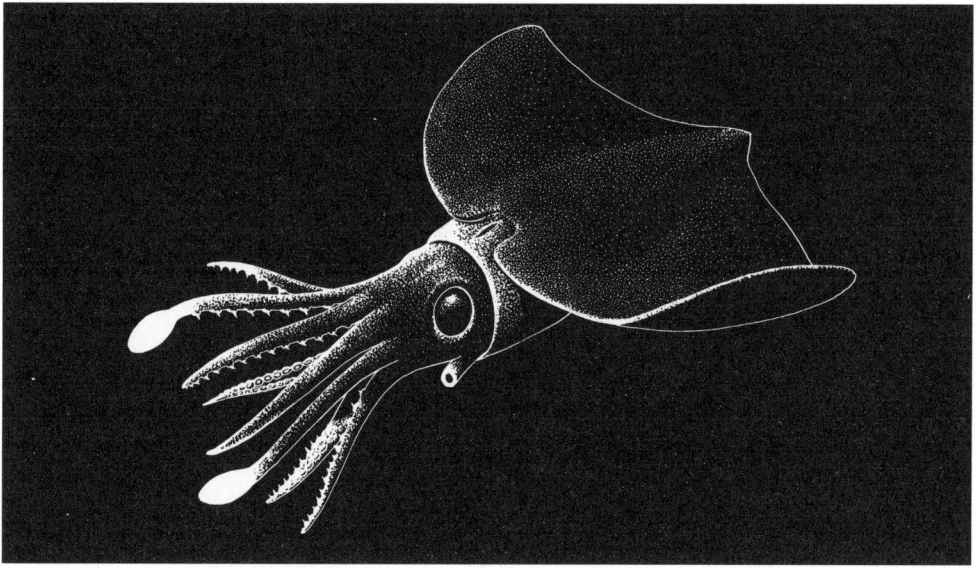

Taningia danae ist ein 2,10 Meter langer Kalmar, der an den Enden von zwei seiner Fangarme die größten Lichtorgane der Tierwelt hat. Er kann diese zitronengroßen Photophoren wie Stroboskopleuchten aufblitzen lassen.

der biologischen Erfassung von *Taningia* geht, nützt aber wenig, wenn man größere Exemplare finden will. „Unser Material", schrieben Roper und Vecchione, „erweitert das Wissen über diese Spezies durch eine Anzahl von Exemplaren, die in einer Vielzahl von Netzen gefangen, aber nicht mehr aus den Mägen von Raubtieren gewonnen wurden."

Ein kleines Exemplar mit einer Mantellänge von 60 Zentimetern, das nachts vor Hawaii gefangen wurde, lebte noch, war unbeschädigt und wurde in ein Bordaquarium überstellt, wo es beobachtet und photographiert wurde. Obwohl Joubins Beschreibung der Spezies von 1931 vermuten ließ, dass die Organe an den Spitzen der Fangarme Photophoren waren, wurde bisher nie direkt beobachtet, dass sie leuchteten. Genauso wie es Clyde Roper und Michael Vecchione in ihrem Review aus dem Jahre 1993 beschrieben haben, brachten Roper und Richard Young „das Exemplar in ein völlig dunkles Kaltwasseraquarium (5 °C), in dem sich die Augen der Beobachter nach und nach völlig an die Dunkelheit gewöhnen konnten. Ohne ein Licht zu Hilfe zu nehmen, fuhr einer der Beobachter langsam mit der Hand durch das Aquarium, um auf diese Weise eine Reaktion hervorzurufen." Es passierte Folgendes:

Es kam primär zu zwei Reaktionen. In beiden Fällen gehörten dazu helle Blitze eines strahlend blaugrünen Lichtes, die von beiden Photophoren an den Armspitzen gleichzeitig ausgesandt wurden. Die häufigste Reaktion bestand aus koordinierten Blitzen, die von einem

Angriff begleitet wurden, bei dem die Finger des Forschers erfasst und gebissen wurden. Die zweite Reaktion ... erfolgte in Form eines hellen Blitzes, auf den ein schneller Rückzug vom auslösenden Reiz folgte. Die Blitze schienen hinsichtlich ihrer Intensität und Dauer etwas zu variieren. Gewöhnlich dauerten sie nur einen Sekundenbruchteil, gelegentlich leuchteten die Organe aber eine bis sieben Sekunden lang mit wechselnder Intensität. Dieses verlängerte Leuchten war mit permanenter Stimulation verbunden, wie zum Beispiel einem Kneifen in die Flossen. Dabei schien die Intensität des Lichts langsam bis zu einem Höhepunkt zuzunehmen und dann allmählich wieder nachzulassen.

Diese Reaktionen waren für die beiden Forscher sicher sehr interessant. Welche Rückschlüsse kann man jedoch daraus auf das Verhalten von *Taningia* ziehen?

Die schnellen, strahlenden Blitze von der Spitze des Fangarmes überraschten die Beobachter; man gewann den Eindruck, sie dienten dazu, einen sich nähernden Räuber zu erschrecken, abzulenken und zu verwirren. Wie effektiv das bei einem kleineren Raubtier ist, kann man sich zur Zeit nur vorstellen. Große Räuber lassen sich so sicher nicht immer abhalten, da aus ihnen bei weitem die meisten Exemplare von *T. danae* für Sammlungen stammen. Zu den Räubern gehören auch Jäger, die ihre Beute ausspähen, wie Thun- und Lanzenfische. Da Pottwale für die Jagd Schallwellen und nicht ihren Gesichtssinn benutzen, eignen sich die Blitze von *T. danae* vielleicht besonders schlecht zur Verteidigung gegen diese Beutegreifer.

Obwohl sie also einen 18 Meter langen Pottwal in keiner Weise abschrecken, müssen die Leuchtorgane von *Taningia* zu den erschreckendsten Anblicken in der Dunkelheit des Meeresgrundes gehören – falls es der Beute überhaupt gelingt, den Schock eines 2 Meter langen Fleisch fressenden Kalmars mit Blitzstroboskopen an den Fangarmen zu überleben.

Taningia danae gehört zur Familie der achtarmigen Kalmare (Octopoteuthidae). Diese besitzen zwar in der Jugend außer den acht Fangarmen noch zwei Tentakel; diese werden jedoch mit Beginn der Geschlechtsreife zu rudimentären Filamenten reduziert oder verschwinden ganz. Sie sind über die ganze Welt verbreitet; man nimmt an, sie leben in bis zu 900 Metern Tiefe. Malcolm Clark schrieb, als er diese Spezies 1967 besprach: „Selbst bei den kleinsten Individuen sind auf der gesamten Oberfläche Chromatophoren verteilt, während die Haut der größeren Exemplare gleichmäßig magentarot gefärbt ist." Als sie die Kalmararten auflisteten, die vor der japanischen Küste von Pottwalen gefressen worden waren, entdeckten Okutani und Satake in Walen, die nördlich der Insel Honshu gefangen worden waren, zwei Exemplare von *Taningia danae*. Im Gegensatz zu einigen atlantischen Exemplaren waren diese beiden klein; ihre dorsale Mantellänge betrug 35,5 und 47,5 Zentimeter.

Weil die Pottwale beinahe drei Jahrhunderte lang aus wirtschaftlichen Gründen gejagt wurden, hatten wir mehr als genug Gelegenheit, ihren Mageninhalt zu untersuchen. In der Frühzeit der Fischerei ging vieles an möglicher Information verloren. Der Speck wurde dem Walfisch direkt längs des Schiffes abgezogen, und der Kadaver samt Mageninhalt ins Meer geworfen. Nur wenn die Wale an Deck der großen Fabrikschiffe hochgehievt wurden, ergoss sich der Mageninhalt auf das Deck. Trotzdem beobachteten die Walfänger auch schon vor der Mechanisierung des Walfangs, wie ihre Opfer im Todeskampf große Brocken ausspuckten, die nur von einem Riesenkalmar stammen konnten. Wie zu erwarten war, geht auch Melville in „Moby Dick" auf dieses Phänomen ein:

> Denn während andere Arten der Gattung Leviathan ihr Futter auf dem Wasser finden und bei ihrer Mahlzeit beobachtet werden können, sucht der Pottfisch all seine Nahrung in unbekannten Tiefen, weit unter der Meeresoberfläche; und nur auf Schlüsse und Vermutungen ist der angewiesen, der sagen will, wovon der Pottwal sich eigentlich ernährt. Wird er scharf verfolgt, so erbricht er mitunter etwas, das man für abgelöste Arme des Zehnfüßers hält; manche sind mehr als zwanzig, ja dreißig Fuß lang. Angeblich soll sich das Ungetüm mit diesen Armen am Meeresboden festzuklammern pflegen, und der Pottwal soll, ungleich anderen Arten von Walen, mit Zähnen bewaffnet sein, damit er diese Beute angreifen und losreißen könne.*

Etwa 50 Jahre später schrieb Frank Bullen in „Denizens of the Deep", einer naturgeschichtlichen Darstellung von Meerestieren, im Wesentlichen das Gleiche:

> Jeder Offizier, ganz zu schweigen von der Besatzung, muss gewusst haben, dass es den großen Kalmar tatsächlich gibt. Denn selten kann ein Pottwal getötet werden, ohne dass er zuerst riesige Bruchstücke dieser nach Meinung der Seeleute größten Geschöpfe Gottes aus seinem Magen wieder von sich gibt. Nicht nur dort, sondern auch in jedem Buch, das über den Pottwalfang geschrieben wurde, wird mit Sicherheit immer auch der große Tintenfisch erwähnt, obwohl man zugeben muss, dass die Fakten gewöhnlich mit derart viel lächerlichem Aberglauben vermischt werden, dass es schwierig ist, sie für wahr zu halten.

---

* Trotz seines Genies und seiner Genauigkeit in historischen Dingen hat sich Melville hier sowohl hinsichtlich der Kalmaré als auch in Bezug auf die Wale geirrt. Riesenkalmare und auch die anderen Kalmararten klammern sich nicht mit ihren Fangarmen am Meeresgrund fest. Und die Zähne von Pottwalen, die nur im Unterkiefer vorhanden sind, werden wahrscheinlich lediglich dazu benutzt, die Kalmare wie mit einer Pinzette zu fassen, nicht jedoch dazu, sie in Stücke zu reißen. Meist zeigen Kalmare aus den Pottwalmägen, die man untersucht hat, weder Zahn- noch Bissspuren; heutzutage nimmt man an, dass der Pottwal seine Beute durch Aussendung gezielter Schallwellen von solcher Intensität fängt, dass er die Beute damit betäuben oder sogar töten kann.

In einer fiktiven Nebenhandlung erspäht Bullen an Bord eines Schiffes, das er „Cachalot" nennt, „große Mengen einer weißen, beinahe durchscheinend aussehenden Substanz, die auf dem Meer treibt; sie hat riesige Ausmaße und ist unregelmäßig geformt"; er fragt den Maat, was das wohl sein könnte. Dieser erklärt: „Wenn der Kaschelott stirbt, erbricht er stets den Inhalt seines Magens, der immer aus solchen Massen besteht wie das, was wir hier vor uns sehen. Er glaubte, dies seien Teile eines großen Tintenfisches, die vom Wal abgebissen worden seien, um sie zu verschlucken." Bullen angelt eines dieser Stücke heraus und zieht längsseits des Schiff:

> Es war sofort klar, dass es sich um ein enormes Stück eines Tintenfisches handelte – einen Tentakel oder Arm – so dick wie der Körper eines kräftigen Mannes, darauf sechs oder sieben scheibenförmige Saugorgane oder *Acetabula*. Diese waren etwa so groß wie eine Untertasse und auf ihrem inneren Rand rundherum dicht mit Haken und Krallen besetzt, die so scharf wie Nadeln waren und annähernd die Größe und Form von Tigerkrallen hatten.

In „*Denizens of the Deep*" äußert Bullen Vermutungen über die Beziehung zwischen dem Pottwal und dem Riesenkalmar:

> Der gigantische Tintenfisch muss sehr fruchtbar sein. Er ist die Hauptnahrung, die wichtigste Nahrungsquelle des Pottwals. Da man nicht berechnen kann, wie viele von diesen gewaltigen Säugetieren es gibt, jedes Individuum jedoch mindestens eine Tonne Futter braucht, um sich am Leben zu halten, muss die Anzahl an Mollusken, von denen es sich ernährt, entsprechend groß sein. Was die Anzahl der Pottwale anbelangt, kann ich so nebenbei erwähnen, dass es mir schon mehrere Male beschieden war, eine Versammlung von Kaschelotts zu erleben, die alle riesige Ausmaße hatten; vom Mastkorb unseres Schiffes aus bedeckten sie in jeder Richtung, soweit das Auge reichte, das Meer ... Wenn ich nur daran denke, welche Mengen an Nahrung für diese enorme Schar erforderlich sind, wird mir ganz schwindlig.

Während es Bullen schwindlig wurde, versuchten andere genau herauszufinden, wie viel Nahrung ein Pottwal tatsächlich benötigt. In seiner ausführlichen Studie über die Wale, die von den Fischern aus Durban zwischen 1926 und 1931 gefangen wurden, untersuchte L. Harrison Matthews die Mägen von 81 Pottwalen; diese enthielten unter anderem beinahe alle Überreste von Cephalopoden. Die meisten von ihnen waren klein, im Durchschnitt etwa 90 Zentimeter lang. „Von den sehr großen Cephalopoden fand man in den Mägen lediglich die Schnäbel und auf der Haut die Narben." Es steht jedoch außer Frage, dass die Pottwale sich gelegentlich mit den Riesenkalmar einen Kampf liefern und sie fressen: Rees und Maul zufolge wurde einer sogar in einem Zustand wieder hochgewürgt, in dem er noch Lebenszeichen zeigte. Ein Wal, der 1952 vor

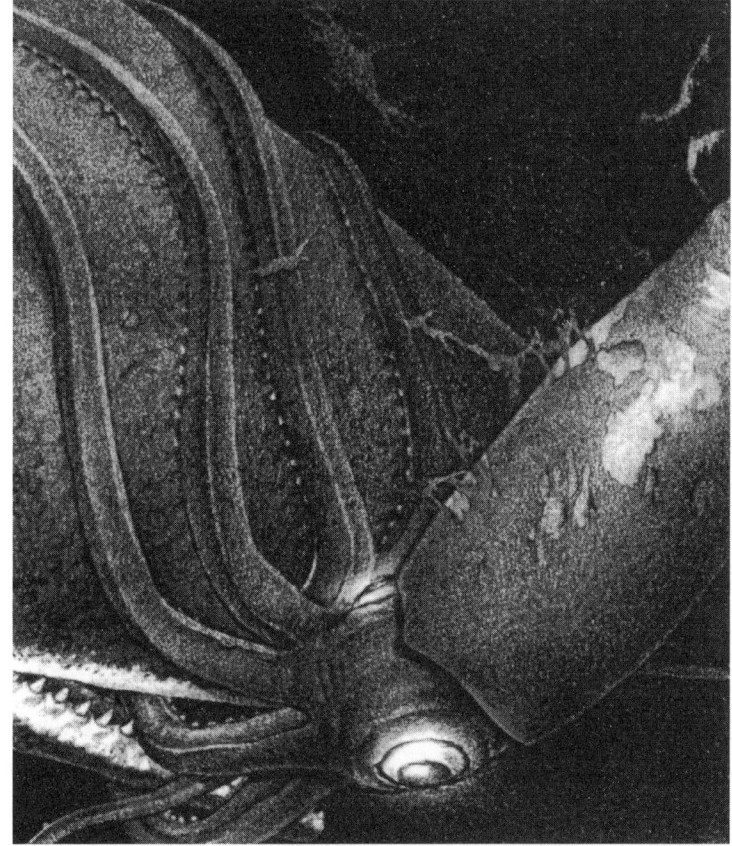

*In den Armen eines Riesen-
kalmars taucht ein Pott-
wal in die Tiefe. Der Kalmar ist wahrscheinlich
besser dafür gerüstet, den
Kampf in der Tiefe fortzusetzen, da er im Gegensatz
zum Wal nicht wieder an
die Oberfläche kommen
muss.*

Madeira harpuniert wurde, erbrach einen 10 Meter langen Kalmar, der über 150
Kilo wog und sich auf dem Flensdeck wand und krümmte, bis er starb. 1955
hielt sich Robert Clarke gerade in der Walstation in Porto Rim auf der Azoren-
insel Fayal auf, als im Magen eines 14 Meter langen Wales ein Riesenkalmar entdeckt wurde. Er wog 183 Kilogramm und maß von der Schwanzspitze bis zur
Spitze des längsten Tentakels 10,50 Meter.

Die Pottwale haben starke Verdauungssäfte; die Überbleibsel ihrer Speisen
sind schon oft bis zur Unkenntlichkeit zersetzt. Kalmarschnäbel jedoch bestehen aus einer harten, chitinähnlichen Substanz und widersetzen sich dem Ver-
dautwerden mit sehr viel mehr Erfolg als die Weichteile.* In einem Zweig der

---

* Obwohl man noch nicht genau weiß, wie er eigentlich entsteht, kommt der unter dem Namen Ambra bekannte Stoff
nur im Verdauungstrakt von Pottwalen vor. Er wird entweder im Wal selbst gefunden oder treibt, nachdem der Wal ihn
erbrochen hat, auf der Meeresoberfläche. Es handelt sich um ein gräuliches, bröckliges Material, das häufig mit Torfmoos
verglichen wird und sich irgendwie rund um einen Kalmarschnabel bildet. In der Vergangenheit war es so viel wert, dass
es nicht mit Gold aufzuwiegen war. Es wurde als Fixierungsmittel für Parfüms verwendet. Das größte je gefundene Stück
wog 890 Pfund.

Kalmarforschung, der von Malcolm Clarke vertreten und praktiziert wurde, wurden Kalmarenschnäbel dazu benutzt, die jeweilige Spezies zu bestimmen (es ist recht einfach, den Schnabel eines *Architeuthis* zu identifizieren; er kann 15 Zentimeter lang sein). Dass Pottwale tatsächlich Riesenkalmare fangen und fressen, geht aus der Untersuchung von Fiscus und Rice hervor, die den Mageninhalt von zwischen 1959 und 1970 vor der kalifornischen Küste gefangenen Pottwalen überprüft haben: 12 von 552 untersuchten Walen hatten Schnäbel von Riesenkalmaren in ihren Mägen. Aber, schrieben die Autoren, „Pottwale fressen möglicherweise *Architeuthis* durchaus öfter, als unsere Aufzeichnungen angeben ... Die Schnäbel von *Architeuthis* sind möglicherweise zwischen den Überbleibseln von *Moroteuthis robustus* übersehen worden – einer anderen ‚Riesen‘-Spezies, die allerdings kleiner ist als *Architeuthis*, und Lieblingsspeise der Pottwale vor der kalifornischen Küste.“

Aber wie fangen Pottwale die riesigen Kalmare? Im Gegensatz zu anderen Raubtier-Beute-Verhältnissen ist dies noch vollkommen unklar. Löwen und Zebras leben beide in den afrikanischen Ebenen. Der Löwe sieht das Zebra, pirscht sich heran, jagt das Zebra, fängt und frisst es. Beide, Räuber wie Beute, leben am selben Ort, und atmen mehr oder weniger auf gleiche Weise die gleiche Luft. Nun die Fledermäuse: Sie leben von Insekten, die sie im Flug fangen, die Spielregeln sind jedoch etwas anders. Die Löwen können die Zebraherden sehen, die Fledermäuse müssen dagegen die Insekten im Dunkeln finden und fangen. Dafür haben die Fledermäuse ein bis ins kleinste ausgefeiltes Echosystem entwickelt, bei dem sie hochfrequente Töne aussenden, die von den fliegenden Insekten reflektiert werden. Die Fledermäuse registrieren dann die zurück kommenden Schallwellen und richten ihren Flug entsprechend aus, um den Insekten den Weg abzuschneiden und sie zu fangen. Obwohl dies ein sehr viel komplexeres System ist als die Beziehung zwischen Löwen und Zebras, ähnelt es ihm doch, da beide Tiere bei Nacht durch die Lüfte fliegen können. Und außerdem atmen beide erneut die gleiche Substanz, sodass keines von ihnen hinsichtlich des Mediums, in dem sie leben, besonders im Nachteil ist.

Der Pottwal ist – wie der Löwe und die Fledermaus – ein Säugetier und atmet Luft; seine Beute dagegen nicht. Man könnte jedoch einwenden, Seehunde, Seelöwen und Otter seien ebenfalls Säugetiere und lebten trotzdem von Fischen, die ebenfalls ihren Sauerstoff bekommen, ohne aufzutauchen. Seehunde, Seelöwen und Otter können ihre Beute bei der Jagd sehen; und obwohl einige Seehundarten – zum Beispiel Weddell-Seehunde – hervorragende Taucher sind, jagen die meisten von ihnen dort, wo sie das, was sie verfolgen, sehen können. (Einige Pinguine können ebenfalls überraschend tief tauchen.) Pottwale dagegen jagen auf eine Art und Weise, die wir nicht verstehen, weil sie den Augen der Forscher bisher stets verborgen blieb: Sie findet in einem Lebensraum statt, in dem eine unzugängliche und undurchdringliche Dunkelheit herrscht.

Pottwale nehmen genauso wie wir Sauerstoff in ihre Lungen auf: Sie atmen frische Luft ein. (Ihre „Fontänen" entsprechen unserem Ausatmen). Die gejagten Kopffüßer erhalten ihren Sauerstoff dagegen aus dem Wasser und müssen daher nicht auftauchen, um zu atmen. Hier liegt das größte Rätsel der Fangtechnik des Pottwals: Wie kann er in diesen Tiefen genügend Nahrung finden und fangen, insbesondere, wenn man bedenkt, dass die Beute sehr viel beweglicher ist, wesentlich schneller schwimmt und – was noch entscheidender ist – dass der Wal die Jagd nach einer gewissen Zeit aufgeben muss, weil ihm die Luft ausgeht?

Da viel darüber geschrieben wird, wissen wir, wie Menschen Kalmare fangen*, aber wie die Wale es schaffen, schnelle, frei schwimmende Kalmare zu fangen und in ihre Mägen zu stopfen, ist nach wie vor ein Rätsel. Wie alle Zahnwale (Odontoceti) sind auch die Pottwale dafür bekannt, dass sie sich mit Hilfe eines Echolots orientieren. Von einem Organ in ihrem Kopf aus können die Pottwale (sowie die meisten Delphine) im Wasser gezielt hochfrequente Töne aussenden und dann das zurückgeworfene Echo auswerten, um sich über die Identität (und vielleicht sogar über Dinge wie Kondition, Schnelligkeit und Beschaffenheit) des Objekts zu informieren. Diese Art der Orientierung kennt man zwar schon lange von Delphinen, die Art und Weise, wie die Tiere ihre Beute tatsächlich fangen, war jedoch nicht so einfach herauszufinden. Etwas zu orten – sagen wir einen Schwarm kleiner Kalmare – ist die eine Sache, es ist aber etwas ganz anderes, genügend von ihnen zu fangen, um eine Mahlzeit zusammenzubekommen. Und außerdem braucht der Kalmar nicht aufzutauchen, um zu atmen, die Wale müssen jedoch die Luft anhalten, während sie Nahrung suchen und fangen – und dies häufig noch in der Dunkelheit der Meerestiefen.

Selbst wenn man bereits die Orientierungsmöglichkeiten der Zahnwale mit Hilfe der Echopeilung verstanden hätte, würde immer noch ein Teil des Puz-

---

* Kommerzielle Kalmarfangboote arbeiten mit Lichtstrahlen – unter Wasser und an der Oberfläche –, um Kalmare anzulocken, und fangen sie dann mit künstlichen Ködern. Bis etwa 1950 benutzte man Handseile. Dann entwickelten jedoch die Japaner, die in der Kalmarfischerei technologisch führend sind, automatische Angelruten, die gleichzeitig mit zahlreichen künstlichen Ködern bestückt sind. Der Köder selbst ist spindelförmig und besteht aus zwei oder drei Reihen stumpfer Haken, die in einen Ring rund um das für die Öse abgewandte Ende eingehakt sind, mit der es an Seil festgemacht ist. Manuell oder maschinell wird dann an den Ködern im Wasser „geruckelt", um die Kalmare anzulocken. Diese Technologie wurde überwiegend in traditionellen Fischereien für den gewöhnlichen japanischen Kalmar *(Todarodes pacificus)* entwickelt; um den größeren und kräftigeren *Dosidicus gigas* zu fangen, wurde die Ausstattung modifiziert (Hamabe et al. 1982).

zles fehlen, da die ersten Akustiker, die sich mit den Walen beschäftigten, schlicht davon ausgingen, dass die Wale die Kalmare ausfindig machen würden, indem sie ihr Echo abhörten, und dann herumflitzen, um sie zu verschlingen. Die Beute anhand der Reflektion auszumachen, scheint keine allzu effiziente Jagdmethode zu sein, besonders wenn man bedenkt, wie schnell und beweglich die Beute und wie groß natürlich deren Abneigung ist, gefressen zu werden. Der Pottwal hat in seinem Unterkiefer massive pflockähnliche Zähne. Wenn er daher seine Beute gestellt hat und sie in sein Maul zieht, sollten die Kalmare wenigstens irgendein Anzeichen aufweisen, dass sie gebissen wurden; das ist aber nicht der Fall. Einer der ersten, der das bemerkte, war der sowjetische Walforscher A. A. Berzin, der 1971 eine umfassende Studie über den Pottwal veröffentlichte. Nachdem er den Mageninhalt einer Vielzahl von Pottwalen untersucht hatte, schrieb er:

> Das Rätsel, wie der Wal an seine Nahrung kommt, wird angesichts folgender Umstände noch mysteriöser ... Beale führt ein Beispiel an, in dem Pottwale in normaler Verfassung gefangen wurden; einer war blind, bei den beiden anderen waren die Kiefer deformiert. Wir haben unter unserem Material bis zu zehn Pottwale mit deformierten Kiefern gehabt. Sie waren in derselben Verfassung wie die anderen Tiere und ihre Mägen waren gut gefüllt. Der Inhalt dieser Mägen unterschied sich qualitativ nicht von dem anderer Pottwale, die am selben Tag gefangen wurden ... Das oben Gesagte lässt den Schluss zu, das weder die Zähne noch der Unterkiefer beim Einfangen der Nahrung und beim Verdauungsprozess beteiligt sein müssen.

Wenn der Pottwal weder seine Kiefer noch seine Zähne einsetzt, um seine Nahrung zu fangen, was benutzt er dann? In seiner Studie diskutiert Berzin auch die früheren Theorien. Eine davon stammte von Thomas Beale, einem britischen Marinearzt, der 1831-1832 an Bord des Walfangschiffes *Kent* mitfuhr. Nach Abschluss der Reise schrieb er *„A Few Observations on the Natural History of the Sperm Whale"*. Das Buch wurde 1835 publiziert und war eine der wichtigsten Quellen für die Kapitel zur Walforschung in *Moby Dick*.

In seinem Buch erwähnte Beale einige große Cephalopoden, darunter einen, „den Dr. Banks und Dr. Solander bei Captain Cooks erster Reise entdeckten und (der) vom Schwanz- bis zum Tentakelende mindestens sechs Fuß [1,8 Meter] maß. ... Aber diesen", schrieb Beale, „müssen wir uns als bloßen Zwerg vorstellen, wenn man sich die enormen Dimensionen vor Augen führt, die der von Dr. Schewediawer in den Phil. Trans. erwähnte Kalmar hat, dessen Tentakel oder Arm 27 Fuß [8,2 Meter] lang war." Zu den Bemerkungen des guten Doktors, die der Royal Society eigentlich von Sir Joseph Banks vorgelegt wurden, gehört als eine Art Fußnote auch eine Geschichte, die er von jemand anderem gehört hatte, denn er sagt: „Einer der Herren, der so nett war, mir seine Beobachtungen über dieses Tier mitzuteilen, fing vor etwa zehn Jahren einen Pottwal, der ein großes, beinahe 27 Fuß [8,2 Meter] langes Dentaculum von *Sepia octopodia* in seinem Maul ... hatte. Dieses Dentaculum schien nicht vollständig zu sein, eines seiner Enden war anscheinend durch den Verdauungsvorgang bis zu einem gewissen Grad bereits zersetzt; es könnte daher in seinem ursprünglichen Zustand ein gutes Stück länger gewesen sein."*

Wie alle Pottwalfänger konnte auch Beale sich nicht vorstellen „auf welche Weise ein solch großes und schwerfälliges Tier wie dieser Wal jemals eine ausreichende Menge dieser kleinen Tiere fangen kann, wenn er sie jeweils einzeln verfolgen muss, um sie zu fressen." Er vermutete, dass der Wal bis zu einer gewissen Tiefe hinuntertaucht, wo er „sich so ruhig wie möglich verhält und nur sein enges, langes Maul so weit öffnet, dass der Unterkiefer senkrecht nach unten hängt." Die Kiefer und Zähne, so Beale, „haben eine hell glitzernde, weiße Farbe ... und scheinen der Auslöser zu sein, durch den die Beute angelockt wird. Sobald sich eine ausreichende Anzahl an Beutetieren in seinem Maul befindet, schließt er rasch den Kiefer und schluckt alles hinunter."

In seinem umfänglichen Buch „*Whales*" modifizierte der niederländische Walforscher E. J. Slijper Beales Theorie. Er schrieb: „Man geht davon aus, dass Pottwale nicht so sehr ihrer Beute nachjagen, sondern vielmehr mit offenem Maul umherschwimmen und so den Tintenfisch anlocken, der anscheinend dem Farbkontrast zwischen der dunkelroten Zunge des Pottwals und dem weißen Zahnfleisch seiner Kiefer nicht widerstehen kann." Slijper wusste offenbar über Wale besser Bescheid als über Kalmare, denn in der Dunkelheit, die tief unten im Meer vorherrscht, können die Tintenfische bestimmt nicht die Zunge des Wals, sein Zahnfleisch oder irgendetwas anderes erkennen. Berzin bemerkte, dass „in einer Tiefe von etwa 100 Metern Beute wie Jäger füreinander völlig unsichtbar sind. Darüber hinaus sind Kalmare bekanntermaßen sehr viel beweglicher als Pottwale. ... Selbst kleine Kalmare können Geschwindigkeiten von bis zu 40 Stundenkilometern erreichen, größere Exemplare sind sogar noch schneller, sodass sie die Pottwale mit Leichtigkeit abhängen." Offensichtlich muss es eine andere Möglichkeit geben, durch die der Wal die Kalmare anhalten oder zumindest soweit verlangsamen kann, dass er sie fangen kann; und tatsächlich gibt es so etwas. Sogar noch vor Berzin hatte ein anderes sowjetisches Forschergespann, Vladimir Bel'kovich und Alexei Yablokov, die Geräuschintensität berechnet, die in der Nase des Pottwals

---

* Beales Zitat aus den *Philosophical Transactions of the Royal Society of London* von 1783 entspricht nicht genau den Worten von Dr. Schwediawer. Beale nennt ihn „Dr. Schewediawer" und bezeichnet das „Dentaculum" als „Tentaculum". Der größte Teil seiner Version ist jedoch korrekt; ich habe mir erlaubt, seine Abschrift durch den Text des Originals zu ersetzen.

erzeugt werden kann. 1963 veröffentlichten sie gemeinsam einen Artikel dazu mit dem Titel *„The Whale – an Ultrasonic Projector"*, in dem sie die These aufstellen, dass der Wal in irgendeiner Weise seine Nase dazu benutzt, um Töne auszusenden, die laut genug sind, um seine Beute benommen zu machen. Berzin schrieb, das Tier konzentriere die ausgestrahlten Töne auf ein bestimmtes Objekt und könne auf diese Weise „kurzfristig einen Druck erzeugen, der – wenn auch nur für kurze Zeit – wie ein Ultraschallstoß wirke und in der Lage sei, ein Objekt zu halbieren, zu betäuben oder auch zu paralysieren."*

1983 veröffentlichten Kenneth S. Norris von der kalifornischen Universität in Santa Cruz und Berthel Møhl von der Aarhus-Universität in Dänemark ihre Hypothese, dass Zahnwale ihre Beute tatsächlich mit Hilfe von Tönen lähmen können. Clarke geht davon aus, dass Wale im Auftrieb in einer neutralen Schwimmposition verharren und dann darauf warten, dass ein Kalmarschwarm in Reichweite heranschwimmt; diese und andere Theorien wie die oben erwähnte von Beale erklären weder, weshalb Kalmare im Magen des Pottwals unverletzt sind, noch auf welche Weise ein so großes Tier wie der Pottwal es schafft, an 1000-2000 Kilogramm Nahrung pro Tag zu kommen – die Menge, die er braucht, um am Leben zu bleiben. Die „Schallknall"-Hypothese erklärt indes nicht nur, wie der schwerfällige Pottwal die flinken Kopffüßer jagt und fängt, sondern beantwortet auch viele andere Fragen, die bis dato so schwierig waren wie die nach der Fresstechnik.

Eine andere Theorie zur Lösung der Frage, wie der Pottwal seine Nahrung aufspürt, besagt, dass er selber für sein Licht sorgt. Wenn die Geräuschexplosionen des Wals Dinoflagellaten in der Tiefsee zum Aufleuchten bringen, dann liefert ihre Biolumineszenz dem Wal bei der Jagd möglicherweise genügend Helligkeit, um in ansonsten totaler Finsternis seine Beute zu sehen und dadurch auch zu fangen.** Dies erklärt allerdings weder, warum die gefangenen Kalmare keine Zahnspuren zeigen, noch berücksichtigt es die Tatsache,

---

* V. A. Kozak zufolge, einem weiteren sowjetischen Walforscher, hat der Pottwal, um in vollständiger Dunkelheit jagen zu können, „im Verlaufe seiner evolutionären Entwicklung ein einzigartiges Videoempfangssystem" entwickelt, „womit das Tier selbst in völliger Dunkelheit Objekte erkennen kann; das Bild wird dabei akustisch in Form reflektierter Schallenergie wahrgenommen." Anders gesagt besitzt der Pottwal eine Art audiovisuelles System, das Geräusche in „Bilder" umwandelt, indem es die „Blasen" auf der Rückwand des Nasofrontalsacks des Wals ausnutzt, der sich in der ausgehöhlten Schädelkapsel befindet.

* Noch weniger weiß man darüber, wie Kalmare ihre Beute in der Tiefe fangen. Einer 1995 veröffentlichten Studie von Fleisher und Case zufolge jagen Kalmare mit Hilfe von Licht, das entsteht, wenn sie Zooplankton dazu anregen, Licht auszustrahlen. Im Laboratorium hat man beobachtet, dass *Sepia officinalis*, der Gemeine Tintenfisch, und *Euprymna scolopes*, ein kleiner Kalmar aus hawaiianischen Gewässern, eine Beute ohne eigene Biolumineszenz sehr viel häufiger und effizienter fingen, wenn das Wasser durch den biolumineszierenden Dinoflagellaten *Pyrocistis fusiformis* ausgeleuchtet wurde, der wiederum durch Bewegung dazu stimuliert wird. Wenn die Beute kein Licht aussendet, muss es eben der Jäger selbst liefern.

Auf einem Bild des Künstlers Francis Lee Jaques, der sich auf die Abbildung der Tierwelt spezialisiert hat, verfolgt ein Pottwal einen Schwarm kleinerer Kalmare.

dass der Kalmar einem langsamen Schwimmer wie dem Pottwal davon schwimmen und ihm durch geschickte Manöver entkommen kann. Diese erstaunliche Theorie erschien, ohne dass jemand benannt wurde, von dem sie stammt, 1995 im Buch *„Whales, Dolphins and Porpoises"* von Darling, Nicklin, Norris, Whitehead und Würsig bei der *National Geographic Society*. *Architeuthis* leuchtet nicht auf, daher könnte diese Theorie, so weit her geholt sie vielleicht auch klingen mag, erklären, wie der Pottwal die großen Kalmare in der Tiefe des Meeres aufspüren kann.

Falls der Pottwal seine Beute durch Töne lähmt oder tötet, ist es nicht ganz einfach, die ungewöhnliche Kieferform zu erklären. Der Wal könnte seinen dicht mit Zähnen besetzten Unterkiefer wie eine Zange benutzen, um den vorbeitreibenden Kalmar aus dem Wasser oder vom Grund aufzunehmen. Das würde dann auch erklären, warum sich auf der Beute keine Zahnspuren befinden. Wenn der Kalmar in Richtung Boden treibt, könnte der Pottwal mit seinem Unterkiefer durch den Schlamm pflügen, um den Kalmar aufzunehmen. Das wäre eine Erklärung für die merkwürdigen Gegenstände, die gelegentlich in den Mägen von Pottwalen zu finden sind. Laut ihrer Untersuchung *„Stones and Other Aliens in the Stomachs of Sperm Whales in the Bering Sea"* entdeckten

Takahisa Nemoto und Keiji Nasu in Mägen von Pottwalen, die von japanischen Walfängern in der Nähe der Aleuten getötet worden waren, Steine, Sand, Krabben, Glasbojen, eine Kokosnuss sowie einen Tiefseeschwamm. (Der größte Stein, den sie fanden, wog über drei Pfund.) Dadurch würde auch plausibel, warum sich Pottwale gelegentlich unter Wasser in Telegrafenkabeln verfangen und ertrinken: Wenn der Wal den Grund durchpflügt, verfängt er sich möglicherweise zufällig in eine Kabelschleife; oder er könnte sogar das Kabel irrtümlich für den Tentakel eines Riesenkalmars gehalten haben. 1957 listete der Ozeanograph Bruce Heezen in seiner Studie *„Whales Entangles in Deep-Sea Cables"* 14 Beispiele auf, bei denen sich Pottwale in Kabeln verfingen und ertranken. Er schrieb: „Es ist möglich, dass die Wale verhedderte Massen von durchhängenden Kabeln angreifen, weil sie sie fälschlicherweise für etwas Fressbares halten." Die tiefste bisher bekannte Verstrickung dieser Art fand in einer Tiefe von über 1100 Metern statt.

Aus der Untersuchung des Mageninhalts, der sich auf die Decks von Walfangschiffen ergoss, wissen wir, dass die Wale sehr viele Kalmare fressen. Wenn man von der Anzahl der Kalmarschnäbel ausgeht, die in den Mägen von gefangenen Pottwalen gefunden wurden, kann man eine Vorstellung davon bekommen, wie viele es sind. Funde von 5000-7000 Schnäbeln pro Wal sind keine Seltenheit. Berzin erwähnt einen sowjetischen Wissenschaftler, der 28.000 Schnäbel im Magen eines einzigen Wals gefunden hat, was auf einen Fressrausch hinweist, bei dem 14.000 Kalmare verspeist wurden. (Jeder Schnabel besteht aus einem Ober- und Unterteil). Mit Sicherheit erfordert ein solcher Verbrauch eine hohe Kalmardichte, und tatsächlich bilden Kalmare unter den großen Tieren wahrscheinlich die größte Gruppe im Ozean.

Obwohl er sich weitgehend auf Indizien (oder nicht vorhandene Beweise) stützt, diskutiert Ivan Sanderson in *„Follow the Whale"*, wie viele Kalmare die gesamte Pottwalpopulation dieser Welt zum Leben benötigt:

> Die meisten Leute wissen nicht einmal, was ein Kalmar ist, obwohl diese Tiere auf der Erde wahrscheinlich insgesamt weitaus mehr an reiner tierischer Substanz stellen als zwei beliebige andere Arten von Lebewesen zusammengenommen. In jedem Ozean und jedem Meer der Welt findet man von ihnen unzählige Millionen aus einem anscheinend unerschöpflichen Reservoir; dieser Planet ist zu beinahe drei Viertel von Ozeanen und Meeren bedeckt, die im Durchschnitt beinahe zweieinhalb Meilen tief sind. Innerhalb dieses riesigen Flüssigkeitsvolumens gibt es wahrscheinlich mehr Kalmare als irgendetwas anderes.

Malcolm Clarke, ein britischer Wissenschaftler, der sich auf Pottwale und Kalmare spezialisiert hat, äußerte sich in seiner Studie von 1977 folgendermaßen zu der komplexen Wechselbeziehung beider Tiere:

Dass sich der Mensch der Existenz großer Kalmare bewusst war, hatte nichts damit zu tun, was er in seinen Netzen hatte, sondern damit, dass an der Meeresoberfläche Ungeheuer tot oder sterbend trieben, sowie mit den Erzählungen der Walfänger, die voller Erstaunen und ungläubig beobachtet hatten, wie Wale vollständig erhaltene oder armlose Kraken von immensen Ausmaßen erbrachen. Solche zweifelhaften Geschichten gerannen zu Bildern und setzten vor mehr als einem Jahrhundert Maßstäbe. Seitdem hat der Mensch verzweifelt versucht, diese Trugbilder des Meeres mit Netz und Leine einzufangen. Obwohl unsere Netze immer größer und schneller wurden, waren die Fortschritte, die man beim Fangen von Tiefseekalmaren von über etwa einem halben Meter Länge machte, doch sehr gering und wurden zudem größtenteils in den letzten zehn Jahren erzielt. Im Laufe eines Jahrhunderts lieferten Tiere, die an der Küste gestrandet waren oder aus den Mägen von Zahnwalen – besonders dem kommerziell erlegten Pottwal – stammten, zahlreiche viel versprechende Einblicke in die Welt der Tiefseekalmare.

In dieser Studie schätzt Clarke ab, wie viel Nahrung für die Versorgung der enormen Weltpopulation an Pottwalen erforderlich ist. (Dabei geht er auch auf die Schwierigkeiten bei der Schätzung von Walpopulationen ein: „Schätzungen der Walpopulation sind leider bekanntermaßen fragwürdig. Eine Schätzung von 1973 geht von 1,25 Millionen aus.") Clarke nimmt für männliche Tiere ein durchschnittliches Gewicht von 14 Tonnen an, für weibliche Tiere eines von 4,5 Tonnen und kommt auf diese Weise auf über 9 Millionen Tonnen als Gesamtgewicht für die Weltpopulation an Pottwalen; diese würden dann *pro Jahr 90 Millionen Tonnen Kalmare* brauchen. [Ich habe dies kursiv gesetzt, um mein Erstaunen zum Ausdruck zu bringen.] Das ist mehr als die Biomasse an Fisch, der jährlich weltweit gefangen wird, „und entspricht wahrscheinlich annähernd der Gesamtbiomasse der Menschheit." Mit anderen Worten: Das Gewicht der Kalmare, die jedes Jahr von den Pottwalen verspeist werden, ist größer als das Gewicht der gesamten Spezies Mensch.

In einem Interview für einen 1996 im *Smithsonian* erschienenen Artikel von Richard Conniff sagte Clyde Roper: „Ich habe einen Einblick in die Biologie des Riesenkalmars und des Pottwal gewonnen und die Berichte darüber gelesen, wo Tiere stranden und wo sich in den Mägen der Pottwale die meisten Kalmare befanden." Er sagte, er hätte mit Walfängern in den Azoren gesprochen, die die Pottwale per Hand von kleinen Booten aus harpunierten. Sobald sie getroffen seien, würden die Wale *„lula grande"* (den Riesenkalmar) erbrechen. Roper fragte, wie oft dies geschähe, und sie sagten, dass beinahe jeder Wal einen Riesenkalmar gefressen habe. „Wenn man annimmt, dass es vielleicht weltweit eine Million Pottwale gibt, dann folgt daraus, dass eine Menge Riesenkalmare herumschwimmen müssen."*(s. S. 168)

Da man über die Biologie der Kalmare immer noch so wenig weiß, ist die Untersuchung des Mageninhalts von Pottwalen eine der besten Möglichkeiten, mehr über sie zu erfahren. Wir können daher nicht nur die Anzahl der gefressenen Kalmare ermitteln, sondern auch eine Menge über die Kalmare selbst lernen. Tatsächlich leisten die Wale allen, die Kalmare studieren wollen, einen wichtigen Dienst; keine andere Art, Material zu sammeln, ist auch nur annähernd so ergiebig. Die Kalmare können meist Netzen und Grundleinen ausweichen. Wenn es jedoch darum geht, den mächtigen, tieftauchenden Walen, die sich von ihnen ernähren, zu entgehen, haben sie anscheinend weniger Glück. (Einer der Nachteile dieser Methode ist es jedoch, dass die Exemplare oft schon teilweise verdaut sind, wenn die Kalmarforscher sie zu Gesicht bekommen.) Eines der besten Bücher, das je über Kalmare geschrieben wurde, ist Malcolm Clarkes Wälzer *„Cephalopoda in the Diet of Sperm Whales of the Southern Hemisphere and Their Bearing on Sperm Whale Biology"*, der 1980 als *Discovery Report* veröffentlicht wurde. In der Einleitung zu seinem 324 Seiten umfassenden Werk schrieb Clarke: „Die Biologie von Wal und Kalmar ist eng miteinander verknüpft; um Wiederholungen zu vermeiden, müssen beide Untersuchungsobjekte zusammen behandelt werden." Seitdem im Jahr 1962 mit der Studie begonnen wurde, haben Clarke und diverse Kollegen den Mageninhalt von 461 Pottwalen untersucht; die Tiere stammten aus den Walfangstationen von Durban und Donkergat in Südafrika, aus Cheynes Beach in Albany, Westaustralien, von der Insel Südgeorgien sowie den britischen pelagischen Fabrikschiffen *Southern Harvester* und *Southern Venturer.*

---

* Alan Pampanin, Bennett Savitz und Michael Greenberg, die sich selbst als Mitglieder des *„Calamari Legal Institute"* von Cambridge, Massachusetts, bezeichnet haben, haben die von Ropert vorgeschlagene Rechnung durchgeführt; in einem Brief an den Herausgeber des *Smithsonian* schrieben sie: „In seinem Artikel vom Mai 1996 über den Riesenkalmar berichtete Richard Conniff von zwei Ergebnissen von Clyde Roper, die nur schwer zu verstehen sind. Als erstes ging Roper davon aus, dass ein Pottwal von 14 Tonnen am Tag drei oder vier Riesenkalmare frisst. Zweitens sagte er, es gäbe weltweit annähernd eine Million Pottwale. Bei vorsichtiger Schätzung würde, wenn nur jeder zweite Wal drei Kalmare am Tag fräße, pro Jahr die verheerende Menge von 547.500.000 Riesenkalmaren verzehrt. Rechnet man das weiter hoch, dann wird, wenn man das Volumen eines Riesenkalmars mit annähernd 400 Kubikfuß ansetzt, von den gierigen Pottwalen jährlich das gigantische Volumen von 219 Milliarden Kubikfuß verschlungen. In dieser Zahl, die auf einen Verzehr von üppigen 4.211.538.461 Kubikfuß an Kalmaren pro Woche hinausläuft, sind noch nicht einmal die Millionen Riesenkalmare enthalten, die wöchentlich nicht gefressen werden dürfen, damit sie sich für diese tieftauchenden Todesschiffe, die Pottwale, fortpflanzen und vermehren können.

„Der Mond besitzt, wie sich herausgestellt hat, ein Volumen von etwas über fünf Milliarden Kubikfuß. Wir schätzen daher, dass – bestünde er aus Riesenkalmaren statt aus grünem Käse – gut 80 Prozent von ihm in einer einzigen Woche von den Pottwalen unseres Planeten verzehrt würden. Wir vom *Calamari Legal Institute* haben zugegebenermaßen Schwierigkeiten, diese Zahlen zu verdauen."

Im folgenden Monat schrieb Gary Garrett als Antwort auf diesen Brief: „Um dem *Calamari Legal Institute* die Verdauung etwas zu erleichtern – das Volumen des Mondes – egal, ob er nun aus Kalamaren oder grünem Käse besteht – beträgt 5 Milliarden Kubik*meilen*, nicht Kubikfuß. Die unersättlichen Pottwale könnten daher einen Mond aus Kalamaren auch in Milliarden von Jahren nicht aufzehren."

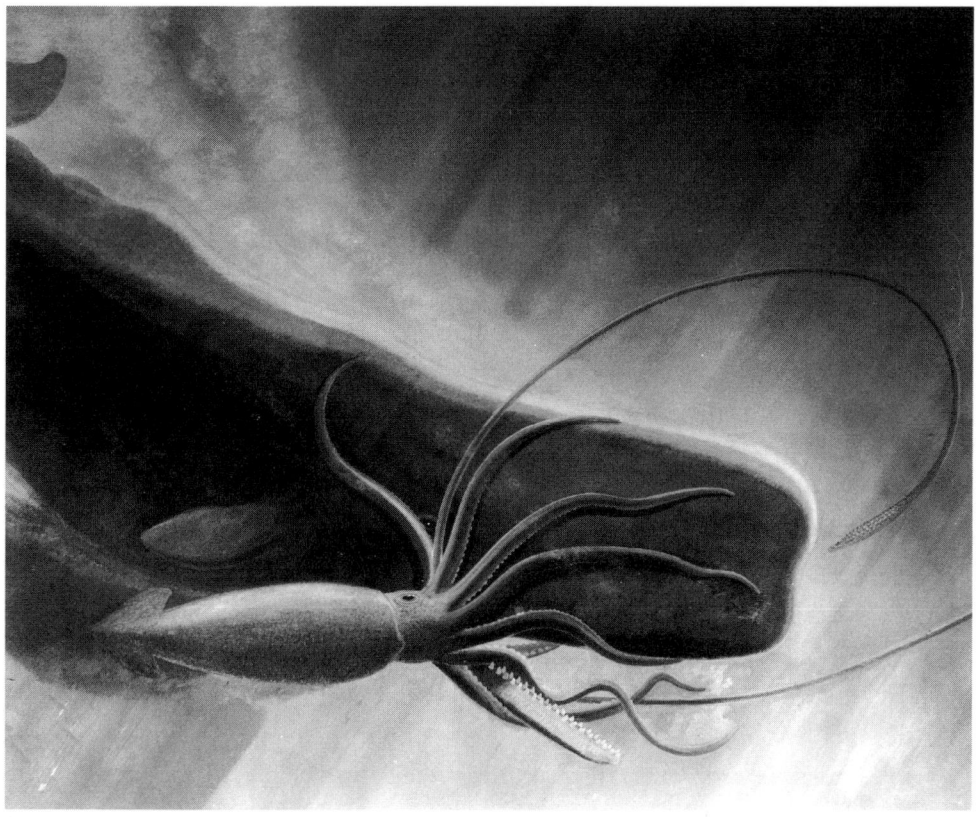

„Kampf eines Riesenkalmars mit einem Pottwal" von Francis Lee Jaques. Diese Grisaille in Schwarz und Weiß diente als Vorlage für das Diorama im American Museum of Natural History.

Über den Gegenstand, der unserem Buch den Titel gab, sagte er: „In Walen, die vor Durban, Donkergat und Albany gefangen wurden, hat man von *Architeuthis* 23 Bukkalmassen sowie acht große Fleischstücke gefunden." Trotz der allgemein verbreiteten Annahme, der Pottwal ernähre sich regelmäßig von Riesenkalmaren (siehe Ropers Behauptung), zeigte Clarkes Forschung, dass „lediglich 0,26 Prozent der gefundenen Schnäbel von *Architeuthis* stammten." Der größte *Architeuthis*-Schnabel gehörte zu einem Kalmar, der 120 bis 180 Kilogramm gewogen haben muss und daher wohl nicht zur „Monsterklasse" zu rechnen ist. Von den ausgewählten Mägen enthielt keiner die Reste von mehr als einem *Architeuthis*, woraus sich schließen lässt, dass der Wal vor allem Einzelgänger fängt oder dass „ihre riesigen Ausmaße die Flucht der übrigen erleichtern, wenn ein ganzer Schwarm angegriffen wird."

Nur, in welcher Höhe der Wassersäule *Architeuthis* jagt oder lebt, kann man nicht aus der Untersuchung des Mageninhalts von Pottwalen in Erfahrung bringen. (Andere Kalmararten wurden in bestimmten Tiefen mit Hilfe von

Netzen und Schleppnetzen gefangen. Roper und Young machten dazu 1975 eine ausführliche Untersuchung mit dem Titel „*Vertical Distribution of Pelagic Cephalopods*", schrieben jedoch über Architeuthis: „Über seine Vertikalverteilung oder andere Aspekte seiner Biologie ist nur sehr wenig bekannt.") Pottwale gehören innerhalb der Welt der Säugetiere zu den besten Tieftauchern; sie sind erwiesenermaßen in der Lage, bis in Tiefen von 3000 Meter zu tauchen und anderthalb Stunden lang den Atem anzuhalten. Sie könnten daher in jeder für sie erreichbaren Tiefe Riesenkalmare fangen. Zwei jugendliche Riesenkalmare wurden in Fischmägen gefunden. Was wir über die Verteilung der Riesenkalmare wissen – ob vertikal oder in anderer Weise – stammt jedoch überwiegend von Kalmaren, die an Stränden oder an der Meeresoberfläche auftauchen oder aus Walmägen ausgespuckt werden. Was sich in den Mägen befindet, ist natürlich abhängig davon, wo die Walfänger die Tiere erbeutet haben; genauso wie die Walfänger da jagen, wo sie glauben, dass sich dort Wale befinden, sind wahrscheinlich auch die Wale an die Stellen geschwommen, an denen sie Kalmare vermutet haben.

Pottwale haben die größten Gehirne aller Tiere, die je gelebt haben. Sie leben in vielschichtigen Sozialgemeinschaften und können höchst vielfältige Töne hervorbringen, die ohne jeden Zweifel Teil eines komplizierten Kommunikationssystems sind. Die unmittelbare Zukunft bietet zwar wenig Hoffnung auf eine Kommunikation zwischen verschiedenen Spezies, falls aber irgendein Geschöpf mehr über das geheime Leben von *Architeuthis* verraten kann, dann bestimmt *Physeter macrocephalus*, der große Pottwal, der immerhin so viel über den Riesenkalmar weiß, dass er ihn eine Meile unter der Meeresoberfläche in der Dunkelheit eines eisig kalten Ozeans aufzuspüren vermag.

Das Bild der Riesenkalmare in Film und Literatur

Es gibt sicherlich keine erschreckendere Erscheinung als ein riesiges, aus den Tiefen des Meeres auftauchendes Geschöpf mit Augen so groß wie Teller, Tentakel, die sich schlangengleich winden und nach allem greifen, einem enormen gallertartigem Körper und dem kräftigen Schnabel eines riesigen Papageien, der in den Tiefen des Meeres zu Hause ist. Selbst der menschenfressende Hai verblasst angesichts eines solchen Horrorszenarios. Nur wenige Kraken- und Kalmararten erreichen die ungeheuerliche Größe, die nötig ist, um Menschen angreifen zu können. Das hat aber weder Schriftsteller noch Filmemacher davon abgehalten, sie immer wieder dort einzusetzen, wo sie ein Menschen mordendes Unterwasserungeheuer benötigten.

Die wahrscheinlich bekannteste Szene aus „20.000 Meilen unter dem Meer" ist der Angriff eines Riesenkalmars auf das Unterseeboot *Nautilus*. (Auch wenn es nicht die berühmteste Episode des Buches ist, so ist dies doch die Szene des 1954 gedrehten Films, an die sich die meisten Leute erinnern.) In dieser Szene erspähen Aronnax, Conseil und Ned Land nach einer charakteristischen Diskussion über die unmittelbaren Gefahren, die sie erwarten könnten (sowie einigen historischen Anmerkungen) „ein schreckliches Monster, das allen Legenden über solche Kreaturen zur Ehre gereichen würde":

> Es handelte sich um einen Kalmar von gigantischen Ausmaßen, gut und gerne acht Meter lang. Er bewegte sich rudernd mit enormer Geschwindigkeit auf die *Nautilus* zu und glotzte uns aus seinen riesigen meergrünen Augen an. Seine acht Arme, oder besser gesagt seine acht Füße, die mit dem Kopf verwachsen waren und diesen Tieren die Bezeichnung Kopffüßer eingetragen haben, waren doppelt so lang wie der Leib und krümmten sich wie die Haare der antiken Furien. Man erkannte deutlich die zweihundertfünfzig an der Innenseite der Tentakel angebrachten halbkugelförmigen Saugnäpfe. Zuweilen haftete sich einer dieser Saugnäpfe an die Scheibe der *Nautilus*, indem er ein Vakuum erzeugte. Das Maul des Monstrums, ein Hornschnabel wie bei einem Papageien, öffnete und schloss sich vertikal.

Abbildung aus der Originalausgabe von „20.000 Meilen unter dem Meer". Der Künstler, der als „de Neuville" bezeichnet wird, zeichnete als Tier einen Riesenkalmar.

Seine aus einer hornartigen Substanz bestehende Zunge, die mit mehreren Reihen spitzer Zähne besetzt war, trat verwirrend aus der scharenartigen Mundöffnung. Was für ein Wunder der Schöpfung sah ich vor mir! Einen Mollusken mit Vogelschnabel! Sein spindelförmiger in der Mitte aufgequollener Leib bildete eine fleischige Masse von zwanzig- bis fünfundzwanzigtausend Kilogramm. Das Tier wirkte erregt, seine Farbe ging von einem fahlen Grau in ein rötliches Braun über.

Angefangen von der Anzahl der Arme (oder Beine) bis hin zu Augenfarbe, Körperfärbung und Beschaffenheit der Zunge ist bei Verne beinahe alles falsch, was den Riesenkalmar betrifft. Es ist schon mehr als nur „falsch", einem Tier, das 7,6 Meter lang ist und überwiegend aus Tentakel besteht, ein Gewicht von „vierzig- oder fünfzigtausend Pfund" zuzuschreiben; um so viel wiegen zu können, müsste das Tier aus Eisen bestehen. Ein 7,6 Meter langer Zwergwal, der ganz aus Fleisch und Muskeln besteht und keine langen, dünnen Arme hat, wiegt etwa 9 Tonnen. Später, als der Kalmar (vergeblich!) versucht, sich mit seinen Saugnäpfen an das U-Boot zu klammern, ruft Aronnax aus: „Mit was für einer Vitalität

Titelbild der klassischen Comicausgabe von „20.000 Meilen unter dem Meer". Die Anordnung der Trichter ist bei diesem boshaften Riesenkalmar recht ungewöhnlich: Er besitzt unter jedem seiner Augen einen.

und Kraft seiner Bewegungen hatte der Schöpfer ihn bedacht. Nicht umsonst besaß er drei Herzen!"

In „20.000 Meilen unter dem Meer" greift der Kalmar das Unterseeboot an – vermutlich um an die Leute heranzukommen; und weil dem Cephalopoden Nemos elektrische Kugeln nichts ausmachen, „da sie nicht auf genügend Widerstand stoßen, um ihre Wirkung zu entfachen", schlägt die Besatzung anschließend mit Beilen und Ned Lands Harpune nach ihm. Als das U-Boot auftaucht und die Luken geöffnet sind, schlängelt sich ein Fangarm des Kalmars durch eine dieser Luken hindurch, woraufhin Nemo ihn mit einem Schlag seiner Bordaxt abhackt. Obwohl man ihm sieben seiner acht Arme abgetrennt hat, schafft es das Ungeheuer noch, einen der Seeleute zu ergreifen. Der arme Teufel wird in einer Wolke von Tinte entführt, und die Mannschaft greift die verbliebenen zehn oder zwölf Kalmare an, die „sich der Plattform und der Flanken der *Nautilus* bemächtigt" hatten. Als der wackere Ned Land eines der

Monster harpuniert, wird er von ihm gefangen. Der Kalmar will ihn gerade mit seinem riesigen Schnabel – der dem eines Sittichs gleicht (im Original *„comme le bec d'un perroquet"*) – zerquetschen, da rettet Nemo ihn, indem er seine Axt tief zwischen die beiden Schnabelhälften einschlägt. Land rammt dann seine Harpune tief in das dreifache Herz des Tieres und die Episode findet ein glückliches Ende.

Bei anderen Anlässen wird der Riesenkalmar seinem Ruf oft mehr als gerecht, wenn er in der Literatur auftaucht. Als H. G. Wells 1905 die Geschichte *„The Sea Raiders"* schrieb, war es erst ungefähr zwanzig Jahre her, dass eine große Anzahl Riesenkalmare in Neufundland ans Ufer gespült worden war. Wells verändert den Ort der Handlung; seine Geschichte spielt in Sidmouth an der Küste von Devonshire. Er erfindet *Haploteuthis ferox* – was man mit „einzelner wilder Kalmar" übersetzen könnte – und lässt die Tiere einen Herrn Fison angreifen, der einige von ihnen dabei beobachtet hat, wie sie den Leichnam eines Menschen fressen. Als Fison sich das näher ansehen will, erkennt er, dass

> die rundlichen Körper unbekannte, grässlich anzusehende Geschöpfe waren, deren Form in etwa einem Kraken ähnelte; mit riesigen, sehr langen und beweglichen Tentakel drehten und wanden sie sich unaufhörlich auf dem Boden herum. Ihre Haut glitzerte gefährlich wie glänzendes Leder. Das nach unten gekrümmte, von Tentakel umstandene Maul, der merkwürdige Auswuchs an dieser Krümmung, die Tentakel und die großen intelligenten Augen verliehen den Kreaturen das groteske Aussehen eines Gesichts. Ihre Körper hatten die Größe eines respektablen Schweins; die Tentakel schienen ihm viele Fuß lang zu sein. Es waren, dachte er, mindestens sieben oder acht dieser Geschöpfe.

Fison versucht, sie durch Rufen zu vertreiben. Als er aber den Fehler macht, einen Stein nach ihnen zu werfen, jagen sie ihn den Strand entlang: „Und dann entrollten sie langsam Stück für Stück ihre Tentakel und begannen, sich auf ihn zu zu bewegen – erst krochen sie nur langsam und bedächtig, wobei sie sich mit einer Art Schnurren untereinander verständigten."

Der glücklose Fison entkommt den amphibischen Kalmaren, indem er ein Kliff heraufklettert („An einer Stelle konnte er hören, wie die Kreaturen in die Wasserbecken platschten – noch nicht einmal 12 Fuß unter ihm"). Als sich die Cephalopoden in das Wasser zurückgezogen haben, trifft es Leute in Booten, die nicht so viel Glück haben. Die Kalmare versammeln sich direkt vor der Küste („Dann wuchsen die Dinger langsam, wurden größer und größer, bis schließlich der Meeresboden völlig von ihren sich windenden Formen bedeckt war, und dunkel erhoben sich die Spitzen ihrer Tentakel über den Wogen des Meeres hier und da in die Lüfte"), sie ziehen Fischer über Bord und

Der Kalmar „schwenkt sein Opfer wie eine Feder", während ein unerschütterliches Mitglied der Nautilus-Besatzung auf ihn einschlägt. Unten links ist einer der Arme des Kalmars richtig als Tentakel samt Keule dargestellt.

fressen dann alle Insassen eines Ausflugsbootes: drei Frauen, ein Kind, ein Ruderer und „ein kleiner Mann, der einen Strohhut mit einem rosafarbenen Band trug" fallen ihnen zum Opfer. Das Bild eines Schwarmes von Giganten, von lautstarken Kalmaren in seichten Küstengewässern ist der Stoff, aus dem Albträume sind; wenn sie jemals *an Land* kommen sollten ... Insgesamt töten die „Räuber" aus den Tiefen des Meeres elf Menschen, dann verschwinden sie plötzlich auf ebenso mysteriöse Weise, wie sie gekommen sind, wieder aus Sidmouth. Bis auf ein paar Kadaver, die an Land getrieben werden – einer „mit einer tiefen Schnittwunde von einem Entermesser" – werden sie nie wieder gesehen.

Neben jenen Erzählungen (wie *„The Cruise of the 'Cachalot'"*), die Frank Bullen versucht hatte, als Tatsachenberichte auszugeben, schrieb er auch Geschichten, die als Fiktion gelesen werden sollten; diese wurden 1902 in dem Sammelband *„Deep-Sea Plunderings"* zusammengefasst. Unter dem Titel *„The Last*

Stand of the Decapods" findet man in diesem Buch auch eine Geschichte, die wahrscheinlich im gesamten Schriftgut über Riesenkalmare einzigartig ist: In ihr kommt keine einzige Person vor, die von den Fangarmen ergriffen oder in Richtung eines alles zermalmenden Schnabels gezogen wird. Sie handelt stattdessen von der Rivalität zwischen Kalmar und Pottwal und enthält einige wunderbare Metaphern; allerdings erinnert nichts davon auch nur entfernt an die Wirklichkeit.

Die Geschichte beginnt mit einer ausführlichen Diskussion der naturgeschichtliche Entwicklung des 'Kraken'; diese hält sich gelegentlich, mehr oder weniger der Form halber auch an die Tatsachen, entschädigt jedoch dafür mit einem Ausmaß an schöpferischer Phantasie, das H. G. Wells vor Neid hätte erblassen lassen. Hier ein Beispiel:

> In seinem eigenen Reich, wo er sich weit unterhalb der Meeresoberfläche in einer Korallenhöhle oder einem Felsenlabyrinth zusammenkauert, muss er einen so fürchterlichen Anblick bieten, dass die Vorstellungskraft davor zurückschaudert ... Er besitzt einen zylindrischen Körper, der bei den größten bisher nachweislich gesehenen Exemplaren eine Länge von 18-21 Metern und einen in der Regel halb so großen Umfang erreicht, also beträchtlich länger ist als ein Pullman-Eisenbahnwaggon ... Bis jetzt gibt es nichts besonders Auffallendes am Erscheinungsbild dieses mächtigen Zylinders – außer seiner Farbe. Diese variiert von Individuum zu Individuum, erinnert jedoch stets an die Tönung eines sehr hellgefärbten Leoparden. Das heißt, die Grundfarbe ist ein bläulich-grünes Weiß, die Zeichnung selbst grellrot und -gelb gesprenkelt, wobei diese dunklere Farbgebung gelegentlich blassblau umrandet ist ... Unser Freund hat außerdem zehn Arme, die aus seinem Kopfkranz entspringen; acht von ihnen sind 12 Meter, zwei dagegen 21-24 Meter lang.

Dann hebt Bullens Erzählung tatsächlich ins Reich der Phantasie ab: Anscheinend beherrschten die mächtigen „Kraken" die Meere so lange, bis die Pottwale feststellten, wie lecker die „Kraken" schmecken, und sie zu verschlingen begannen. „Lange kam es nur zu vereinzelten Übergriffen. Doch dann suchten sich die Kraken gegenseitig auf und schlossen sich aus Verzweiflung zu einer bisher nicht bekannten Interessengemeinschaft zusammen, die nur von einer einzigen Idee beherrscht war: sich gegen den neuen Feind zusammenzutun. Denn, da sie wussten, welche immense Größe ihre Art in den abgelegeneren Festen des Ozeans erlangen konnte, konnten sie einfach nicht daran glauben, dass sie zur hilflosen Beute für diese neuen Aufsteiger werden sollten." Eine Versammlung von Riesenkalmaren ist ein wahrhaft wundersamer Anblick und gibt Bullen die Gelegenheit zu schreiben: „Wir können nur erahnen, wie diese riesigen Massen von sich windendem Fleisch ausgesehen haben könnten, als sie im fahlen Schimmer der phosphoreszierenden Tiefen in Sätzen von jeweils hundert Faden rückwärts jagten, wobei sie ihre schrecklichen Arme hinter sich her zogen, die aussahen wie das Haar der Medusa – nur um das Zehntausendfache vergrößert; und jeder der schlangenähnlichen Zöpfe trägt tausend Mäuler anstatt eines." Die Monster versammeln sich auf dem Meeresgrund: „Viele Tausend kamen zusammen, und keiner aus dieser Schar war kleiner als sechzig Fuß lang und hatte einen geringeren Körperumfang als dreißig Fuß. Von dieser Größe an ging es aufwärts bis zu einigen – den anerkannten Führern –, die sich mit ihren zylindrischen Rümpfen, die so riesig wie ein Ozeandampfer waren, und ihren Tentakel, die sich über ein ganzes Dorf legen konnten, wie Inseln zwischen den anderen herausragten."*

Als die Riesendekapoden dicht gedrängt auf dem Meeresgrund kauerten, überbrachte einer von ihnen die Nachricht, 10.000 Pottwale seien auf dem Weg zu ihnen; daraufhin stießen sie „eine so dichte Wolke von Tinte aus, dass der klare blaue Ozean viele Meilen weit im Umkreis trüb, abgestanden und faulig wurde." Doch weder das trübe Wasser noch die schlechte Sicht hielten die Wale davon ab „hineinzutauchen in das abgründige Glühen; hinunter, immer tiefer und mitten hinein in diese Wildnis lauernder Teufel". Sie zerfetzten die Kalmare in kleine Stücke, bis die Überlebenden „sich losrissen von den Überresten ihrer letzten Gefährten und, so schnell sie konnten, zu den Tiefen und Spalten zurückkehrten, wo – wie sie sich sehnsüchtig erhofften – ihre Feinde niemals hingelangen konnten. Mit sich trugen sie die Gewissheit, dass sie von nun an nicht mehr länger die Herren des Meeres waren, dass sie, anstatt wie bisher alles Lebende zu verschlingen, das in den Bereich ihrer ausgebreiteten Schlangenarme kam, jetzt und für alle Zeit zur Beute einer edleren Rasse von Geschöpfen, einer höheren Daseinsform, werden mussten und dass sie damit schließlich den Platz gefunden hatten, der ihnen als nützliche Kreaturen im weiten Feld des Gebens und Nehmens der Schöpfung zukam."

Der Ruf des Schreckens, der den Riesenkalmaren vorauseilte, sorgte dafür, dass sie für Filme wie geschaffen waren. Da man jedoch wenig darüber wusste, wie sie aussehen und wie sie sich verhalten, war es recht schwierig, sie nachzumachen. 1942 führte Cecil B. DeMille Regie in „Piraten im Karibischen Meer" (*„Reap the Wild Wind"*), einem verschwenderisch ausgestatteten Kostümfilm über Segelschiffe im frühen 19. Jahrhundert. (Zu den Schauspielern gehörten John Wayne, Ray Milland, Susan Hayward, Paulette Goddard, Raymond Massey und Robert Preston.) In der großen Schlussszene unter Was-

---

* Natürlich muss dies nicht die definitive Beschreibung eines Riesenkalmars sein. Selbst erbärmliche Übertreibungen wie die von Cousteaus Saugnäpfen mit einem Durchmesser von 60 Zentimetern (S. 215) verblassen angesichts von „Kalmarrümpfen so riesig wie ein Ozeandampfer". Immerhin hatte Bullen den Anstand zuzugeben, dass er Romane schrieb.

ser gehen zwei Taucher mit Tauchhelm (Wayne und Milland), Rivalen um die Hand von Goddard, auf eine Tiefe von „zehn Faden" hinunter, um ein Wrack zu untersuchen, wodurch Wayne entweder entlastet oder der Mittäterschaft am Schiffbruch der *Southern Cross* beschuldigt werden wird. Hier folgt der Auftritt des Bösewichts, eines Riesenkalmars, der sich in diesem Wrack häuslich eingerichtet hat.

Dieser spezielle Kalmar ist ein orangefarbenes, schwammiges Gummiwesen, das aus dem Vorschiff auftaucht und einen Tentakel um Milland schlingt. John Wayne, dessen Karriere davon abhängt, dass sein Rivale keinen sicheren Beweis findet, sieht erst zu, wie Milland mit dem Kalmar kämpft, schließlich siegt aber doch das Gute in ihm, und er greift in den Kampf ein. Da Wayne tatsächlich schuldig ist, gelingt es ihm zwar, Milland zu befreien, aber natürlich muss er dann mit dem Kalmaren untergehen. In diesem Film erfüllt *Architeuthis* wahrscheinlich genau die Erwartungen des Publikums: Er lauert in untergegangenen Schiffen und wartet auf glücklose Taucher. Im Nachhinein gesehen, mit all dem, was man inzwischen weiß, ist der Kalmar in „Piraten im Karibischen Meer" nicht besonders gut getroffen, und seine Gewohnheiten sind geradezu grotesk. Damals war es jedoch ein solch einmaliger Beitrag zur Filmgeschichte, dass er einen Oskar für die Spezialeffekte erhielt.

Die Genialität der Walt-Disney-Studios war erforderlich, um den Riesenkalmar in Filmen lebendig werden zu lassen. In „20.000 Meilen unter dem Meer" von 1954 wird das Tier als aggressiver Tiefseeräuber dargestellt, der das Unterseeboot angreift. (Vor der Attacke verkündet Kapitän Nemo noch, dass die *Nautilus* gerade in Tiefen vorgedrungen ist, „die noch kein Mensch zuvor erreicht hat." Als der sich nähernde Kalmar zum ersten Mal durch das Bullauge der *Nautilus* gesichtet wird, schreit einer der Besatzung: „Riesenkalmar achtern, Sir!" und der Kampf beginnt. Der Kalmar ergreift das Ruder des U-Bootes, kann jedoch durch einen Elektroschock wieder davon abgebracht werden. Kapitän Nemo (gespielt von James Mason) lässt die *Nautilus* an der Oberfläche auftauchen – wo natürlich ein Sturm tobt. Der Kalmar folgt dem Boot und umschlingt es mit seinen Tentakel, während Nemo seine Männer mit Äxten, Hellebarden, Flensmessern und Harpunen bewaffnet. Als er sich anschickt, seine Leute in die Schlacht zu führen, tut er dies mit den Worten: „Ihr werdet sozusagen Auge in Auge mit dem hartnäckigsten aller Seeungeheuer kämpfen. Nehmt euch in Acht vor den Tentakel; sie greifen nach allem, was in ihrer Reichweite ist, und umklammern es, bis es tot ist!" In einem Gewirr unzähliger verwrungener und sich windender Arme und in strömendem Regen gehen Männer über Bord, tasten Tentakel auf der Suche nach geeigneten Opfern die offenen Luken des Unterseebootes ab und ruft Nemo, die einzige Möglichkeit, das

Ungeheuer zu töten, sei, es genau zwischen den Augen zu treffen. Bevor Nemo ihm diesen Todesstoß versetzen kann, zieht ihn sein Angreifer mit einem schlangengleichen Tentakel unter Wasser und weiter in Richtung seines bedrohlich schnappenden Mauls. Ned Land (Kirk Douglas), der unten eingesperrt worden war, befreit sich noch gerade rechtzeitig, um an Deck zu klettern und den Kalmar mit seiner Harpune genau zwischen den Augen zu treffen; dann taucht er unter, um Kapitän Nemo zu retten.

Als der Film gedreht wurde, galt er als ein Wunderwerk sensationeller Spezialeffekte, besonders was die Herstellung und den Einsatz des Riesenkalmars betraf. Für die Kampfszenen an Deck hatte man ein zwei Tonnen schweres Kalmarmodell entworfen; 16 Männer waren für seine Elektronik, die Hydraulik und die Fernsteuerung erforderlich, weitere 50 saßen in seinem Inneren und zogen an den Schnüren, mit denen die einzelnen Tentakel bewegt wurden. Der aus Kapok bestehende Körper des Kalmars war ein Werk von Chris Mueller, einem Bildhauer, und Bob Mattey, einem Experten für mechanische Effekte; letzterer entwarf später auch den weißen Hai in „*Jaws*" („Der weiße Hai"). Zunächst war die Kampfszene in ruhiger See mit einem roten Sonnenuntergangshimmel als Hintergrund gedreht worden. Dabei waren jedoch alle Schnüre zu sehen gewesen. Daher entschloss man sich, das Wetter in einen Sturm zu verwandeln und die Einstellung noch einmal zu drehen. In seinen Memoiren beschreibt der Regisseur Richard Fleischer die Ereignisse, die zum erneuten Drehen führten:

> Dadurch, dass die Szene wie bei Tag ausgeleuchtet wurde, konnte man nicht nur jede Schnur sehen, mit denen der Kalmar bewegt wurde, sondern auch jeden Fehler in der Konstruktion; und davon gab es viele. Das Deck der *Nautilus* sah wie eine Betonplatte aus. Mit all den Matrosen und dem riesigen Kalmar sollte es wenigstens ein bisschen kippen oder hin- und herschwanken. Tat es aber nicht. Dann war da noch der Kalmar selbst. Das Material, aus dem er hergestellt worden war, zerfiel allmählich. Große Stücke der Tentakel fielen ab, als die Seeleute mit ihnen rangen. Manchmal kamen die Tentakel als Ganzes herunter, und wir mussten mit dem Drehen aufhören, um sie wieder anzukleben.

Für die Unterwasseraufnahmen benutzte man ein 60 Zentimeter langes Kalmarmodell sowie ein entsprechend verkleinertes Miniatur-U-Boot. (In der Szene, in der der Kalmar zum ersten Mal die *Nautilus* angreift, wurde das Kalmarmodell so hingelegt, dass die Tentakel um das Steuerruder geschlungen waren, und dann weggezogen. Als man den Film rückwärts laufen ließ, sah es so aus, als nähere sich der Kalmar dem Unterseeboot und schnappe es sich dann.) Es sieht fast so aus, als sei die Mitwirkung eines Riesenkalmars ein sicherer Weg, einen „Oskar" zu bekommen; wie „Piraten im Karibischen Meer" gewann auch dieser Film den Preis für die besten Spezialeffekte.

Der müde aussehende Kalmar in „*Voyage to the Bottom of the Sea*" („Unternehmen Feuergürtel") von 1961 hätte allerdings keinen Oskar gewinnen können. Er sitzt nur auf dem Boden, seine Aktionen beschränken sich auf ein schlappes Wackeln mit den Tentakel und gelegentliche Augenbewegungen. Er spielt keine allzu große Rolle in dem Film und beeinflusst den Ablauf der Geschichte eigentlich in keiner Weise. Letztlich geht es allerdings hier um „den Meeresgrund"; daher musste ein Riesenkalmar her. Aus Gründen, die zusammengenommen viel zu kompliziert (und auch zu albern) sind, um sie hier in allen Einzelheiten aufzuzählen, muss ein schniekes atomares U-Boot ein auf dem Meeresboden verlaufendes Telefonkabel „anzapfen". Admiral Harriman Nelson (Walter Pidgeon) schickt Kapitän Lee Crane (Robert Sterling), um dieses oder jenes an diesem Kabel anzuschließen. Rund um das Korallenriff lauert ein schlaffer, nahezu bewegungsloser Riesenkalmar, der seine Tentakel durch den Seetang schlängelt, um Kapitän Crane zu schnappen. Seine Taucherkollegen eilen herbei, um ihn zu retten. Dabei schwingen sie Messer und Leuchtraketen und irgendwie bringen sie den Kalmar dazu, eine Wolke hellroter Flüssigkeit auszustoßen (Ist es Blut oder rote Tinte?). Nachdem der Kalmar aus dem Weg geräumt ist und die Telefonleitung abgehört wurde, setzt das Unterseeboot seinen Weg zur Rettung der Welt fort. Zuvor muss allerdings noch ein Riesen*krake* das U-Boot packen, der aber mit heftigen, hellblau aufblitzenden Stromstößen erledigt wird.

Im Film „Voyage to the Bottom of the Sea" aus dem Jahre 1961 stellte ein künstlich und müde aussehender Riesenkalmar keine große Bedrohung dar.

Der Umschlag der Reprint-Ausgabe von Ian Flemings „Dr. No" aus dem Jahre 1986. Im Roman, allerdings nicht im Film, muss James Bond (007) einem Furcht erregenden Riesenkalmar entkommen, der „zwei lange Greiftentakel und zehn Tentakel zum Halten" haben soll. (Auf dieser Abbildung kann man neun Arme erkennen – einen mehr als der Riesenkalmar wirklich hat.)

Der erste der Filme über die Abenteuer von James Bond, *„Dr. No"* („James Bond (007) jagt Dr. No"), wurde im Jahre 1962 gedreht. Darin nimmt der für den Filmtitel verantwortliche Größenwahnsinnige 007 gefangen. Dieser kann jedoch entkommen, um schließlich die gesamte karibische Insel, die Dr. No sich als Basis für seine Eroberung der Welt ausgewählt hat, in die Luft zu jagen. In dem Film leckt ein Tank, der mit einem Flammenwerfer bestückt ist, und setzt Radioaktivität frei. Darüber hinaus sind die gigantischen Explosionen für sich genommen schon beängstigend genug. Dies alles ist allerdings nichts im Vergleich zur Boshaftigkeit, die in Ian Flemings Roman herrscht. In dem 1958 veröffentlichten Buch flieht Bond aus seiner Zelle und hat eine Reihe von Hindernissen wie elektrische Zäune, eiskalte und brennende Luftschächte sowie einen ganzen Raum voller Taranteln zu überwinden. Als er aber in einem abgeschlossenen Tiefseebecken gefangen ist, muss Bond erkennen, dass Doktor No für das Nonplusultra eines Killers gesorgt hat, um ihn zu überfallen:

Das Wasser unter ihm erbebte. Irgendetwas hatte sich tief unter der Wasseroberfläche bewegt. Ein leuchtendes Grün von enormer Länge wurde sichtbar, schwebte weit unten in der Dunkelheit. Etwas schlängelte sich daraus empor, eine Peitschenschnur so dick wie Bonds Arm. Die Spitze dieses Lederriemens war länglich oval verdickt und besaß regelmäßig angeordnete knospenförmige Markierungen. Es wirbelte durch das Wasser, wo eben noch die Fische gewesen waren, und verschwand wieder. Jetzt war nur noch der riesige graue Schatten zu sehen. Was machte er? War er ...? Schmeckte er das Blut?

Wie als Antwort tauchten langsam zwei fußballgroße Augen auf. Fünf Meter unter Bonds Füßen hielten sie an und glotzten durch das ruhige Wasser in sein Gesicht ...

Bond blickte halb hypnotisiert zu diesen Augen hinunter. Das war also der riesige Tintenfisch, der sagenhafte Krake, der Boote unter Wasser ziehen konnte, das zwölf Meter lange Ungeheuer, das mit Walen kämpfte, das eine Tonne und mehr wog. Was wusste er sonst noch darüber? Dass er zwei lange Arme zum Greifen und zehn zum Halten besaß. Dass er einen großen, plumpen Schnabel unterhalb der Augen hatte, die als einzige Fischaugen wie die des Menschen nach dem Kamerasystem arbeiteten. Dass sein Gehirn leistungsfähig war, dass er mit einer Geschwindigkeit von dreißig Knoten rückwärts durchs Wasser schießen konnte. Dass explosive Harpunen in seinem gallertartigen Mantel bersten konnten, ohne ihn zu schädigen ... Aber die hervorstehenden Augenscheiben trieben weiter nach oben. Die Wasseroberfläche kräuselte sich. Jetzt konnte Bond auch das Gewirr von Fangarmen sehen. Sie schwebten vor den großen Augen wie dicke Schlangen. Bond erkannte die runden Öffnungen der Saugnäpfe an der Unterseite. Hinter dem Kopf öffnete und schloss sich der große Mantellappen sanft; dahinter verlor sich der Rest des gallertartigen Körpers im Wasser. Lieber Himmel, dieses Biest war so groß wie eine Lokomotive!

Als sich Bond an dem Drahtzaun festklammert, hinter dem der Kalmar gefangen ist, greift der Cephalopode, der so groß wie eine Lokomotive ist, mit einem seiner Tentakel „vorsichtig wie der tastende Rüssel eines Elefanten" nach ihm und „wie eine riesige schleimige Raupe krabbelte der Greifarm an seinem Bein hinauf." Er kann die Saugnäpfe auf seinen Rippen spüren, wie sie an seinem Fleisch zerren und ihn hinunter ziehen. Der Kalmar erscheint an der Oberfläche: „Die Augen starrten rötlich und bösartig zu ihm hinauf. Das Gewirr von Haltearmen züngelte an seinen Füssen und Beinen hoch und riss das Leinengewebe weg ... Die Augen und der große dreieckige Schnabel tauchten aus dem Wasser auf, und der Schnabel schnappte nach seinen Füßen." Aber selbst ein Riesenkalmar ist 007 nicht gewachsen. Gerade als er in den „großen dreieckigen Schnabel" hineingezerrt werden soll, zieht Bond einen Speer aus seinen Hosenbein, wirft sich mit aller Kraft auf das Tier und sticht ihm tief in eines seiner fußballgroßen Augen. Der Kalmar stößt eine riesige Wolke klebriger schwarzer Tinte aus, sinkt jedoch nach unten, bis es außer Sicht ist, und lässt Bond frei, damit er den bösen Doktor No ersticken kann, indem er eine Ladung Dünger über ihn schüttet. Für einen James-Bond-Film war „Dr. No" recht schlicht und bescheiden; es gab nur wenige außergewöhnliche Spezialeffekte, die für die späteren Bond-Filme so typisch waren. (Selbst die Sprengung einer ganzen Insel wurde mit recht einfachen pyrotechnischen Mitteln bewerkstelligt.) Offenbar war es nicht beabsichtigt, einen glaubwürdigen Riesenkalmar zu schaffen, oder es überstieg die Fähigkeiten der Filmemacher.

Ungeachtet der biologischen „Tatsachen" greifen Autoren, die ein gigantisches, bedrohliches Unterwassermonster brauchen, oft auf *Architeuthis* zurück. Michael Crichton (der später „*Jurassic Park*" schrieb) machte den Riesenkalmar zum Erzbösewicht eines Sciencefictionromans, der inzwischen verfilmt wurde und den er nach einer riesigen Metallkugel, die keine Schweißnähte hatte und 300 Meter unter der Meeresoberfläche halb eingegraben auf dem Grund des Pazifiks gefunden wurde, „*Sphere*" nannte. Es ist ein außerordentlich kompliziertes Buch, in dem es um Raum und Zeitreisen, schwarze Löchern sowie Gedankenkontrolle durch außerirdische Kräfte geht, sowie darum, dass das menschliche Gehirn die Kraft hat, sich Furcht erregende Wesen auszudenken und sie dadurch lebendig werden zu lassen. (Hier treffen „*20.000 Meilen unter dem Meer*", „*2001*" und „*Alien*" aufeinander.) Eine der Romanfiguren sagt, dass ihm der Kalmar in dem Film „20.000 Meilen unter dem Meer" schreckliche Angst eingejagt habe, und prompt erscheint wirklich ein Kalmar. Crichtons Riesenkalmar entspricht nicht genau der Wirklichkeit, aber irgendwie ist er doch real genug, um tatsächlich Leute zu töten.

Sein erstes Opfer wird „beinahe vollkommen zerquetscht", seine Haut „sieht aus, als sei eine grobe Feile darüber hinweg gegangen." Als sie den Körper außerhalb ihrer Tauchstation bergen sollen, wird den Tauchern gesagt: „Ihr seid nicht alleine da draußen, und was auch immer dort haust, es ist verdammt groß." Das ist es in der Tat. Zwar wird seine Größe nie wirklich angegeben, aber dieses Exemplar ist riesig (einmal wird es als „so groß wie ein Haus" beschrieben) und bei mehreren Gelegenheiten ergreift und schüttelt es die Station, steckt sogar einen seiner Tentakel hinein, um nach Opfern zu suchen – etwa wie in der Disney-Verfilmung von „20.000 Meilen unter dem Meer", die etwa 28 Jahre vor Crichtons Roman entstand. Obwohl Crichton einer seiner Figuren eine genaue Beschreibung eines Riesenkalmars in den Mund legt („Es gibt mindestens drei verschiedene Arten ... Der Schnabel ist in einen Muskelring eingebettet, mit dem er gedreht werden kann ... und die Radula – die Zunge des Kalmars – hat eine raue Oberfläche, die an eine Feile erinnert"), beschließt er am Ende doch, dass ein 900 Pfund schweres Tier mit 12 Meter langen Armen nicht unheimlich genug ist, also lässt er es in der Dunkelheit grün schimmern und gibt ihm die Fähigkeit, seine grüne Farbe in regelmäßigen Abständen aufblitzen zu lassen. (Riesenkalmare haben keine Photophoren und leuchten daher nicht.) Die Taucher töten ihn schließlich, indem sie durch die Außenhaut ihrer Tauchstation zwei Millionen Volt hindurch schicken – eine weitere Anleihe beim Film von Disney.

Ungeachtet dessen, wie wenig wir tatsächlich vom „Kraken" wissen, hat seine Furcht erregende Erscheinung die Menschen zu allen Zeiten, angefangen von Plinius dem Älteren bis zu Peter Benchley, dazu angeregt, Vermutungen darüber anzustellen, wie er beschaffen ist – und das oft in übertriebenen, Angst einjagenden oder abstoßenden Worten. So führt zum Beispiel Frank Bullen den Riesenkalmar in einer Mischung aus Dichtung und Wahrheit unter dem Titel „*Denizens of the Deep*" folgendermaßen ein:

> Er verfolgt seine Beute nicht; vielmehr wartet er wie eine jegliche Vorstellungskraft übersteigende Spinne in der Mitte seines Netzes aus weitreichenden Tentakel. Mit seinen riesigen Augen durchdringt er das bräunlich gefärbte Wasser in seiner Umgebung, bis sich auf ein Zucken in einem der entlegenen Arme hin das abgründige Maul öffnet; der mächtige papageienähnliche Schnabel schlägt aufeinander, wenn das um sein Leben ringende Opfer hineingestopft wird.

1992 schrieb Arthur C. Clarke für das Magazin *Omni* einen Artikel mit dem Titel „*Squid! A Noble Creature Defended*". Darin verteidigt er nicht so sehr den Kalmar, sondern beschreibt vielmehr, wie er mit ihm literarisch verbunden ist. Er beginnt seinen Artikel mit der Ankündigung, er habe gerade gehört, wie Peter Benchley das „*Beast*" im Radio anpries. Das kommentiert er folgendermaßen: „Prima, Peter – aber warum hast du dafür so lange gebraucht? Schließlich liegt diese Idee doch ziemlich klar auf der Hand. *Ich* muss es wohl wissen." Offensichtlich haben die Produzenten von „Der weiße Hai" Clarke gebeten, das Drehbuch für „Der weiße Hai, Teil 2" zu schreiben. Clarke lieferte jedoch einen Entwurf für eine Geschichte ab, in der *Architeuthis* die Hauptrolle übernehmen sollte. Dieser Vorschlag basierte auf einer Kurzgeschichte, die er 1962 geschrieben hatte: „*The Shining Ones*". Im *Omni*-Artikel schrieb er: „Ich konnte nicht widerstehen, es [das Drehbuch] ‚*Tentacles*' zu nennen, obwohl ich wusste, dass das an der Kinokasse anzügliches Gekicher hervorrufen würde."*

---

* Obwohl Clarke nichts damit zu tun hatte, gab es tatsächlich einen Film namens „*Tentacles*". Dieser war so miserabel, das er tatsächlich zu „anzüglichem Gekicher" an der Kinokasse führte. In dem 1977 gedrehten, italienischen Film, bei dem Henry Fonda, Shelley Winters und John Huston mitspielten, ging es um einen Menschen fressenden Kraken, der unglückselige Schwimmer und Seeleute verschlingt, weil er durch „illegale" hochfrequente Töne irritiert wurde; er wird schließlich von einem Schwarm abgerichteter Killerwale getötet.

1966 beschreibt Clarke in „Challenge of the Deep" den Augenblick, in dem er zum ersten Mal einem Riesenkalmar begegnete:

Als Junge sah ich einmal durch Zufall ein Bild, das mich mein ganzes Leben lang nicht mehr losließ. Es war eine Illustration in einem Buch über Walfang, *„The Cruise of the Cachalot"* von Frank Bullen, und zeigte zwei ganz unglaubliche Meeresungeheuer, die in einem Kampf auf Leben und Tod ineinander verkeilt waren. Eines davon war ein großer Pottwal, der mit seinem rechteckigen Kopf und dem engen Kiefer, der darunter wie eine Säge eingehängt war, selbst schon unheimlich genug aussah. Doch die Gestalt, mit der er kämpfte, schien geradewegs einem Albtraum entsprungen zu sein. Es war eine riesige, wabblige Masse, aus der ein ganzer Wald von Armen hervorwuchs, die dicht mit Saugnäpfen besetzt waren und sich um den Kopf und das Maul des Wals gewickelt hatten. Aus der Mitte dieses Durcheinanders von Tentakel starrten zwei riesige Augen hervor, deren Blick von einer kalten und bösartigen Intelligenz zeugte. Es war die Furcht erregendste Gestalt, die ich je gesehen hatte, und ich konnte kaum glauben, dass es so etwas wirklich gab."

Clarke brachte es fertig, dieses Angst und Schrecken verbreitende Wesen in seinen Roman „Childhood's End" von 1953 einzubauen, eine Geschichte

Die Abbildung aus der Ausgabe von 1910 von Frank Bullens „The Cruise of the 'Cachelot'", an die sich Arthur C. Clarke aus seiner Kindheit erinnerte und von der er behauptete, „dass es das Furcht erregendste Ding gewesen ist, das ich je gesehen habe".

von außerirdischen Herrschern, die das Ende der Welt überwachen, ein Thema, von dem man annehmen könnte, dass es wenig mit einem Riesenkalmar zu tun hat. Selbst dabei wird jedoch seine Faszination für diese Kreatur offenbar, da er zwei seiner Figuren ein Tableau für das „Museum" der Herrscher ausarbeiten lässt. Obwohl es sich so anhört, als sollte eine tatsächliche Begegnung unter Wasser beschrieben werden, ist es in Wirklichkeit die Beschreibung eines Dioramas:

> Der lange, mit Sägezähnen ausgestattete Unterkiefer des Wals war weit geöffnet, bereit, sich über seiner Beute wieder zu schließen. Der Kopf des Tieres war unter einem sich windenden Netzwerk weißer, glitschiger Arme, mit denen der Riesenkalmar verzweifelt um sein Leben kämpfte, kaum noch zu erkennen. Seine Saugnäpfe hatten bläulich verfärbte Markierungen mit einem Durchmesser von über 20 Zentimetern hinterlassen, die dort, wo sich die Arme festgeklammert hatten, die Haut des Wals sprenkelten. Ein Tentakel war bereits verstümmelt, und es konnte kein Zweifel am endgültigen Ausgang der Schlacht geben. Wenn die beiden größten Tiere der Erde miteinander kämpften, war immer der Wal der Gewinner. Trotz der immensen Kraft seiner zahlreichen Tentakel lag die einzige Hoffnung des Kalmars in der Flucht, bevor der geduldig arbeitende Kiefer des Pottwals ihn in Stücke zersägt hatte. Seine großen ausdruckslosen Augen von einem halben Meter Durchmesser starrten auf seinen Zerstörer – obwohl aller Wahrscheinlichkeit nach in der Dunkelheit dieses Abgrunds keine der beiden Tiere das andere wirklich sehen konnte.

Wie aus der Illustration (S. 186) in Bullens Buch ersichtlich, hat sich Clarke richtig erinnert, und seine Beschreibung des „Dioramas" ähnelt erstaunlich dem Bild, das ihn als Kind derartig verfolgt hatte.

Clarke setzte seine literarische Liebesbeziehung zu *Architeuthis* in „*The Shining Ones*" fort, einer bemerkenswerten Geschichte mit techno- und teuthologischen Elementen, die wahrscheinlich noch in vielen Jahren nicht entdeckt werden. Kurz zusammengefasst handelt sie von einem Berater für Unterwassertechnik. Die Russen lassen ihn kommen, um einen hydrothermalen Mammutgenerator zu reparieren, der vor Sri Lanka in einer Tiefe von 1000 Metern auf irgendeine Weise beschädigt worden ist. Der Ingenieur, ein Schweizer namens Klaus Müller, taucht mit seinem Mini-U-Boot hinunter und sieht, dass ein großes Stück des Heizelements abgerissen worden ist. Er repariert den Schaden, taucht wieder an die Oberfläche und berichtet, dass er sich nichts vorstellen kann, was an dem Gitter, das einem gigantischen Autokühler gleicht, einen solch verheerenden Schaden angerichtet haben könnte. Bei seinem nächsten Tauchgang entdeckt er jedoch zwei Riesenkalmare von 6 Metern Länge, die allerdings offensichtlich zu klein sind, um den Rost beschädigt zu haben. Als er sie genauer beobachtet, bemerkt er, dass sie ihre Photophoren in bestimmten wiedererkennbaren Mustern aufblitzen lassen. Als erstes erkennt er ein Blitzlichtmuster, das seinem Unterseeboot ähnelt; dann erzeugen sie Muster, die wie Kalmare aussehen. Er begreift, dass *„die Kalmare miteinander reden"* (von Clarke kursiv hervorgehoben). (Riesenkalmare besitzen keine Photophoren und können daher einander mit Licht keine Botschaften senden. Alle Kalmare, auch *Architeuthis*, können jedoch sehr schnell ihre Farbe ändern, und man glaubt mittlerweile, dass diese Farbwechsel unter anderem auch der Kommunikation dienen.) Sie blitzen einander dann ein „Bild" zu, auf dem Müller einen riesengroßen Kalmar erkennt, und er sagt sich: „Mein Gott, sie haben das Gefühl, das sie allein mit mir nicht fertig werden. Sie sind weg, um ihren großen Bruder zu holen." Die Geschichte ist in Form einer Abschrift einer Bandaufzeichnung geschrieben und endet damit, dass Müller ausruft: „Joe! Du hattest Recht mit Melville! Das Ding ist wirklich gigan...".

Das Zitat von Herman Melville, auf das Joe in *„The Shining Ones"* anspielt, lautet: „Eine ungeheure, schlüpfrige Masse, wohl an die zweihundert Meter lang und breit, von sahnigem Glanz, trieb auf dem Wasser; unzählige lange Arme strahlten von ihrer Mitte aus und schlangen und wanden sich wie ein Knäuel Anacondas, als wollten sie blindlings jedes unselige Geschöpf ergreifen, das sich in ihre Reichweite verirrte." Es erscheint erneut in Clarkes Geschichte *„Big Game Hunt."* In *„The Shining Ones"* erklärt Clarke, eine Achtelmeile sei etwas groß für Riesenkalmare, wie wir sie kennen, fügt aber hinzu, dass Melville „ein Mann war, der jeden Tag Pottwale traf und ein Längenmaß zu finden versuchte, um etwas sehr viel Größeres zu beschreiben – so ging er automatisch gleich von Faden auf Achtelmeilen über."

„Big Game Hunt" ist eine kurze Geschichte von lediglich sechs Seiten. Sie dreht sich um einen Biologen, der sich eine Methode ausgedacht hat, um das Verhalten verschiedener wirbelloser Tiere mit Hilfe von Elektrizität zu beeinflussen. Auf dem Meer will er seine Vorrichtung an unserem alten Freund *Architeuthis* erproben – hier von Clarke als *Bathyteuthis* bezeichnet. Es klappt: Der Kalmar wird von elektrischen Impulsen dazu gebracht, an die Oberfläche zu kommen, und sie filmen sogar das „monströse Tier, das kein Mensch je zuvor unter solch idealen Bedingungen gesehen hat." Unglücklicherweise ist der Kalmar stärker als diese Vorrichtung, und es kommt zu einem Kurzschluss. Sobald der Kalmar erkennt, dass er „sein eigener Herr" ist, reagiert er heftig, und obwohl das Ende der Geschichte weitgehend der Phantasie des Leser überlassen bleibt, müssen wir annehmen, dass der Film und der Professor Opfer eines sehr übellaunigen und sehr großen Kalmars geworden sind.

In *„The Deep Range"* nennt Clarke das Tier aus irgendeinem Grund *„Bathyteuthis maximus"*, obwohl er sicher seinen richtigen wissenschaftlichen Namen kannte. Dieser Roman spielt in der Zukunft, als Wale wegen des Profits gehalten werden. Die Handlung dreht sich um einen der Aufseher in der Walfarm, der entdeckt, dass die Pottwalverluste in einem bestimmten Bereich außergewöhnlich hoch sind. Ein Wal, der übel zugerichtet und tot auf der Meeresoberfläche schwimmend aufgefunden wird, ist mit Saugnapfmarken übersät, die einen Durchmesser von 15 Zentimeter haben. Die Wissenschaftler und die Aufseher kommen zu dem Schluss, dass nur ein einziges Geschöpf in der Lage sein kann, einem Pottwal einen solchen Schaden zuzufügen: ein Riesenkalmar, von dem sie annehmen, er müsse „etwa 45 Meter lang sein." Aber anstatt das Monster einfach nur zu töten, beschließen sie, es gefangen zu nehmen. Sie benutzen ein mit zahlreichen Lampen bestücktes U-Boot als Lockmittel und tauchen damit auf eine Tiefe von 1000 Metern hinunter:

> Ein ganzer Wald bewegte sich über den Meeresgrund – ein Wald sich windender, schlängelnder Rüssel. Der große Kalmar erstarrte für einen Moment, als würde er von den Suchlichtern aufgespießt; wahrscheinlich konnte er sie sehen, obwohl sie für menschliche Augen unsichtbar waren. Dann raffte er mit unglaublicher Schnelligkeit seine Tentakel, bildete eine kompakte, stromlinienförmige Masse und schoss mit der vollen Kraft seines eigenen Rückstoßes geradewegs nach oben auf das U-Boot zu.

Es gelingt ihnen, eine Sonarsonde in den Mantel des Riesenkalmars – Spitzname Percy – zu implantieren, sodass sie später zurückkehren können, um ihn einzufangen. Marineland hat ihnen 50.000 Dollar für einen gesunden Riesenkalmar geboten („Ein Riesenkalmar wäre die größte Sensation, die Marineland je hatte"). Sie planen, das Geld für ihre weitere Forschung zu nutzen. (An dieser Stelle der Geschichte zitiert Clarke erneut die ganze Passage mit dem Riesenkalmar aus „Moby Dick".) Percy misst „etwa 45 Meter von den Fluken bis zu den Spitzen seiner Fühler". Sie bringen es fertig, ihn mit Betäubungsmittelbomben zu narkotisieren und können ihn so an die Oberfläche treiben, wobei er wie ein schlapper Lappen über einem der Unterseeboote hängt. Sie setzen ihn in einen speziell angefertigten Pferch und haben damit den ersten Riesenkalmar, der je an die Meeresoberfläche gebracht wurde, gefangen:

> Zuerst schwamm er langsam von einem Ende des rechteckigen Betonkastens zum anderen und erkundete die Seiten mit seinen Tentakel. Dann begannen die beiden immensen Fühler hoch zu steigen und schwenkten in Richtung der atemlosen Beobachter, die sich rund um den Rand des Docks versammelt hatten. Sie berührten den elektrisch geladenen Maschendraht – und schnellten so rasch zurück, dass ihnen die Blicke der Zuschauer kaum folgen konnten ... Zweimal noch wiederholte Percy dieses Experiment, bevor er sich davon überzeugt hatte, dass es in dieser Richtung kein Entkommen gab; dabei starrte er die ganze Zeit zu den

mickrig kleinen Zuschauern hoch; sein Blick schien dabei eine überaus wache Intelligenz zu verraten, die genauso groß war wie die ihre."

Man wünschte sich, Clarke hätte Percys Gefangenschaft weiter verfolgt. Brachten sie ihn nach Marineland? Was gaben sie ihm zu fressen? Lebte er danach wieder munter weiter? Unglücklicherweise lässt „The Deep Range" Percy in seinem Kasten zurück und fährt mit dem Schluss der Geschichte fort, in dem der Führer der buddhistischen Welt das Halten von Walen insgesamt abschaffen will, und der Mann, der Percy eigentlich eingefangen hatte, muss sich mit wichtigeren Problemen als einem Kalmar in einem Betonkasten herumzuschlagen. 1992 jedoch, am Schluss seines Artikels in Omni hofft Clarke, dass Benchleys „Beast" „keinen weiteren Vernichtungsfeldzug im Meer hervorruft, der diesmal dem Riesenkalmaren gilt." (Clarke hält Benchley für die massive Vernichtung der Weißen Haie verantwortlich, die auf die Veröffentlichung von „Jaws" hin folgte.)

Clarkes Riesenkalmare sind nur ein schwacher Abklatsch der böswilligen Monster, die Jules Verne, H. G. Wells und Peter Benchley vor Augen hatten. Zwar ist das Tier, das Clarke in einer seiner Geschichten Bathyteuthis nennt, größer als die Riesenkalmare der anderen, aber statt Leute anzugreifen und zu fressen, will es nur in den Tiefen des Meeres in Ruhe gelassen werden, um aufzuleuchten und Pottwalen aus dem Weg gehen. Auch wenn die einzigen Exemplare, die uns bisher außerhalb des Reichs der Phantasie vor Augen kamen, bereits tot waren oder im Sterben lagen und uns keinen Hinweis auf ihr normales Verhalten geben konnten, bleibt Clarke doch hartnäckig bei seiner glühenden Bewunderung: „Dieses Jahrhundert hat eine vollständige Wandlung in unserem Verhalten anderen Tieren gegenüber mit sich gebracht, einschließlich solcher, die einst als erbitterte Feinde galten ... Der Riesenkalmar ist mit ziemlicher Sicherheit ein hochintelligentes Tier; wäre die Möglichkeit dazu gegeben, wäre es sicher ebenso verspielt wie sein Vetter – der reizende Molluske, der Krake." Dann wiederum möglicherweise auch nicht.

Wenn man einen ganzen Roman über einen Pottwal schreibt, wird man an irgendeiner Stelle sicher eine Episode über ein Zusammentreffen mit einem Riesenkalmaren einfügen müssen; schließlich muss der Hauptdarsteller etwas zu fressen haben. (Melville schrieb sicher einen Roman, der eine Menge mit einem bestimmten Wal zu tun hatte, aber ich glaube, man muss gerechterweise sagen, dass „Moby Dick" eigentlich nicht von einem Pottwal handelt.) In Hank Searls' Roman „Sounding" von 1982, in dem Pottwale viel über andere Wale nachdenken und warum die Menschen sie töten, kommt irgendwann die Zeit, an der einer der Wale Hunger bekommt:

Beinahe zweitausend Fuß unter ihr, im Abgrund vor dem Kontinentalsockel ortete sie über ihr Echolot acht Riesenkalmare, seit Jahren die größten, die sie ausgemacht hatte ... Sie befanden sich fast an ihrem Tiefenlimit. Obwohl sie selbst zwölf Meter lang war, entsprachen die zwei größten Tentakel des kleinsten Kalmaren etwa ihrer Körperlänge. Seine acht festgewachsenen Glieder, die kürzeren Arme, mit denen der Kalmar seine Beute ergreift, hatten eine Länge von gut drei Metern. Die sieben anderen Kalmare kamen nicht in Frage. So große Kalmare könnten ihr mit Leichtigkeit das Blasloch zuhalten und sie dort unten ertränken. ... In der Tiefe, in der er zu Hause ist, ist jeder Riesenkalmar in Bezug auf Sicht und Geschwindigkeit gegenüber dem Pottwal im Vorteil. Er schimmert leicht auf Grund der Lumineszenz, die ihm, obwohl sie vor allem zum Anlocken der Beute dient, erlaubt, durch Lichtreflexionen gelegentlich einen Blick auf die Umgebung zu werfen. Der Kalmar selbst war ein mordgieriger Fleischfresser. Seine zehn Arme waren mit Saugnäpfen gespickt, die nicht losließen und jeweils mit einem Sägezahnrand versehen waren, der wie die Klinge eines Flensers Walfischspeck durchschneiden konnte. Die zwei längeren Fangarme brachten das Opfer nah an die kürzeren heran, die von der Spitze bis zum Ansatz dicht mit Saugnäpfen besetzt und so stark waren, als seien sie aus gehärtetem Stahl. Ein gut ernährter, tausend Pfund schwerer Kalmar konnte seine langen Glieder um einen arktischen Hai schließen, den um sein Leben Kämpfenden zu den kürzeren Armen hinziehen und ihn bis zur Bewegungslosigkeit zusammenpressen, während er ihn mit seinem Papageienschnabel in Stücke zerriss und ihn im Schutz seines Mantels verschlang."

Searls, der auch „*Jaws II*" („Der weiße Hai", Teil 2) schrieb, war von den „mordgierigen Fleischfressern" ebenso fasziniert wie Peter Benchley. Er liebte es, ihre Vorgehensweise zu beschreiben, auch wenn er sie erfinden musste. Der weibliche Pottwal fuhr den Kalmar mit einer Geräuschsalve an, die ihn „betäubte, allerdings nur kurzfristig. Er glitt weg, befreite sich halbwegs, und sie fühlte, wie seine langen, dicht mit Saugnäpfen besetzten Tentakel nach ihren Augen tasteten und sein Schnabel ihr Blasloch suchte ... Sie schleppte sich an die Oberfläche, beladen mit einem 800 Pfund schweren, sie umklammernden und schneidenden Kalmar."

Es ist nicht allzu erstaunlich, dass in E. Annie Proulxs Roman „Schiffsmeldungen", der in Neufundland spielt, ein Riesenkalmar vorkommt. Er taucht nur in einer Nebenhandlung einer Geschichte über einen der Männer auf, der – wie beinahe jeder in dieser Erzählung aus dem modernen Neufundland – eine Pechsträhne hat:

Sieht so aus, als wär' er gezeichnet. Er ist der, der vor acht, neun Jahren einen Schrecken bekam. Dass seine Haare binnen eines Monats weiß wurden. Er war nämlich beim Fischen draußen, mit seinem Bruder in der Nähe des Kessels, und sieht dieses schlaffe, alte Ding im

Wasser liegen. Dachte, es wär' ein Geisternetz, weißt du, eins, das sich losgerissen hat und an die Oberfläche gekommen is'. Also fahren sie hin, er stochert mit seinem Haken dran rum, und, guter Gott am Morgen, da kommt dieser riesengroße Fangarm aus dem Wasser – Dennis hielt seinen Arm über den Kopf, die Hand gekrümmt und bedrohlich – und packt ihn. Wickelt sich um seinen Arm. Er sagt, so was Starkes hat man noch nie erlebt. Tja, zum Glück für ihn war er nicht allein. Sein Bruder schnappt sich das Messer, das er zum Kabeljauschneiden benutzt und beginnt, an dem klammernden Fangarm herumzusäbeln, alles Muskeln, und die Saugnäpfe klebten so eng, dass fürchterliche Male zurückblieben. Aber er schnitt ihn durch und setzte den Motor in Gang, während ihm das Herz fast aus dem Leibe sprang, weil er jeden Augenblick damit rechnete, dass die anderen Fangarme auf seiner Schulter landeten. Sie kamen da raus. Die Universität zahlte ihnen Geld für den abgeschnittenen Fangarm.

Dabei kommt einem die Erzählung eines anderen Neufundländers in den Sinn: Theophilus Piccot. Ob sie nun wahr ist oder nicht, die Geschichte von Piccot und dem Riesenkalmar von Portugal Cove (S. 87) gehört mittlerweile zur Geschichte Neufundlands; und wieder einmal belohnt das Mitwirken von *Architeuthis* den Autor: Für ihren 1993 erschienenen Roman erhielt Proulx den Pulitzer-Preis und den National Book Award.

Don Reed, ein ehemaliger Taucher bei *Marine World Afrika USA* in Kalifornien, wandte sich, nachdem er 1987 seine Karriere im Ozeanarium beendet hatte, dem Schreiben von Büchern für „junge Erwachsene" zu; sein Thema blieb das Meer. 1995 veröffentlichte er *„The Kraken"*, ein Buch, in dessen Mittelpunkt der junge Tom Piccot steht; von wem die Bedrohung ausgeht, kann man leicht erraten. Bei der Recherche für dieses Buch reiste Reed nach Neufundland und traf sich mit diversen Nachkommen von Tom Piccot, darunter auch Margueritte Aldrich, der Witwe von Frederick Aldrich, die „kalmarisch" mit ihm redete. Außer über das Vorkommnis mit dem Riesenkalmar selbst, weiß man wenig über Tom Piccot. Daher baute Reed die Geschichte ein bisschen aus, wie es sein gutes Recht als Romanschriftsteller ist, und erfand eine frühe dramatische Begegnung mit dem Riesenkalmar in Portugal Cove. Der Kalmar kommt an die Oberfläche und stiehlt einen Fisch, den Tom gerade einholt:

> Unterhalb des Heilbutts kam irgendetwas *anderes* mit an die Oberfläche. Etwas so Riesiges, dass sein Auftauchen einen Schwall von Wasser vor sich hertrieb, der die Oberfläche so aufwühlte, als wenn ein Wal auftauchen würde. Bestimmt nur ein Heringsschwarm, sagte Tom zu sich selbst, ein ganzer Schwung von ihnen, darum macht das Ganze so viel her. Er wartete darauf, dass der Schwarm seine Richtung ändern würde. Aber es waren nicht viele Fische; es war nur ein Tier. Und es drehte nicht ab ... Die Kreatur unter ihm wechselte die Farben und wurde beim Näherkommen immer größer; jetzt weiß, im nächsten Moment rosa-

violett, zuletzt eine im Dunkeln nicht erkennbare Tönung, die aber wie Tom wusste ein ganz dunkles Rot war – die Farbe von Blut und Zorn ... Es war ... ein Kalmar, ein Riesenkalmar, fünf Mal so lang wie das Boot. Seine Augen waren riesengroß, schwarz und totenweiß und flimmerten in einem grauenhaften Grün.

In Neufundland – teilweise auch außerhalb dieses Gebietes – finden viele andere Ereignisse statt: Kabeljau wird gefangen, ein Riesenkalmar greift den Schoner Pearl an (was, wenn überhaupt, im Indischen Ozean stattgefunden hat; S. 204 f.), schlimme Stürme, Seehunde werden gejagt, Fallen gestellt und auf die Jagd gegangen. Zum Höhepunkt des Romans kommt es, als der junge Tom Piccot dem großen Kalmar, der das Boot angreift, den Tentakel abhackt, nachdem sie auf ihn draufgerudert sind. Er bringt sogar den Tentakel zu Moses Harvey (dem Mann, der den Tentakel tatsächlich im Jahre 1873 erhalten hat), dem Priester von St. John's. Dieser wird angesichts dieser Errungenschaft etwas hysterisch: „6 Meter lang, mehr als dreimal so groß wie ein Mensch! Ho-Hooo! Endlich! Endlich! Mein Junge, du weißt überhaupt nicht, was das bedeutet! Mit diesem Ding hier", er packte die Tentakelspitze und stieß sie in Toms Richtung, „halte ich den Schlüssel zu einem Geheimnis in meinen Händen! Zum ersten Mal hat die Welt einen Beweis, einen eindeutigen, unleugbaren Beweis! Es gibt den Teufelsfisch, den Kraken, den Riesenkalmar wirklich!" Sicher gibt es ihn in Reeds unauffälligem, aber gut recherchierten Roman, aber auch in einer größeren und sehr viel extravaganteren Form in Peter Benchleys „Beast".

In diesem Roman aus dem Jahre 1991 stellte Benchley sich sein „Biest" als einen kraftvollen, rachsüchtigen Jäger vor und machte ihn trotz aller gegenteiligen Beweise 30 Meter lang. In fiktiven Geschichten kann ein Riesenkalmar durchaus 30 Meter lang sein, ein Dutzend Tonnen wiegen, seine grünen Lichter in Abständen aufblitzen lassen und auf seinen Tentakel Haken besitzen; ja

Titelbild von Peter Benchleys Roman aus dem Jahre 1991. Im Gegensatz zu den wirklichen Tieren besitzt auf der Zeichnung jeder der Saugnäpfe des Arms eine einzelne Kralle.

er kann sich sogar Sorgen machen. Tatsächlich existierende Exemplare sind nicht so kooperativ, uns irgendetwas anderes zu enthüllen als ihre ungeheure Gestalt – und das auch noch so unzureichend, dass wir immer noch nicht wissen, wie viele Spezies es gibt, wo sie leben (wie wissen nur, wo sie sterben), was sie fressen, wie sie sich fortpflanzen, wie groß sie werden, ob sie aggressive Jäger oder doch nur passive Aasfresser sind.

Wie alle Romane über „Menschen fressende Monster" von Benchley wurde auch „*Beast*" ein Bestseller.* „*Jaws*" („Der weiße Hai") war ein Knüller, als es 1974 veröffentlicht wurde, zum Überflieger wurde es aber erst, als es unter der Regie von Steven Spielberg verfilmt wurde. Bevor 1977 „*Star Wars*" herauskam, war „*Jaws*" („Der weiße Hai") der Film in der Geschichte Hollywoods, der die höchsten Summen eingespielt hatte. Benchley hatte die Absicht, seinen Riesenkalmar-Roman „*The Last Monster*" zu nennen, sein Verleger hielt jedoch „*Beast*" für einen besseren Titel und setzte sich durch. (In dem Roman kommt jedoch ein Experte für Riesenkalmare vor, der ein Buch mit dem Titel „*The Last Dragon*" schreibt.)

Wie in „*Jaws*" beginnt das Buch mit einer Beschreibung des Ungeheuers, das für den Titel des Buchs verantwortlich ist und in den dunklen Tiefen des Ozeans lauert:

> Es schwebte wartend im sepiaschwarzen Wasser.
>
> Es war kein Fisch; es hatte keine Schwimmblase, die ihm Auftrieb gab, doch durch die besondere Beschaffenheit seines Fleisches sank es nicht in die Tiefe.
>
> Es war kein Säugetier; es atmete keine Luft, also spürt es auch kein Verlangen, an die Oberfläche zu tauchen.
>
> Es schwebte.
>
> Es schlief nicht, denn es kannte keinen Schlaf; Schlaf gehörte nicht zu seinen natürlichen Rhythmen. Es ruhte und absorbierte den lebenswichtigen Sauerstoff aus dem Wasser, das es durch die Höhlen seines patronenförmigen Körpers pumpte.

Und wie in „*Jaws*" („Der weiße Hai") verschlingt das Monster wieder zuerst einmal einige nichtsahnende Menschen. Auf Grund der Ähnlichkeiten zwischen dem Haithriller und dem Thriller mit dem Riesenkalmar könnte man vermuten, beide folgten einem bestimmten Schema: In einer Stadt an der Küste beginnt ein riesiges Ungeheuer, Leute zu fressen. Darauf bricht Panik aus. Der Held – meist ein Meeresbiologe in Begleitung eines tapferen Fischers – bietet

---

* 1994 schrieb er „*White Shark*", was keineswegs von einem Hai handelt, sondern von einem Experiment, das die Nazis vor dem Ende des Krieges durchgeführt haben. Darin wird als Kriegswaffe ein Wasser atmender Mensch geschaffen, der mit Kiemen und Zähnen aus rostfreiem Stahl ausgestattet ist. Der deutsche Codename für dieses Ungeheuer lautete „Weißhai".

sich an, das Ungeheuer zu überwältigen. Zwei führende Männer der Stadt wollen die Strände nicht schließen. Daraufhin werden weitere Menschen gefressen. Der unerschrockene Held triumphiert und erledigt das Monster mit einer pyrotechnischen Explosion. In „Beast" gibt es sogar eine Episode mit einer feinen Anspielung auf das vorangegangene Werk; Whip Darling, der tapfere Fischer, sagt darin: „Immer wenn ich Leute über Monster reden höre, denke ich an „Jaws". Die Leute vergessen immer, dass „Jaws" Fiktion war, was nichts anderes heißt als ... dummes Zeug ... Ich sage immer, wenn mir jemand etwas über ein Tier erzählt, das so groß wie der Anhänger eines Sattelschleppers sein soll, dann streicht man am besten sofort ein Drittel oder die Hälfte von dem, was er sagt. ... Wenn man aber Geschichten von diesem Biest hier hört, dann kommt es mir so vor, dass man am besten überhaupt nichts weglässt. Im Gegenteil, das Klügste ist, man nimmt alles doppelt."

Es ist keine Überraschung, dass Benchley *Architeuthis* zum Hauptdarsteller seines Romans gemacht hat. Geht man von den (weitgehend irrigen) Übertreibungen aus, die rund um den Giganten kursieren, dann erweist sich *Architeuthis* mit Sicherheit als ein wahres Monster. Von einem 18 Meter langen Tier mit einem scharfen Schnabel, gigantischen, starren Augen und herumrudernden Armen mit Klauen und Saugnäpfen geht immer etwas Abstoßendes aus.

Benchley hat sich viele Details aus „Beast" einfach ausgedacht, einige jedoch – wie die Geschichte, die er über „etwas" erzählt, das nahe dem Meeresgrund in großen Tiefen an den Fallen der Fischer zieht – basieren, wenn schon nicht auf Tatsachen, so doch auf Legenden. So berichtete J. Richard Greenwell im *Newsletter* der *International Society of Cryptozoology* von einem Fischer auf den Bermudas namens John P. „Sean" Ingham, der eine Menge Ärger mit seinen Fallen hatte. Um Tiefseekrabben und Garnelen zu fangen, ließ er sie regelmäßig auf etwa 1800-3600 Meter herunter; diese extra noch verstärkten Fallen kamen dann verbogen und beschädigt wieder hoch – in einigen Fällen sogar überhaupt nicht mehr.

Am 3. September 1984 war Ingham gerade dabei, mit der Winde eine Falle hochzuziehen, die er in 900 Meter Tiefe auf dem Meeresgrund ausgelegen hatte, als etwa auf halbem Wege die Leine aus Polyäthylen riss. Damit sie zerriss, musste ein Gewicht von 600 Pfund einwirken. Dr. Bennie Rohr, ein Biologe aus dem *National Marine Fisheries Service Southeast Laboratory* in Pascagoula, Mississippi, vermutete, dies sei das Werk eines Riesenkraken gewesen, da diese Tiere von einem Käfig voller leckerer Garnelen oder Krabben unwiderstehlich angezogen würden. (Riesenkalmare ernähren sich bevorzugt von einer Beute, die sich schneller bewegt, zum Beispiel Fische oder andere kleinere Kalmare.) Ein anderes Mal sollte eine kleinere Falle aus 860 Meter Tiefe wieder hochgebracht werden. Sie schien allerdings mit dem Boden verwurzelt zu sein, als ob sie von etwas sehr Schwerem festgehalten würde. Das Seil, das eine Reißfestigkeit von 4000 Pfund hatte, begann nachzugeben. Wie um zu beweisen, dass sich die Falle nicht am Boden verfangen hatte, begann dasjenige, was auch immer sie festhielt, das 15 Meter lange Boot hinter sich herzuziehen. Als Ingham seine Hand auf die Leine legte, spürte er „leichte Erschütterungen, als wenn irgendetwas liefe".

Als „Biest", das Benchleys Roman den Namen gibt, stellt sich ein 30 Meter langer, menschenfressender Riesenkalmar heraus. Seine Angriffe auf die Fischfallen von Whip Darling sind jedoch direkt Sean Inghams Logbuch entnommen. Im Roman zieht Darling gerade im Tiefwasser seine Fallen ein, als ihm Mike, der Maat, meldet: „Irgendetwas stimmt nicht." Auf Mikes Vermutung hin prüft Darling das Tau. „Es zuckte unregelmäßig in seiner Hand. Es bockte wie ein Motor mit Fehlzündung." Als die Leine hochgezogen wird, erscheint zwar das Kabel aus rostfreiem Stahl an der Oberfläche, an dem der Käfig hängt, die Falle ist aber verschwunden. „Durchgebissen!", stellt Darling fest. „Sauber durchgebissen." Vier weitere Fallen werden eingebracht, und vier weitere Kabel sind sauber durchtrennt. Das letzte Kabel kommt unversehrt hinauf, aber die Falle ist so kräftig um die Gewichte zusammengepresst, „dass das Ganze aussah wie ein im Hochofen geschmolzener Klumpen."

Mike starrt ihn einen Moment lang an, dann sagt er: „Großer Gott, Whip. Welcher Hurensohn hat das gemacht?"

„Mit Sicherheit kein Mensch", antwortet Darling. „Ein Tier auch nicht. Zumindest keines, das ich kenne."

In „*Sharks Are Caught at Night*", das 1958 veröffentlicht wurde und vorgab, ein wahrer Bericht seiner Abenteuer in der Karibik zu sein, erzählt Francois Poli eine bemerkenswert ähnliche Geschichte, die, wie er sagt, „in jeder kubanischen Zeitung auf der ersten Seite stand." Ein Fischer namens Sanchez stellte fest, dass seine Bojen „langsam und ohne Ruckeln" hinuntergezogen wurden; als er seine Leinen nicht mehr herausziehen konnte, bemerkte er, „dass sein Haken sich nicht an einem Felsen, sondern in einer lebendigen, unglaublich schweren Masse verfangen hatte." Er wusste, dass es kein Krake war, weil „ein Krake nicht so gezogen hätte." Drei Tage lang versuchten sie, das Monster einzufangen – vergeblich.

Als die Fischer ihre Geschichte erzählten, wurde sie von der Presse aufgegriffen und „zwei Tage später erfuhren 50.000 Kubaner beim Frühstück, dass rund um die Insel in einer Tiefe von 180-270 Metern ein riesiges Monster sein Unwesen trieb." Ein Fischer namens Torial hatte dafür eine Erklärung. Er meinte, dass vor bestimmten verlassenen Küsten Mexikos Monster auftauchen würden, die nie zuvor genau beschrieben worden seien, da keiner je näher als eine Meile an sie heran gekommen sei. Sie besäßen einen riesigen zylindrischen Körper mit gelben Streifen und Tentakel, die denen von Kraken ähnelten. Immer wenn eines von ihnen vor der Küste gesichtet würde, würden sich die Fischer tagelang weigern, in See zu stechen. Am Ende bekam keiner heraus, was das für ein Tier war, aber als Ralph Thompson die englische Ausgabe von Polis Buch illustrierte (das Original war auf Französisch erschienen), zeichnete er das geheimnisvolle Tier als Riesenkalmar.

„Seine acht geschmeidigen Arme bewegten sich mit der Strömung", schrieb Benchley in „*Beast*", „seine beiden langen Tentakel schlängelten sich eng an seinen Körper. Wenn es bedroht wurde oder durch seinen Killer-Instinkt in wilde Ekstase geriet, schossen seine Tentakel hervor wie dornige Peitschen ... Es existierte um zu überleben. Und zu töten. Denn für die Tierwelt eigenartig – wenn nicht sogar einzigartig – war die Tatsache, dass es oft ohne Grund tötete, als wäre es von der Natur in einem Anfall perverser Böswilligkeit entsprechend programmiert worden."

Ist davon irgendetwas erwiesen? Außer dass der Kalmar acht Arme hat und zwei längere Tentakel, ist kein einziges Wort wahr. Selbst wenn wir etwas über die Essgewohnheiten des Riesenkalmars wüssten – was nicht der Fall ist –, wäre es absurd zu behaupten, dass „er oft ohne Grund tötete". Seine „dornigen Peitschen" entspringen ebenfalls der Phantasie (sind aber wichtig für die Erzählung), da *Architeuthis* weder auf seinen Tentakel noch irgendwo sonst Zähne hat, es sei denn man sieht die mikroskopisch kleinen Dentikel auf seiner Radula als Zähne an.

Trotz der Absichten der Autoren (oder vielleicht gerade *deswegen*) wird in diesen „Monster"-Romanen oft die Grenze zwischen Dichtung und Wahrheit verwischt wenn man nur daran denkt, wie die Leute auf die Geschichten von dem menschenmordenden, im Wahnsinn rasenden Weißen Hai aus „*Jaws*" reagiert haben – und oft wird die Realität durch Sensationslust ersetzt. Man könnte argumentieren, ein Schreiber von Horrorromanen sei nicht daran gebunden, dass die Einzelheiten biologisch korrekt sind. Das könnte auch für Jules Verne gelten, bei dem ein 7,5 Meter langer Riesenkalmar, der zwischen 36.000 und 45.000 Pfund wog, seine Arme in die Luken der *Nautilus* schob und unglückselige Seeleute aus dem Unterseeboot herauszerrte, um sie zu verschlingen. Trotzdem geht es zumindest denjenigen, die wissen, wie wenig tatsächlich über *Architeuthis* bekannt ist, ganz schön auf die Nerven, wenn sie hören, dass in „Beast" ausgerechnet der „Meeresbiologe" einen solchen Unsinn von sich gibt.

Nachdem zwei Sporttaucher gefressen worden sind, ziehen die Stadtväter Dr. Herbert Talley, die weltweit führende Autorität auf dem Gebiet der Kalmare und Autor von „*The Last Dragon*", dem maßgeblichen Werk zu diesem Thema, zu Rate. Als Dr. Talley in Bermuda ankommt, erzählt er Whip, er sei „Doktor der Weichtierkunde", was seiner Erklärung nach gleichbedeutend ist mit „Doktor der Kalmare". Dr. „Kalmar" hält eine Vorlesung über die Gewohnheiten seines bevorzugten Forschungsobjekts, in der er behauptet, *Architeuthis* sei „was wir einen Adventivesser nennen. Er ernährt sich zufällig; er isst, was gerade da ist. Seine übliche Nahrung – ich habe ihre Mägen untersucht – besteht aus Haien, Rochen und anderen großen Fischen. Aber er würde alles essen." (Im Laufe derselben Vorlesung teilt Talley Whip mit, der Kalmar treibe sich hier in der Gegend herum, weil die Gewässer der Bermudas schon von dem, was normalerweise auf seinem Speisezettel stünde, leergefischt worden seien und außerdem seien wohl auch seine einzigen Feinde, die Pottwale, „inzwischen so gut wie ausgestorben".)

Als es in der Geschichte zur finalen Konfrontation kommt, sind die Männer auf See. Sie haben beschlossen, den Kalmar mit einem Sexualköder in Reichweite zu locken. Ihr Köder, der mit Haken gespickt ist und etwa die Form eines Kalmars hat, setzt „eine Chemikalie" frei, „die vollkommen dem Sexuallockstoff von *Architeuthis* gleicht" – so können sie ihn erschießen oder mit Semtex, einem Plastiksprengstoff, in die Luft jagen. Der Kalmar, der von diesem „grundlegendsten aller Triebe" unwiderstehlich angezogen wird, ergreift den Köder und schießt davon, wird dann aber, als er bemerkt, dass er durch eine armselige Imitation genarrt wurde, *wirklich* verrückt. Er kehrt zu dem Schiff zurück; weil die Möchtegern-Kalmarjäger aber so vorausschauend waren, eine Unterwasservideokamera anzubringen, sehen sie nun ihren Widersacher zum ersten Mal. Talley schaut auf sein Auge und flüstert: „Das Tier muss dreißig Meter oder noch größer sein … Das kann ein Fünfunddreißig-Meter-Riese sein."

Der Kalmar greift das Boot an, wütend darüber, dass diese mickrigen Menschlein es gewagt haben, mit seinen Emotionen zu spielen:

> Die chemischen Prozesse seines Körpers waren in Aufruhr; viele Male hatte es die Farbe gewechselt, während seine Sinne damit beschäftigt waren, die widersprüchlichen Signale zu entziffern. Zuerst war da dieser unwiderstehliche Paarungstrieb gewesen, dann Verblüffung, als es sich paaren wollte, aber nicht konnte; dann Verwirrung, als das fremdartige Ding weiterhin Lockflüssigkeit absonderte; dann Gereiztheit, als es vergeblich versuchte, das Ding abzuschütteln.

Auch wenn Kalmare und Kraken als die Intellektuellen in der Familie der Cephalopoden gelten, ist dies doch für einen Wirbellosen, zu dessen nahen Verwandten immerhin Venus- und Miesmuscheln sowie Schnecken gehören, eine recht außergewöhnliche Bandbreite an Emotionen. Aber hier handelt es sich um

Der nach der Vorlage von Peter Benchleys Roman über einen Riesenkalmar gedrehte Fernsehfilm „The Beast" erreicht New York.

einen wütenden Kalmar, und als er das Schiff angreift, verliert er einen seiner Fangarme durch einen rotierenden Propeller. Wird er durch den Verlust eines Armes entmutigt? Kaum. Er greift mit einem der verdickten Keulen seiner Peitsche auf das Deck hinauf:

> Etwas schob sich über das Bollwerk. Zuerst sah es aus wie eine riesige, schleimige violette Nacktschnecke. Dann rollte sich das Ende zurück wie eine umgestülpte Lippe, und das Ding begann, in kreisenden Bewegungen emporzusteigen, bis es fast drei Meter hoch, einen Meter breit war und die Sonne verdunkelte. Es war über und über mit Saugnäpfen bedeckt, die wie hungrige Mäuler zuckten, und in jedem konnte Darling eine der schimmernden, bernsteinfarbenen Klauen erkennen.

Mit seinen sieben Fangarmen und zwei Peitschententakel greift der Kalmar nach allem, was sich auf dem Deck des Schiffes befindet; als Hors d'oeuvre verspeist er den armen Dr. Talley. Als sich Whip Darling mit einem Bootshaken zu verteidigen versucht, nimmt ihm der Kalmar diesen Haken ganz zart aus den Händen und lässt ihn ins Meer fallen. Nun versucht es Darling mit einer Kettensäge, das Resultat ist dasselbe. Alles scheint verloren; als jeder an Deck in einem Chaos sich windender Arme eingefangen ist, kommt zufällig – als *Deus ex Physeter* – Mutter Pottwal des Weges, deren Junges einige Kapitel vorher von dem hungrigen Kalmar umgebracht worden war. Sie springt wie Flipper aus dem Wasser heraus und beißt dem Kalmar den Kopf ab. Ist das das Ende?

Nicht ganz. Der Film *„Beast“* folgt zwar im Großen und Ganzen dem Roman gleichen Namens, allerdings mit den für Hollywood obligatorischen Korrekturen. (Tatsächlich wurde der Film in Australien gedreht.) Im Roman ist Whip Darling ein Fischer von den Bermudas; im Film wird er zu „Whip Dalton“, und die Handlung wurde in den Bundesstaat Washington verlegt (wo übrigens noch nie vom Auftauchen eines Riesenkalmars berichtet wurde). An Stelle eines einzigen hungrigen Tieres sind es nun gleich zwei: Mutter und Kind. Ansonsten das gleiche alte Problem mit den Stadtvätern, die keine schlechte Publicity wollen, das gleiche alte Problem, dass niemand glauben will, dass es ein solches Geschöpf geben könnte. („Kein Lebewesen kann so groß werden“, und so weiter.)

Wie im Roman schnappt sich der Kalmar unvorsichtige Seeleute und hinterlässt als Beweis für seine Existenz eine Klaue. Aber während diese im Roman fünf Zentimeter lang ist, ist diejenige, die von Whip Dalton geborgen wird, etwa 13 Zentimeter lang und hat verteufelte Ähnlichkeit mit einer der Krallen, mit denen die Velociraptoren in *„Jurassic Park“* ihre Opfer ausweiden. Im Film sehen wir, wie sich der Kalmar bedrohlich durch das Wasser bewegt, wenn er nach seiner nächsten Mahlzeit Ausschau hält. Die meisten Darstellungen des Kalmars scheinen richtig zu sein – zumindest soweit wir es wissen, denn bisher wurde keiner wirklich beobachtet –, aber aus irgendeinem Grund liegt der Kalmar auf dem Boden, als sich die beiden Sporttaucher ihrem baldigen Ende nähern. (Riesenkalmare liegen natürlich möglicherweise auch in der Wirklichkeit durchaus auf dem Boden, aber falls sie das tun, sind sie die einzigen Kalmare, die diese Neigung haben.)

Die Kalmarjäger bemerken, dass das 11 Meter lange Tier „erst drei Monate alt ist“ (was für eine Wachstumsrate!) und dass sich das Muttertier in der Nähe aufhält und richtig verärgert ist. („*Architeuthis* ist als rachsüchtig bekannt“, sagt Talley, „es zeigte nur an einer Sache wirklich Interesse: zu töten ... und hier, mein lieber Gott, wurde sein Kind umgebracht. Wie soll es da nicht Rache üben wollen?“) Sie brechen mit dem Sexualköder an Bord auf, aber Manning, der Aquariumsbesitzer, kennt den Wert eines lebenden Riesenkalmars genau und plant, ihn mit Phenobarbital zu betäuben, anstatt ihn mit Blausäure zu töten, und ihn dann lebend nach Texas mit zurückzunehmen. Der Kalmar nimmt den Köder an, und als sie ihn einholen, gelingt es Manning, ein paar betäubende Pfeile in ihn hinein zu schießen. Da die anderen denken, er hätte ihn getötet, feiern sie schon sein Ende – etwas voreilig, wie sich bald herausstellt. Jeder, der nicht im Aquariumsgeschäft zu Hause ist, fragt sich nun angstvoll, was geschehen wird, wenn der Kopffüßer aus seinem Schlaf erwacht. Sie müssen nicht lange warten. Die Phenobarbitalwirkung lässt nach, und aus vollem Halse schreiend zerreißt der Kalmar das „reißfeste" Kabel, das ihn gefangen hielt, und macht sich fertig für das Finale.

Kreischend wie ein verrückt gewordener Papagei attackiert das Muttertier Whips Schiff. Die Filmemacher, die auf keine ökologisch korrekte Auflösung des Romans aus sind, haben keinen Pottwal zur Rettung vorgesehen. Mit um sich schlagenden und grapschenden Armen stößt die Kalmarin Manning ins Wasser und zieht den armen Dr. Talley zu ihrem zuschnappenden Schnabel hin. Sie packt Whips Bein, während Lieutenant Marcus an einer Leiter baumelt, die vom Helikopter der Küstenwache hinunter gelassen wurde. „Schieß das Leuchtsignal ab! Schieß das Leuchtsignal ab!" schreit Whip und Lieutenant Marcus tut es, wobei er das Benzin in Brand setzt, das in dem Durcheinander auf Deck ausgelaufen war. Das Boot explodiert, der Kalmar wird zum größten gegrillten Calamari der Geschichte, und Whip, der es geschafft hat, auch auf die Leiter zu klettern, überlebt und fängt weiter seinen Fisch – falls seine Bootsversicherung auch Angriffe von Riesenkalmaren mit abdeckt.

Pierre Denys de Montforts Darstellung von 1802 zeigt eine Art Riesenkalmar, der ein Schiff angreift.

Wenn man sich mit einem Lebewesen befasst, das so geheimnisvoll und problematisch ist wie *Architeuthis*, dann begegnet einem häufig eine in ihrer Art ganz besondere Kategorie von Schriftgut: Fiktion, die der Leser jedoch für einen Tatsachenbericht halten soll. Das ist ein himmelweiter Unterschied zu einer gut geschriebenen Erzählung, von der man weiß, dass sie nicht der Wahrheit entspricht, was man aber lange genug verdrängt, um die Geschichte genießen zu können. In der oben erwähnten Kategorie wird der Leser mit Aufzeichnungen von vermeintlich angesehenen Leuten konfrontiert. Es wird von ihm verlangt, ihnen Glauben zu schenken, obwohl meist – abgesehen von der Versicherung des Geschichtenerzählers, er schreibe nichts als die Wahrheit – weitere Bestätigungen fehlen. Ein solches Vorgehen findet man häufig in der Kryptozoologie, wenn zum Beispiel zusammengestellt wird, wie oft das Ungeheuer von Loch Ness „gesichtet“ worden ist. (Das bekannte „Photo eines Chirurgen“, von dem man annehmen soll, dass es von einer Person mit unbezweifelbarem Ruf gemacht wurde, stellt sich dann als Fälschung heraus.) Der Riesenkalmar ist so schwer zu fassen, seine Natur und alles, was wir von ihr wissen, so geheimnisvoll, dass offensichtlich einige Leute einfach nicht der Versuchung widerstehen können, sich Geschichten über ihn auszudenken – und dann versuchen, andere davon zu überzeugen, dass sie wahr sind.

Der französische Naturforscher Pierre Denys de Montfort veröffentlichte seine *„Histoire naturelle générale et particulière des mollusques“* im Jahre 1802. Diese war in dieser oder jener Form wahrscheinlich für einen Großteil der frühen Überlieferungen über den *„poulpe“* verantwortlich. Vor der Küste von Angola – so die Erzählung – wurde ein Segelschiff von einem Ungeheuer gepackt, dessen Arme bis an die Mastspitzen reichten. In Montforts Buch ist diese Szene abgebildet. Die in Angst und Schrecken versetzten Seeleute gelobten dem Heiligen Thomas, eine Wallfahrt zu unternehmen, wenn er sie erretten würde. Mit Äxten und Entermessern – und natürlich der Unterstützung des lieben Heiligen Thomas – gelang es ihnen tatsächlich, sich zu befreien. Laut Montfort stellten sie daraufhin in der St.-Thomas-Kapelle von St. Malo eine Votivtafel mit der Darstellung eines Schiffes auf, das von einem Ungeheuer umklammert wird. Wir wissen nicht, ob Jules Verne jemals dieses Bild gesehen hat – falls es überhaupt existiert hat. Es steht aber nahezu außer Frage, dass Verne de Montforts Arbeit gelesen hat. Der ursprüngliche Illustrator von *„Vingt mille lieues sous le mers“*, den man nur als „de Neuville“ kennt, muss ebenfalls die Reproduktion in de Montforts Buch gesehen haben, denn er nutzte eine leicht abgewandelte Form zur Illustration von Vernes Roman. Der einzige bemerkenswerte Unterschied bestand darin, dass während bei de Montfort ein achtarmiges Tier dargestellt ist, das ein Kalmar sein könnte, man in de

Neuvilles Version deutliche Anklänge an einen Kraken findet. (Es ist bekannt, dass bereits 1867 in einem Aquarium in Boulogne ein Kraken gezeigt wurde; der Autor, der Künstler oder beide könnten ihn also dort gesehen haben.) In dem Kapitel „*Gigantic Cuttle-Fishes*" aus dem 1875 veröffentlichten Buch „*The Octopus*" meint Henry Lee, die Illustrationen aus de Montfort „eigneten sich besser dazu, die Außenseite eines Schaustellerwagens auf dem Jahrmarkt zu schmücken, als ein naturgeschichtliches Werk sachgerecht zu bebildern." (A. S. Packard, der 1873 für den *American Naturalist* schrieb, erwähnt „das altbekannte Schelmenstück von Denys Montfort".) Trotzdem erlangte die Abbildung Glaubwürdigkeit – dank Verne.

De Montforts Werk hatte sicherlich Einfluss darauf, wie die Leute die Größe des Geschöpfes wahrgenommen haben. In seiner 1958 veröffentlichten Studie über Seeungeheuer mit dem Untertitel „*Le kraken et le poulpe colossal*" stellt Bernard Heuvelmans die wahrscheinlich derzeit detaillierteste Biographie Denys de Montforts vor. (Das Kapitel trägt den Titel „*Pierre Denys de Montfort, malacologue maudit*" – „ein Weichtierkundler unter einem bösen Zauber".) Bei der Recherche für seine „*Histoire naturelle des mollusque*" interviewte de Montfort anscheinend den Kapitän eines Walfangschiffes aus den Nordstaaten, den Heuvelmans „Benjohnson" genannt hat; dieser berichtete ihm von einem Pottwal, den sie gefangen hatten und aus dessen Maul etwas höchst Merkwürdiges herausragte. Heuvelmans zitiert de Montfort, der wiederum Benjohnson zitiert:

> Sie wollten ihren Augen nicht trauen, als sie sahen, dass diese fleischige Masse, die an beiden Enden verstümmelt war und an ihrer dicksten Stelle fast den Umfang eines Mastes hatte, nichts anderes war als der Arm eines riesigen Kraken, dessen eingesunkene Saugnäpfe größer als ein Hut waren. Das untere Ende schien frisch abgetrennt zu sein, das obere jedoch musste, da es vernarbt und durch eine Art von Auswuchs in der Größe und Länge eines Männerarms vergrößert war, bereits einige Zeit vor seinem Fang in einem anderem Kampf verloren gegangen sein. Dieses Körperteil des gewaltigen Kraken wurde mit einer Angelschnur exakt vermessen; es stellte sich heraus, dass es eine Länge von sieben Faden oder 42 Fuß hatte und seine Saugnäpfe wie beim gewöhnlichen Kraken in zwei Reihen angeordnet waren.

Aus dieser Beschreibung schloss Denys de Montfort, dass vom oberen Ende des Fangarms weitere 3 Meter und 6 Meter vom unteren verloren gegangen waren, sodass sich insgesamt eine Länge von 22 Metern ergab. In einer anderen Geschichte, die de Montfort erzählt worden war, spielte ein Walfänger namens Reynolds eine Rolle, dessen Männer einen 14 Meter langen Arm auf der Oberfläche treibend gefunden hatten, nachdem sie einen Pottwal mit der Harpune erlegt hatten; sie brachten ein Stück des Fangarms an Bord, ließen es eine Zeit lang abhängen und aßen es dann.

Henry Lee zufolge war es de Montforts Absicht, „der Öffentlichkeit etwas aufzuschwätzen". Er soll gesagt haben: „Wenn die Leute mir abnehmen, dass das Schiff in den Fängen eines Kalmars war, werde ich meinen *'colossal poulpe'* eine ganze Flotte überwältigen lassen." Beides scheint eingetroffen zu sein, denn bald darauf brachte de Montfort die Geschichte auf, sechs französische Kriegsleute und die vier britischen Schiffe, die sie gefangen genommen hatten, seien von einem kolossalen Tintenfisch angegriffen und zum Sinken gebracht worden. Heuvelmans gibt zu, dass Montfort diese Geschichten erzählt hat, behauptet aber, er habe lediglich einen Scherz machen wollen. De Montfort zog sich geächtet und verlacht aufs Land zurück, wo er eine Broschüre über das Züchten von Bienen schrieb. Lee schließt seine Diskussion über de Montfort mit den Worten: „Ich kann zwar nicht dafür bürgen, dass es wahr ist, aber mir wurde berichtet, dass de Montforts Hang, die Unwahrheit zu schreiben, darin gipfelte, dass er Fälschungen beging und im Gefängnis starb." Heuvelmans zufolge geriet de Montfort immer tiefer in Armut, bis er schließlich im Jahre 1820 oder 1821 den Hungertod erlitt.

Jules Verne kannte wahrscheinlich das vorhandene veröffentlichte Material über Riesenkalmare, als er sein eigenes Buch schrieb. In der Tat übernahm er in „20.000 Meilen unter dem Meer" vieles davon. Er beruft sich namentlich auf Olaus Magnus sowie Bischof Pontoppidan und beschreibt dann kurz, was dem Schiff *Alecton* passierte, als es auf See auf einen Riesenkalmar traf:

> „Kommandant Bouguer" hielt auf das Tier zu, und man attackierte es mit Harpunen und Gewehren, allerdings ohne Erfolg, denn die Kugeln wie auch die Spitzen der Harpunen erzielten in der gallertartigen Masse keine Wirkung. Nach mehreren vergeblichen Versuchen gelang es den Matrosen schließlich, eine Schlinge um den Leib des Mollusken zu werfen. Diese glitt bis zur Schwanzflosse und zog sich dort zu. Dann versuchte man das Ungetüm an Bord zu ziehen, doch er erwies sich als so schwer, dass sein Schwanz unter dem Zug des Seiles abgetrennt wurde. Daraufhin verschwand das Tier ohne seinen Schmuck in den Fluten.

Es gibt nur wenige authentische Aufzeichnungen darüber, dass ein Riesenkalmar ein Schiff angreift, ganz zu schweigen von einer Attacke auf einen Menschen, und diejenigen, die existieren, sind eher fraglich. In einem Bericht, der in der Londoner *Times* vom 4. Juli 1874 abgedruckt wurde, erblickte der Kapitän des Dampfers *Strathowen*, der von Mauritius nach Rangoon unterwegs war, einen kleineren Schoner (der später als die *Pearl* identifiziert wurde) und neben ihm „eine lange, tiefe Verdickung, die auf dem Meer lag und die ich wegen ihrer Farbe und Form für eine Bank aus Seetang hielt." Der „Seetang" griff hinauf und zog den Schoner unter Wasser; mehrere Mitglieder der Mannschaft entkamen und wurden von der *Strathowen* aufgegriffen. Hier ist der Artikel in ganzer Länge, so wie er in der Londoner *Times* veröffentlicht wurde:

Die folgende merkwürdige Geschichte wurde den indischen Zeitungen berichtet:

„Wir hatten Colombo mit dem Dampfer Strathowen verlassen, Galle umrundet, befanden uns im Golf von Bengalen mit Kurs auf Madras auf windstiller, ruhiger See. Am 10. Mai sahen wir etwa eine Stunde vor Sonnenuntergang steuerbord in ungefähr zwei Meilen Entfernung einen kleinen Schoner, der dort in eine Flaute geraten war. Es gab nichts in seiner Erscheinung oder Position, das auffällig gewesen wäre, aber als wir auf gleicher Höhe waren, blickte ich mit meinem Fernglas kurz zu dem Schoner hinüber und bemerkte nun zwischen uns, aber näher bei ihm eine lange, geringfügige Verdickung auf dem Meer, die ich wegen ihrer Farbe und Form für eine Bank aus Seetang hielt. Noch während ich sie betrachtete, setzte sich die bis dahin ruhig auf der stillen See liegende Masse in Bewegung. Sie schlug gegen den Schoner, der sichtlich schwankte, und richtete sich dann auf. Gleich darauf schaukelten die Masten zur Seite und mit meinem Fernglas konnte ich klar erkennen, wie sich die enorme Masse und der Rumpf des Schiffes miteinander verschmolzen – ein anderer Ausdruck fällt mir nicht ein. Nach ihren Ausrufen zu urteilen, müssen die anderen Betrachter dasselbe gedacht haben. Beinahe sofort nach Zusammenstoß und Vereinigung kippten die Masten des Schoners nun in unsere Richtung und sanken tiefer und tiefer. Das Schiff hatte stark Schlagseite, lag ein paar Sekunden lang so und verschwand dann; während es versank, richteten sich seine Masten wieder auf und am Hauptmast wurde eine umgedrehte Flagge sichtbar, die sich zur Spitze hin vorwärts kämpfte. Ein Schreckensschrei erhob sich bei den Zuschauern, und beinahe instinktiv wendeten wir unser Schiff sofort und fuhren auf den Schauplatz zu. Dort zeichneten sich nun die Gestalten derer ab, die um ihr Leben kämpften – die einzigen Überlebenden des netten kleinen Schoners, der vor nur 20 Minuten noch tapfer auf der glatten See trieb. Sobald die armen Kerle in der Lage waren, ihre Geschichte zu erzählen, versetzten sie uns mit der Behauptung in Erstaunen, ihr Schiff sei von einem riesigen Tintenfisch oder Kalmar versenkt worden – einem Tier, das im Aquarium von Brighton in kleinerer Form ebensoviel Aufmerksamkeit auf sich zieht wie der Krake. Jeder Erzähler hatte seine Version der Geschichte, aber in der Hauptsache stimmten die Geschichten so stark überein, dass an der Tatsache als solcher nicht zu zweifeln war. Sobald er die Ruhe dafür hatte, brachte ich den Kapitän dazu, mir einen schriftlichen Bericht vom Unglück zu geben, und ich freue mich sehr, Ihnen eine Kopie seiner Erzählung zukommen zu lassen:"

„Ich war zuletzt Kapitän auf dem 150-Tonnen-Schoner *Pearl*, einem kleinen Boot, das eisern wie eh und je die Meere befuhr, und einer Mannschaft von sechs Männern. Wir waren

mit einer Ladung von Mauritius nach Rangoon unterwegs und sollten mit Reis zurückkehren. Wir hatten Galle angelaufen, um Wasser aufzunehmen. Nach drei Tagen auf See,
waren wir in der Bucht in eine Flaute geraten (8°50' nördliche Breite, 85°05' östliche
Länge). Am 10. Mai, gegen 5 Uhr nachmittags – ich weiß, dass acht Glasen vergangen
waren – sichteten wir backbord in etwa fünf oder sechs Meilen Entfernung einen Schrau-
bendampfer mit zwei Masten. Kurz danach, als wir bewegungslos auf dem Meer lagen,
tauchte backbord etwa eine halbe Meile entfernt langsam eine riesige Masse aus dem Meer
auf und blieb dort ausgebreitet, wie sie war, ohne sich zu bewegen liegen. Sie sah aus wie
der Rücken eines riesigen Wals, war aber nicht so schräg und hatte eine bräunliche Farbe.
Selbst auf diese Entfernung hin schien sie größer zu sein als unser Boot. Es sah aus, als aale
sie sich in der Sonne. „Was ist das?" schrie ich dem Maat zu. „Verflixt, wenn ich das nur
wüsste; bis auf seine Größe, Farbe und Form könnte es ein Wal sein", antwortete Tom
Scott. „Es ist keine Schlange", sagte einer aus der Besatzung, „weil dieses Tier hier zu rund
dafür ist." Ich ging in meine Kabine, um mein Gewehr zu holen, und war bereit, es abzu-
feuern, als Bill Darling, ein Neufundländer, an Deck kam. Er schaute sich das Ungeheuer an, schrie und hob die Hand. „Vorsicht, Käptn; das hier ist ein Kalmar. Er wird uns zum
Kentern bringen, wenn Sie ihn verletzen." Ich lachte über diese Idee, schoss und traf den
Kalmar. Darauf schüttelte er sich; rund um ihn wogte es wild und er begann sich zu bewegen. „Holt alle eure Äxte und Messer 'raus", schrie Bill, „und schneidet in jeden Teil von
ihm, der an Bord kommt. Seht zu, dass ihr am Leben bleibt! Gott steh' uns bei!" Da ich
mir der Gefahr nicht bewusst war und bisher nie ein solches Monster gesehen oder von
ihm gehört hatte, gab ich keinerlei Anweisungen; es hatte auch keinen Zweck, zum Ruder
oder den Tauen zu greifen, um ihm aus dem Weg zu gehen. Zu dieser Zeit hatten drei Männer der Mannschaft, einschließlich Bill, Äxte gefunden, und einer hatte ein rostiges Entermesser aufgetrieben. Alle schauten über die seitliche Reling auf das näher kommende
Ungeheuer. Jetzt konnten wir eine riesige, rechteckige Masse erkennen, die sich direkt
unterhalb der Wasseroberfläche ruckartig vorwärts bewegte; eine enorme Schleppe folgte ihr. Der rechteckige Körper war mindestens halb so lang wie unser Schiff und genauso
dick; was er hinter sich herschleppte könnte gut 100 Fuß lang gewesen sein. In der Zeit,
die ich gebraucht habe, um dies aufzuschreiben, stieß das Vieh mit uns zusammen und das
Schiff erbebte unter dem dumpfen Aufschlag; im nächsten Augenblick ergriffen unge-
heuere Arme, die so dick wie Bäume waren, das Schiff, und es legte sich auf die Seite; eine
Sekunde später war das Monster an Bord und zwischen beiden Masten eingeklemmt. Bill
schrie: „Schlagt zu, kämpft um euer Leben!", aber unser ganzes Hauen und Schlagen war
erfolglos, denn das Vieh, das sich mit den Armen festhielt, ließ seinen enormen Körper
über Bord gleiten und zog das Schiff stark auf die Schlagseite. Wir wurden auf der Stelle
ins Wasser geworfen, und gerade als ich über Bord ging, erblickte ich einen aus der Mannschaft, entweder Bill oder Tom Fielding, wie er zwischen den Masten und einem dieser
schrecklichen Arme zerquetscht wurde. Ein paar Sekunden lang hatte unser Schiff Schlag-

seite, dann lief es voll Wasser und ging unter. Noch jemand von der Mannschaft muss mit hinunter gezogen worden sein, denn es wurden lediglich fünf Mann heraus gefischt. Den Rest kennen Sie. Ich kann nicht sagen, wer die Fahne hisste."

„James Floyd, letzter Kapitän, Schoner *Pearl*."

Dieser Zwischenfall fand, falls er sich überhaupt ereignet hat, kurz nach der Veröffentlichung von „20.000 Meilen unter dem Meer" statt. Obwohl Bernard Heuvelmans liebend gerne an Seeungeheuer glauben wollte (und ein Buch mit dem Titel *„In the Wake of the Sea-Serpents"* schrieb), stellte er doch diese Darstellung in Frage und schrieb: „Diese Erzählung ist nie bestätigt worden und sie könnte ebenso gut eine Erfindung gewesen sein, die damals gerade gelegen kam, denn die *Strathowen* ist in Lloyd's Register dieses Jahres nicht eingetragen." Frank Lane ging ebenfalls dieser Geschichte nach, konnte jedoch in ganz Britannien keine Bestätigung finden – weder „bei Lloyd's, noch beim *National Maritime Museum*, dem *General Register of Shipping and Seamen*, den Schifflinien oder anderen ähnlichen Quellen." Trotzdem entschied er sich dafür, den Bericht zu akzeptieren. In seinem 1963 erschienenem Werk schrieb er: „Die *vernünftigste* Erklärung scheint zu sein, dass die Aufzeichnung ein Bericht einer tatsächlichen Begebenheit war – einschließlich des Zufalls, dass auf der *Pearl* ein Mann aus dem einzigen Ort [Neufundland] stammte, wo man zu dieser Zeit Riesenkalmare und ihre Gewohnheiten recht gut kannte."

Sobald eine Geschichte in einer seriösen Zeitung erscheint, wird sie wahrscheinlich eher geglaubt, als wenn sie in der Regenbogenpresse zu lesen ist. Die norwegische Zeitung *Naturen* berichtete 1946 über Arne Grønningsaeters 14.000-Tonnen-Frachter *Brunswick*, der zwischen Hawaii und Samoa unterwegs war und von einem Riesenkalmar „angegriffen" wurde. Der Vorfall ereignete sich zwischen 1930 und 1933 im Pazifik und wurde von Grønningsaeter, dem Schiffskapitän, wiedergegeben. Obwohl Grønningsaeters Bericht nur wenige Einzelheiten enthält – nicht einmal die ungefähre Größe des Kalmars ist angegeben –, beschreibt er, wie der Kalmar mit einer Geschwindigkeit von 20 bis 25 Knoten längs des Schiffes schwamm, sich dann dem Schiff zuwandte und „beinahe 46 Meter vom Heck entfernt in einer Tiefe von 3,7-4,6 Meter auf das Schiff aufschlug." Da er auf der Schiffsoberfläche keinen Halt fand, „rutschte er auf ihr entlang, bis er in der Schiffsschraube landete, die ihn in Stücke zerfetzte." Falls dies wirklich passiert ist, ist dies die einzige derartige Geschichte in der gesamten Literatur, ein Umstand, der die Frage nach ihrer Glaubwürdigkeit aufkommen lässt. Falls Riesenkalmare Schiffe attackieren, warum passierte es nur ein einziges Mal?

Wenn es keinen wirklichen Beweis gibt, der einen Bericht über Riesen-kalmare bekräftigt, muss man sich häufig auf Anekdoten verlassen, die meist übertrieben und gelegentlich sogar vollkommen unglaubwürdig sind. Dennoch gelangten einige dieser Geschichten in die populärwissenschaftliche Literatur, wo sie zu dem ohnehin schon schimpflichen Ruf von *Architeuthis* bei-tragen.

Paul LeBlond und John Sibert, zwei angesehene Zoologen aus British Columbia (und ebenso überzeugte Kryptozoologen) stellten unter dem Titel *„Observations of Large Unidentified Marine Animals in British Columbia and Adja-cent Waters"* einen 64 Seiten umfassenden Bericht zusammen. Obwohl er sich vor allem den reichlich vorhandenen Seeschlangen* British Columbias wid-met, enthält dieser unveröffentlichte Bericht auch ein paar Verweise auf gigan-tische Cephalopoden, wie beispielsweise die Geschichte, die den Autoren (voll-ständig und mit Zeichnung versehen) von einem Charles Dudoward übermittelt wurde. Sie handelt von dem „großen Kalmar, der an einem Win-termorgen des Jahres 1922 vor dem Port Simpson Hotel von Mrs. Robertson D. Rudge an Land gespült wurde." Die Zeichnung (eine Photokopie einer Pas-tellkreideskizze, die LeBlond und Sibert übergeben worden war) zeigte einen großen Cephalopoden, der ausgestreckt vor dem Hotel auf dem Rasen lag. Der Beschreibung zufolge „hatte er auf jeder Seite vier lange Arme, 15 Meter lang ... Der einzelne Arm in der Mitte weist jedoch eine Länge von etwa 30 Metern auf und könnte ausgestreckt noch länger sein." LeBlond und Sibert schrieben in ihren Kommentaren zu diesem Geschöpf: „Dieser Bericht erinnert sehr an die zahlreichen Beschreibungen von Riesenkalmaren, die Ende des letzten Jahr-hunderts auf den Stränden Neufundlands gefunden wurden ... Die Beschrei-bung passt sehr gut auf *Architeuthis*, und man kann gewiss annehmen, dass dies tatsächlich ein Exemplar eines Riesenkalmars war."

Es gibt keinen Grund, an Charles Dudowards Bericht zu zweifeln, obwohl es eine Geschichte aus zweiter Hand ist und sie aus einer Gegend stammt, für die eine solche Geschichte sehr ungewöhnlich ist. LeBlond und Sibert dazu: „Unseres Wissens ist dies das einzige Exemplar, das je in dieser Region des Pazi-fiks gefunden wurde." In *„There are Giants in the Sea"* wiederholt Michael Bright diese Geschichte und fügt noch eine weitere von LeBlond und Siberts alten Geschichten hinzu. Diese ereignete sich vermutlich 1892 wiederum in der

---

* Die berühmteste Seeschlange British Columbias ist *Cadborosaurus* (sie heißt so nach *Cadboro Bay* und wird liebevoll „Caddy" genannt). Über sie haben LeBlond und E. L. Bousfield ein ganzes Buch geschrieben. In *„Cadborosaurus"*, das 1995 veröffentlicht wurde, wird im Einzelnen aufgeführt, wo und wann Caddy jeweils gesichtet wurde; darüber hinaus ent-hält es zahlreiche Zeichnungen von Augenzeugen. Man sieht sogar Photos von etwas, das der Kadaver einer Seeschlange sein soll, den man 1937 im Magen eines Pottwals gefunden hat.

Nähe von Port Simpson, das an der Küste von British Columbia genau südlich von Ketchikan, Alaska, liegt. Anscheinend war eine Gruppe Indianer gerade dabei, mit einer kleinen Flotte von 50 Kanus eine Reihe Baumstämme abzuschleppen, als irgendeine unsichtbare Kraft sie dazu zwang, langsamer zu werden. Als sie es endlich geschafft hatten, das Floß auf den Strand zu ziehen, entdeckten sie, „dass ein enormer Kalmar, der größer als das Floß selbst war, darunter zerquetscht war. Ein Arm soll über 30 Meter lang gewesen sein und mit einen langen Haken geendet haben. Die Saugnäpfe sollen 'so groß wie Suppenteller, an den Enden dagegen von der Größe einer Untertasse' gewesen sein." (Der „mittlere Arm" des 1922 beobachteten Kalmars lief ebenfalls in einen Haken aus.) Obwohl Bright uns mitteilt, dies seien nur Geschichten, legitimiert ihr Auftauchen in seinem Buch diese Berichte und verleiht einigen befremdlicheren Aspekten wie den 30 Meter langen Armen mit Haken an den Enden sowie den Saugnäpfen, die so groß wie Suppenteller waren Glaubwürdigkeit. (Bright ist Produzent der *Natural History Unit* der BBC in Bristol; wenn wir der BBC nicht mehr glauben können, wem dann?)

Neben den gesicherten Daten, wo und wann *Architeuthis* jeweils gesichtet und an Land gespült wurde, hat Bright auch noch viele zweifelhafte Angaben beigefügt. Diese mögen zwar begründet sein, doch bedeutet das Fehlen jeglicher Dokumentation, dass wir ihn entweder beim Wort nehmen und ihm glauben können, dass diese Dinge wirklich passiert sind, oder es aber bleiben lassen. Denn weil er uns nicht mitgeteilt hat, wo wir die Originalberichte suchen könnten, sind wir nicht in der Lage, sie einzusehen und selbst zu entscheiden, ob wir sie für glaubwürdig halten oder nicht.*

Was soll man zum Beispiel von seiner Geschichte über „einen böse zugerichteten Kadaver" halten, „von dem Einheimische behaupteten, er sei ein Riesenkalmar, [der] 1926 bei Port Shepstone an der Küste von Natal in Südafrika an Land gespült wurde. Sämtliche Arme und Tentakel waren verloren gegangen, Schätzungen zufolge, die von der Größe des verbliebenen Körpers ausgingen, lag seine Länge mit ausgestreckten Tentakel jedoch bei insgesamt etwa 30 Metern"?** Oder: „Ein anderes Exemplar, das 1934 in Flower's Cove an der

---

* Insgesamt gibt es in *„There are Giants in the Sea"* kaum Quellenangaben. Die gesamte Bibliographie enthält nur neun Bücher: Vier davon betreffen Seeschlangen, die nächsten vier befassen sich mit der Bestimmung verschiedener Meerestiere, und das letzte ist das *„Guiness Book of Animal Facts and Feats"* von Gerald Wood.

** In Heuvelmans Buch von 1958 gibt es eine kurze Diskussion über einen gigantischen Kadaver, der am 25. Oktober 1924 in „Baven-on-Sea, nahe Margate" gestrandet war. Margate liegt nahe bei Port Shepstone an der Küste von Natal, sodass es sich hier um dasselbe Ereignis handeln könnte, auch wenn die Daten leicht differieren. Die Quelle für das Tier aus Baven-on-Sea ist ein 1925 erschienener Artikel aus dem *Wide World Magazine* (London). Dieser wiederum stützt sich ausdrücklich auf einen Artikel, „der kürzlich im *Natal Mercury* erschien, der in Durban herausgegeben wird." Heuvelmans schickte mir eine Kopie des Artikels, und ich versuchte nachzuprüfen, ob eine solche Geschichte tatsächlich in der Zeitung von Durban erschienen war, aber alle Anstrengungen meinerseits schlugen fehl.

Küste von Neufundland gefunden wurde, wurde eindeutig als Kalmar bestimmt und vermessen. Es war 22 Meter lang."? Oder: „Von einem Fund, der 1882 in derselben Gegend gemacht wurde, wurde behauptet, er habe eine Länge von 26,9 Metern"? Meines Wissens taucht kein einziges dieser Exemplare irgendwo sonst in der Literatur auf, und falls Mr. Bright irgendeine Bestätigung für diese Aufzeichnungen gesehen haben sollte, dann sollte er uns mitteilen, wo man sie finden kann.

Bright nahm auch die Geschichte eines Riesenkalmars auf, der längsseits eines Trawlers der britischen Admiralität aufgetaucht war, der vor den Malediven im Indischen Ozean lag. Als Zeuge fungierte J. D. Starkey, der häufig nachts vom Heck des Schiffes aus angelte; dabei benutzte er ein zusammenhängendes Bündel von Lampen (das „Lampenbündel" aus der folgenden Geschichte), um die Fische anzulocken. Starkey sandte seine Darstellung an *Animals* auf einen Artikel hin, den dieses Magazin im September 1963 unter dem Titel „Is There a Sea Serpent?" gebracht hatte. Eines Nachts, als er während der „Nachtwache" zwischen Mitternacht und vier Uhr morgens über das Deck ging, hatte er einen ungewöhnlichen Besucher:

Das Wasser schien undurchsichtig zu werden, da geriet die massige Gestalt von etwas Unbekanntem in mein Blickfeld. Als ich es fasziniert anstarrte, glühte in dem beleuchteten Bereich, in dem ich etwas sehen konnte, kreisförmig ein grünes Licht auf. Plötzlich merkte ich, dass dieses grüne, nicht blinkende Gestirn ein Auge war. Auf Grund einer sonderbaren Unruhe wogte die Wasseroberfläche. Nach und nach wurde mir bewusst, dass ich aus kürzester Entfernung auf einen riesigen Kalmaren starrte.

Ich sage „riesig" – dabei wäre „kolossal" das weitaus bessere Wort, denn bisher konnte ich lediglich den Körper sehen, und der allein füllte schon mein Blickfeld aus, soweit mein Auge reichte. Ich bin nicht leicht zu beeindrucken, aber dieser kalte, bösartige und starre Blick schien direkt auf mich gerichtet zu sein. Ich denke nicht, dass ich schon jemals zuvor und auch nicht danach irgendetwas derart Hypnotisierendes und eine solch kühle Intelligenz gesehen habe.

Ich nahm die Taschenlampe, die ich als Steuermann hatte, und richtete ihren Lichtstrahl auf das Wasser, während ich vorwärts schritt. Ich erklomm die Leiter auf dem Vorderdeck und leuchtete mit der Lampe nach unten. Dort im Lichtkreis waren seine Tentakel.

Wie schon gesagt, übertreibe ich nicht bei natürlichen Phänomenen, aber diese Tentakel hier waren mindestens 60 Zentimeter dick. Die Saugnäpfe waren deutlich zu sehen. Die Enden der Arme schienen leicht zu zucken, aber das kann auch eine optische Täuschung gewesen sein.

Mein Herz schlug mir bis zum Hals. Man erinnere sich, ich war alleine auf dem Deck, alle anderen waren ins Bett gegangen. Ich war eher aufgeregt als ängstlich, wie man sich eben fühlt, wenn man die Gelegenheit hat, etwas zu sehen, das Menschen nur sehr selten zu Gesicht bekommen.

Ich ging wieder nach hinten und behielt dabei den Kalmar im Auge. Das war nicht schwer, da er bis auf eine pulsierende Bewegung recht ruhig längsseits des Schiffes lag. Als ich mich dem Heck näherte, wo mein Lampenbündel hing, sah ich den Körper. Jede Einzelheit war zu erkennen: die Klappe, durch die das Geschöpf zu atmen schien, sowie der papageienartige Schnabel. Langsam wurde mit klar: Ich hatte die ganze Länge des Schiffes abgeschritten, über 50 Meter. Hier am Heck lag der Kopf oder der Körper und am Bug waren die Tentakel deutlich zu sehen. ... Der Gigant lag da mit lang ausgestreckten Armen und starrte erst mit einem, dann, als er sich behutsam drehte, mit beiden Augen herauf. Nach 15 Minuten schien er größer zu werden, als sich seine Klappe ganz öffnete, und ohne sichtbare Anstrengung „schoss" er, wenn ich diesen Ausdruck benutzen darf, in die Nacht hinein.

Ich habe keinem an Bord jemals davon erzählt, da man mich sonst verspottet hätte.*

Diese Geschichte ist ganz wunderbar, und sei es nur aus dem Grund, weil in ihr ein Riesenkalmar beschrieben wird, der fast viermal so lang ist wie die Tiere, die bisher dokumentiert wurden. Im Indischen Ozean könnte es solche Monster in der Tat geben, bisher ist er jedoch der Einzige, der je gesehen wurde. Bright schließt seinen Bericht mit der irgendwie enttäuschend nüchternen Bemerkung: „Der nachweislich größte Riesenkalmar, der seit 1900 gefunden wurde, wurde von der Besatzung eines Schiffes der U.S.-Küstenwache gefangen, das an der Great Bahamas Bank nahe Tongue of the Ocean patrouillierte ... Er maß 14,3 Meter."

Natürlich gibt Bright auch gelegentlich seine Quellen an: Er zitiert des Längeren aus etwas, das sich „Deep-Sea Bubbles" nennt und von Henry Hedger Bootes verfasst wurde. Bootes gibt an, dass er im Jahre „188-" an Bord eines britischen Walfangschiffes, das er Anna Lombard nennt („der tatsächliche Name tut hier nichts zur Sache"), in Richtung Südsee unterwegs war. Am Schluss beschreibt Bootes die Begegnung mit einem riesigen Tintenfisch, vorher traktiert er uns aber mit einem solchen Sammelsurium an biologischem und walkundlichem Unwissen, dass der Leser sich erstaunt fragt, ob der Schreiber überhaupt jemals zur See gefahren ist, ganz zu schweigen von einer Fahrt

---

* In einer abschließenden Bemerkung zu Starkeys Geschichte schrieben die Herausgeber von Animals: „Unter den Lebewesen, die das Meer bevölkern, gehören die Riesenkalmare zu den bemerkenswertesten und gleichzeitig zu den am wenigsten bekannten. Nach dem Wenigen, was wir von ihnen wissen, scheinen sie die mittleren Tiefen des Ozeans (nicht die tiefen Abgründe) zu bewohnen, viele Geschöpfe der Tiefsee kommen jedoch nachts an die Oberfläche. Die Beobachtung von Herrn Starkey lässt vermuten, dass diese großen Mollusken auch dazu zu zählen sind ... Ein Kalmar von der enormen Größe, wie ihn Herr Starkey hier beschrieben hat, ist durchaus noch im Bereich des Möglichen; und wir sind froh, dass wir das Privileg hatten, sein bemerkenswertes Abenteuer schriftlich festhalten zu dürfen."

auf einem Walfänger.* Er beschreibt einen gigantischen, 6 Meter breiten Rochen, dessen Brustflossen leuchtend scharlachrote und tiefblaue Flecken haben; dieser ist gekommen, um sich an dem Pottwal „gütlich zu tun", der gerade mit der Harpune erlegt wurde. Dann stellt er den Südkaper *(Rorqualus australis)* vor, der seine kaum ausgeprägte Rückenflosse dazu benutzt, seinen Opfern den Bauch aufzuschlitzen. Und wenn er von „einer großen Schar rund-rückiger Delphine mit langen Schnauzen" spricht, sagt er: „Ich bin sicher, dass die Schönheit dieses Fisches doch etwas gemindert wird durch den hässlichen langen Namen, den ihm irgendein übereifriger Wissenschaftler verliehen hat. Seltsam, einen Fisch *Lagenorhynchus obliquidens* zu nennen." (In Wirklichkeit ist dies der wissenschaftliche Name des „Fisches", den man als Weiß-streifendelphin bezeichnet.)

Aus irgendeinem Grunde hat sich jedoch Michael Bright dazu entschlossen, Bootes' alberne Darstellung für richtig zu halten. Da sie eine Beschreibung des Tintenfisches enthält, wird sie hier mit all ihren haarsträubenden Ungereimtheiten wiedergegeben:

> Eine bestimmte Stelle in den undurchdringlichen Tiefen ließ eine weißlich-silberne Erscheinung erahnen, die von Zeit zu Zeit voll aufleuchtete. Nach und nach erkannten wir die wogenden Arme eines Riesentintenfisches. Er gewann an Geschwindigkeit, als er hochkam, und ich sah seine schrecklichen Augen, deren Blick fest auf mich gerichtet schien, mich verstummen ließ und vollkommen in ihren Bann schlug. Ich konnte meine Augen nicht von ihm abwenden, während meine Gedanken zu Madam S. und unserem Gespräch über dieses Ungeheuer zurückwanderten, das wir auf der Terrasse ihres Hauses in Valparaiso geführt hatten. Die wogenden Tentakel und langen schlangengleichen Arme und die Saugnapfreihen, die sie jeweils trugen, erregten meine Aufmerksamkeit. Wenn sie sich hoben, konnte ich sehen, wie sich die Saugnäpfe in Erwartung eines Festmahles öffneten und schlossen. Der Körper war in der Mitte etwa 6 Meter breit, aber die Gelenke oder Gelenkpfannen der Arme und Tentakel waren offenbar von großen Mengen sich hebenden und senkenden Fleisches umschlossen, die den Körper massiger erscheinen ließen. Nichts, was der Mensch an düster-makabren Phantasiegestalten je ersonnen hat, kann an Hässlichkeit mit dieser pulsierenden Horrorerscheinung verglichen werden. In Gedanken stellte ich Vermutungen darüber an, wer

---

* Mein Exemplar von „*Deep-Sea Bubbles*" habe ich in einem Antiquariat erworben; der namhafte Ornithologe und ehemalige Walfänger Robert Cushman Murphy hatte es für den Explorers Club rezensiert. (Murphy ist der Autor von „*Logbook for Grace*" und „*A Dead Whale or a Stove Boat*". Beide Bücher handeln von seiner Walfangtour nach Südgeorgien, die er im Jahre 1912 an Bord der Brigg *Daisy* unternommen hat.) In der maschinengeschriebenen Rezension, die Murphy unterzeichnet und hinten in das Buch eingeklebt hat, heißt es: „Der Autor ist zwar in vielen Wissenschaftszweigen sehr belesen, er gibt uns aber nicht den leisesten Hinweis darauf, dass er davon auch nur ein Wort verstanden hat. Als Naturforscher kann ich nur sagen, dass seine Zoologie reinster Quatsch ist ... Er benutzt eine Fülle an wissenschaftlichen Namen, aber gewöhnlich für die falschen Tiere. Andere seiner Geschöpfe könnten, so wie die Dinge liegen, weder lateinische noch Namen in der Landessprache haben, da er der einzige Mensch ist, der sie je gesehen hat."

wohl diesen Tentakel zum Opfer fallen würde – unser Walfangboot, der treibende Kadaver oder der Südkaper; und obwohl mir diese Gedanken durch den Kopf schossen, machte ich keinerlei Anstalten, meinen Männern den Befehl zu erteilen, sich aus der Gefahrenzone zurückzuziehen. Wir waren alle mehr oder weniger hypnotisiert und hilflos.

Nun muss ich noch einiges über den Südkaper sagen. Wir hatten mehrfach versucht, ihn zu vertreiben, doch jedes Mal tauchte er unter den Kadaver ab, wobei er große Stücke Speck aus dem Bauch herausriss und unseren Harpunen so geschickt auswich, als sei er einen solchen Sport gewöhnt. Als sich aber der Tintenfisch näherte, erlag auch der Südkaper dem Zauber der wogenden Arme oder war es der starre Blick der Augen und die Zahnreihen (auf der Radulla [sic]?), die aus den seltsam aussehenden Kiefern herausragten und wie eine Ansammlung von Papageienschnäbeln oder Krebsscheren aussahen. Jetzt packte der Tintenfisch den Südkaper mit einem einzigen mächtigen Satz, und zwar nicht irgendwo am Rücken, sondern rund um seine Einschnürung an Schwanz und Nacken. Dann verfärbte sich das Wasser von der Tinte, die das gemeine Ding ausstieß, und der Südkaper wurde von den ineinander verschlungenen Armen des Kraken in die Tiefe gezogen.

Als das Wasser wieder klar wurde, waren alle Anzeichen der Tragödie verschwunden, wir aber starrten noch auf das stille Wasser, bis das Tuten der Pinasse den Bann brach.

„Kruzitürken" sagte der Steuermann nervös, „das war aber knapp. Unser Glück, dass der Südkaper vorbeikam, sonst wären wir möglicherweise in einer zärtlichen Umklammerung dieses schleimigen Kalmars auf dem Meeresgrund gelandet."

„Diese Augen!" sagte ein anderer erschaudernd, „sie werden mir wohl, solange ich lebe, im Traum erscheinen!"

Würden Sie gerne wissen, was der unerschrockene Mister Bootes auf der Terrasse ihres Hauses in Valparaiso zu Madam S. gesagt hat? Hier ist es:

Ich habe den Riesentintenfisch nie aus der Nähe gesehen. Die Teile, die ich zu Gesicht bekommen habe, waren aus dem Magen eines sterbenden Kaschelotts oder Pottwals erbrochen worden. Einige dieser Stücke waren mindestens 7-9 Meter lang und hatten an ihren äußersten Enden eine Reihe von Scheiben, von denen einige einen Durchmesser von 30-45 Zentimeter aufwiesen. Zusätzlich zum Haftapparat hatte eines dieser Exemplare, wie ich mich erinnere, rund um den inneren Rand der Saugnäpfe eine Reihe von Klauen, die den Scheren einer großen Languste ähnelten. Das beweist meiner Meinung nach, dass es mehr als eine Spezies von *Sepia octopodia* gibt. Soweit ich weiß, gehören sie jedoch wissenschaftlich alle zu den Mollusken, zu denen offenbar alle Weichtiere des Meeres gehören. Der Riesenkalmar wiederum besitzt neben den acht Seitenarmen oder Fühlern zwei gewaltige Tentakel. Auf einigen von ihnen habe ich sogar sechs Saugnäpfe aller Größen gesehen, die von Behältern, die so groß wie Schüsseln waren, bis zu winzigen von nur etwa zwei Zentimeter Durchmesser reichten. An der Basis – dort wo sie mit dem Körper verbunden sind – sind sie manchmal so dick, dass ein Mann kaum seine Arme um sie schließen kann. Sie sehen also, Madam, dieses Tier ist in der Tat riesig."

Und wie reagierte Madam S. auf einen so gelehrten Diskurs? „Indem sie mit einer Hand ihre Augen bedeckte, als wolle sie das furchtbare Bild, das meine Worte in ihrem Kopf hervorgerufen hatten, auslöschen", sagte sie: „Studenten der Naturkunde des Meeres bietet Ihre Berufung, Mr. Hedger (aus irgendeinem Grund sprach sie ihn mit seinem mittleren Namen an) wirklich einzigartige Einblicke." Ohne Rücksicht auf die Empfindsamkeit der Dame beschreibt Bootes daraufhin eine Schlacht zwischen einem Riesentintenfisch und einem Wal; dabei wiederholte er den Bericht von „Kapitän N." aus der Zeit, als sein Schiff von einem großen Tintenfisch festgehalten wurde und die Besatzung „zwei Stunden damit zubrachte, die Arme und Tentakel des Tieres abzuschneiden, die sich an Alles und Jedes innerhalb ihrer Reichweite gekrallt hatten. Er beschrieb, dass einige der Arme gut 6 Meter lang waren und die Saugnäpfe pulsierten. Die klauenähnlichen Gebilde am äußeren Rand öffneten und schlossen sich noch lange, nachdem sie vom Körper abgetrennt worden waren, was etwas von der enormen Lebenskraft dieses Tieres erahnen lässt."

Falls überhaupt jemand einen Riesenkalmar gesehen haben und die Wissenschaft korrigieren könnte, dann müsste dies nach Meinung vieler Leute Jacques Cousteau sein, der Tausende von Stunden lang die Tiefen der Weltmeere erforscht hat. Tatsächlich hält Cousteau in seinem gemeinsam mit Philippe Diolé geschriebenen Buch *„Octopus and Squid: The Soft Intelligence"* auch eine derartige Beobachtung fest:

> Als ich eine Tiefe von 250 Metern erreicht hatte, sah ich durch ein Bullauge nur wenige Meter vom Mini-U-Boot entfernt einen sehr großen Cephalopoden, der beobachtete, wie das Gefährt langsam vorüberzog. Ich konnte meine Augen nicht von dieser Fleischmasse abwenden, ihn jedoch schien das Mini-U-Boot überhaupt nicht zu beunruhigen. Es war ein gespenstischer Anblick, gleichzeitig erstaunlich und erschreckend. Schlief er? Oder dachte er nach? Oder beobachtete er bloß? Ich hatte keine Ahnung. Wie auch immer – er war da, lebend und gewaltig, und hatte seine riesigen Augen fest auf mich gerichtet. Dann plötzlich war er verschwunden. Ich hatte nicht gesehen, dass er sich bewegt hatte; aber ich bin überzeugt, dass sich ein Tier dieser Größe ohne Weiteres extrem schnell bewegen kann, indem es Wasser aus seinem Trichter ausstößt. Es machte vor allem den Eindruck von Größe und Kraft. Ich kann verstehen, wie Furcht erregend ein Riesenkalmar sein muss.

Dies könnte nun tatsächlich eine Beschreibung von *Architeuthis* sein, sie ist aber so vage, dass man sich fragt, ob diese Begegnung wirklich stattgefunden

oder ob Cousteau sie nur erfunden hat. Weder Ort noch Zeit sind angegeben –
nur, dass es sich „auf einer der Expeditionen der *Calypso* im Indischen Ozean"
zugetragen hat. Alles, was wir folgern können, ist, dass es vor 1973 passiert sein
muss, denn in dem Jahr erschien das Buch. Was tat das Tier noch, außer dass es
„beobachtete, wie das Gefährt langsam vorüberzog"? Schwamm es mit dem
Schwanz oder den Tentakel vorneweg? Wie war es gefärbt? Und welche Farbe
hatten eigentlich seine „riesigen Augen"? Wie konnte ein Tier, bei dem auf
jeder Seite seines zylindrischen Kopfes jeweils ein Auge sitzt, Cousteau mit –
in seinen Worten – „diesen großen, starren *Augen*" [die kursive Hervorhebung
stammt von mir] anschauen? Und was bedeutet der letzte Satz? Verstand Cousteau auf Grund der „Größe und Kraft", was für ein Furcht erregender *Gegner*
der Riesenkalmar sein könnte, oder fragte er sich, wie ein *echter* Riesenkalmar
sein würde, weil er hier ein Tier gesehen hatte, das zwar ein sehr großer Kalmar, aber nicht *Architeuthis* war. An keiner Stelle findet man in dieser Beschreibung die Worte: *Ich habe einen Riesenkalmar gesehen.* Stattdessen nur ein vorsichtig formulierter Schluss, der es dem leichtgläubigen Leser überlässt, sich
den Zusammenhang zusammenzureimen.*

Cousteau versah diese Darstellung mit dem Verweis „siehe ‚*The Whale:
Mighty Monarch of the Sea*' von Jacques-Yves Cousteau und Philippe Diolé."
Dieses Buch war 1972 und damit ein Jahr vor „*Octopus and Squid*" erschienen.
Es offenbart, dass die *Calypso* auch „im Indischen Ozean" ... „ein großes, weißes
Objekt" gefunden hat, das auf der Oberfläche trieb. Die Besatzung holte es
heraus und identifizierte es als „Schwanzstück eines Riesenkalmars. Der vordere Teil ist zerfetzt; es ist mit Einstichen übersät, die so aussehen wie diejenigen, die die Zähne eines Pott- oder Grindwals hinterlassen."** Sie retten
auch „ein Stück Fleisch, das die Form einer Untertasse oder besser eines Tellers hat. Es ist einer der Saugnäpfe des Kalmars. Dr. François, der es vermisst,
gibt einen Durchmesser von 60 Zentimetern an. Dies war offensichtlich ein
„kleiner" Riesenkalmar. Sein Körper war wahrscheinlich zwischen 2,4-3
Meter lang – außen den großen Armen, versteht sich. Als sie versuchten, die

---

* 1996 schrieb mir Kir Nesis, der wohl führende Kalmarforscher Russlands, in einem Brief: „Ich habe mich mit Kollegen besprochen, die viel Erfahrung mit Tiefseetauchen in bemannten Tauchbooten haben. Sie sagen, einen großen aktiven Meereskalmar in mittleren Gewässern zu beobachten sei ausgesprochen schwierig. Was sie normalerweise sahen,
waren lediglich rasch verschwindende Schatten, die nur eine große Tintenwolke zurückließen ... Meiner Meinung nach
hat J.-Y. Cousteau daher vielleicht einen sehr großen Cephalopoden in mittleren Gewässern gesehen, aber er konnte ihn
kaum erkennen oder photographieren."
** Ein eklatantes Beispiel für Cousteaus verworrene Walkunde findet sich auf der Seite, die unmittelbar auf die Beschrei-
bung des Kalmarschwanzes folgt. Selbst nachdem er ein Stück mit den Zahnabdrücken gefunden hat, erklärt er: „Weder
zermahlt der Pottwal seine Nahrung zu Pulver, noch kaut er sie. Er beißt noch nicht einmal wirklich zu. Stattdessen verschluckt er sie als Ganzes auf einmal." Letzteres ist korrekt; Kalmare, die aus den Mägen von Pottwalen stammten, zeigten keinerlei Anzeichen von Biss- oder Kauspuren.

Stücke zu kochen, fanden sie, dass der Schwanz „so zäh" war, „dass wir ihn nicht schneiden konnten" und „was den Saugnapf anlangte, der war unbeschreiblich schrecklich. Er war so zäh, als hätten wir versucht, aus einem Stück Weichgummi ein Essen zu bereiten."

Darauf folgt eine kurze Besprechung des „fantastischen Kraken", in der der Satz vorkommt: „Bisher hat noch kein Mensch Architeuthis zu Gesicht bekommen. Man kennt ihn nur als noch unverdaute Nahrung aus den Mägen von Pottwalen." Hat er vergessen, dass er einen gesehen hat oder hat er gerade beschlossen, dies in dem Buch über Wale wegzulassen? Könnte es sein, dass er bei einer Schilderung, wie Stücke von Architeuthis gegessen werden oder wie es zumindest versucht wird, schlicht vergessen hat, dass er selbst bereits diese „Fleischmasse" als „lebend und gewaltig, ... seine riesigen Augen fest auf mich gerichtet" beschrieben hat? Und wie konnte ein Mann, der behauptet hat, einen lebenden Riesenkalmar gesehen zu haben, schreiben, dass der „Saugnapf", den sie gefunden haben, einen Durchmesser von 60 Zentimetern hatte? (Der Durchmesser eines gewöhnlichen Esstellers beträgt 25 Zentimeter, der eines Abfalleimerdeckels 50 Zentimeter und der eines New Yorker Kanaldeckels 67 Zentimeter!) Ich vermute, dass beide Ereignisse erfunden wurden: Von dem Mini-U-Boot aus wurde nichts gesichtet, und es gab sicherlich auch keinen Versuch, einen Saugnapf mit einem Durchmesser von 60 Zentimetern zu kochen, weil es ein solches Ding schlicht nicht gibt.*

In einem 1993 in Deutschland erschienenen Buch von Guido Poppe und Yoshihiro Goto mit dem Titel *„European Seashells"* stößt man auf eine Photographie, die angeblich einen Riesenkalmar mit einem Taucher im Nordatlantik zeigt.** Der Taucher auf dem Foto scheint in seichtem Wasser auf dem Meeresgrund zu stehen, und es muss noch einen weiteren Taucher gegeben haben, der das Foto machte. In einem für das Fernsehen gedrehten, japanischen Film sieht man Szenen mit einem Taucher in sehr flachem Wasser sowie einem

---

* Es fällt nicht leicht zu entscheiden, was man von den sachlichen und orthographischen Fehlern sowie den falschen Darstellungen in Cousteaus Buch über die Cephalopoden halten soll. Wenn die Fakten falsch dargestellt sind, dann könnte dies an einer unzureichenden Recherche liegen, vielleicht wurde nachlässig redigiert oder in diesem Falle möglicherweise nicht korrekt übersetzt. Aber was soll man von solch offenkundigen Verdrehungen denken? Da sie offensichtlich kein Versehen sind, müssen wir annehmen, dass die Autoren dieses Material absichtlich mit aufgenommen haben, in vollem Bewusstsein, dass es nicht bestätigt werden kann. Cousteaus Ruf als jemand, der die Meeresbiologie und den Schutz des Meeres populär gemacht hat, sollte ihn eigentlich eher zu einer größeren als zu einer geringeren Sorgfalt und Genauigkeit ermuntert haben.
** Ohne viel Erfolg habe ich versucht, die Photographie und den Photographen ausfindig zu machen. Schließlich fragte ich Guido Poppe selbst nach dem Namen des Photographen und erfuhr, dass der Verlag (Hemmen in Wiesbaden) das Bild von IKAN, einer Photoagentur in Frankfurt, gekauft habe. Sie beantworteten meine Anfrage mit folgendem Brief: „Der Riesenkalmar in dem Buch des Hemmen-Verlags wurde in Südjapan von einem Photographen aufgenommen, der von IKAN vertreten wird. Ich bezweifle aber, dass dieses Bild *Architeuthis dux* zeigt ... Ihnen ist hoffentlich nicht entgangen, dass das Tier nicht so groß ist, wie es auf Grund der Weitwinkelphotographie aussieht."

Dieses Photo, auf dem „Architeuthis dux" zu sehen ist, war in einem 1993 erschienenen Buch „European Seashells" abgebildet. Es ist in Wirklichkeit ein Photo von Moroteuthis robustus, das in nördlichen japanischen Gewässern aufgenommen wurde, als der Kalmar bereits im Sterben lag.

sehr großen, sehr kranken Kalmar. Es ist eindeutig *Moroteuthis*, und ein Vergleich mit dem Buch von Poppe ergibt, dass es sich um genau dasselbe Tier handelt. Soweit mir bekannt ist, gibt es keine bestätigten Aufzeichnungen von Tauchern, die mit *Architeuthis* zusammen geschwommen sind – ob nun im Nordatlantik oder sonstwo. Einen Augenblick lang dachte ich schon, ausgerechnet irgendeinem unbekannten Photograph wäre es gelungen, das naturgeschichtliche Bild zu schießen, das am schwersten zu machen ist. Zum Glück für diejenigen, die ihr Leben der Suche nach *Architeuthis* geweiht haben, war dies nur ein Irrtum, eine Verwechslung.

Schluss-
folgerungen

Kalmare sind weder Bestandteil unserer Welt, noch haben sie einen Platz in unserem Bewusstsein. Zu ihrer Ausstattung gehören Merkmale wie Haken, Klauen, Saugnäpfe, Lichter, Schnäbel, ein Schleimüberzug sowie verschiedenartige Gliedmaßen, die wir bei den uns vertrauteren Geschöpfen der Erde kaum antreffen. Sie leben unter Wasser außerhalb unseres Gesichtskreises, in Tiefen, die wir nicht ergründen können, in Mengen, die wir uns nicht vorstellen können. Ihre Kraft, ihre Fähigkeiten und ihre Vormachtstellung innerhalb ihres Lebensraumes im Meer haben einige Autoren dazu angeregt, sie als eine alternative Form von Intelligenz auf unserem Planeten anzusehen. Ihr ungewohntes Aussehen mit einem Bündel von Armen an einem Ende, Augen in der Mitte und einem Schwanz am anderen Ende hat den Eindruck nur verstärkt, dass sie fremdartige Wesen aus einer unbekannten Welt sind – und genau das sind sie auch.

Sie sind so wenig bekannt, dass Filmemacher und Romanciers viel zu viel Zeit und Platz dafür verwenden müssen, die Anatomie dieses Tieres zu erklären, ehe sie es dazu bringen können, irgendjemanden anzugreifen. (Das ganze Zeug von schleimiger Haut, acht Greifarmen, Krallen, einem papageienähnlichen Schnabel und so weiter.) Die größte bisher bekannt gewordene Größe eines Riesenkalmars hat ebenfalls entscheidend zu seinem Image beigetragen: Ein Tier, das eine Länge von 18 Metern erreichen kann, ist für sich genommen schon beängstigend. Wenn es dann zufällig auch noch acht sich windende Arme, zwei Tentakel, um die Beute heranzuziehen, gigantische, starre Augen und einen alles zermalmenden Schnabel hat, dann wird es zum Stoff, aus dem Albträume sind. Es lebt in einer Welt, die uns kaum bekannt ist: in den dunklen, eisigen Bereichen der tiefsten Ozeane der Welt, wo er nach Beute sucht. Wir wissen noch nicht einmal mit Sicherheit, ob es mit den Armen oder dem Schwanz voran schwimmt und nach welcher Beute es sucht.

Jagt *Architeuthis* allein oder schließt er sich mit anderen zu Schwärmen zusammen? Ersteres wäre eine angenehmere Vorstellung, denn der Anblick eines Rudels von 18 Meter langen Riesenkalmaren könnte einem wirklich Angst einjagen. (1967 schrieb Frederick Aldrich in einem Artikel in der britischen Zeitschrift *Animal*: „Riesenkalmare sind durchaus nicht so selten, wie man einmal angenommen hat. Vor der Küste Neufundlands wurde ein Schwarm von 60 Tieren gesichtet, und erst im letzten Herbst haben wir von einer Schlacht zwischen einem Riesenkalmar und einem Wal gehört, die an der Meeresoberfläche tobte." Diesen Schwarm von 60 Riesenkalmaren erwähnte Aldrich nie wieder in seinen Veröffentlichungen (wahrscheinlich hat er erfahren, dass der Bericht doch nicht ganz gestimmt hat); tatsächlich ist bereits der Anblick nur eines dieser Geschöpfe fürchterlich genug. Vielleicht ist das so, weil wir an etwas so Riesiges nicht gewöhnt sind. Eine unserer größten Ängste ist die, dass Lebewesen, deren Erscheinung in kleinem Maßstab schon Grauen erregend ist – Insekten zum Beispiel – plötzlich vergrößert werden, sodass wir ihre acht Augen sehen können oder ihre Angst einflößenden Zangen oder ihre sich bedrohlich wiegenden Antennen. Regisseure drehen Horrorfilme über Riesenameisen, -fliegen oder -schaben, aber die Größe von *Architeuthis* müssen sie nicht übertreiben – er *ist bereits* ein Monster.

Seit der Zeit, in der Aristoteles über *Teuthos* schrieb, waren die Menschen von den Riesencephalopoden fasziniert. Von Olaus Magnus über die Bischöfe Pontoppidan und Egede zu Reverend Harvey und geradewegs weiter zu Arthur C. Clarke, Michael Crichton und Peter Benchley gibt es eine ununterbrochene Kette von Historikern, Schriftstellern und sogar Künstlern, die sich für *Architeuthis* begeistert haben.

Für die Wissenschaftler, die die verschiedenen Erscheinungsformen der Kalmare untersuchen, gehören sie zu den faszinierendsten Tieren der Erde. Den Wissenschaftler fesseln genau die Attribute, die den Laien abschrecken oder ekeln. Gilbert Voss von der Universität von Miami war Ratgeber und Mentor für eine ganze Generation von Fachleuten für Kopffüßer; er publizierte in wissenschaftlichen Zeitschriften 76 Artikel über Kalmare und Kraken. Er wurde 1918 geboren und starb 1989; anlässlich seines Todes veröffentlichte das *Bulletin of Marine Science*, dessen Herausgeber er war, ihm zu Ehren einen Gedenkband. Clyde Roper und Michael Sweeney schrieben in ihrer Einführung zu diesem 1991 erschienenen Band:

> Man kann wohl mit Sicherheit behaupten, dass wir Professor Gilbert L. Voss einen neuen Aufschwung und die Wiederbelebung der Cephalopodenforschung verdanken; durch seine Anregung wieder in Gang gekommen, hat er sie maßgeblich beeinflusst und im weiteren Verlauf seiner vierzigjährigen Karriere unterstützt und gefördert. Wie bedeutend er für die Belebung der systematischen Cephalopoden-Forschung ist, zeigt sich beispielsweise daran, dass

über die Systematik und Zoogeographie der Kopffüßer sowie über andere Aspekte ihrer Biologie und Fischerei kaum ein Artikel veröffentlicht wurde, in dem nicht zumindest eine Abhandlung von Voss zitiert wurde. Das galt beinahe vier Jahrzehnte lang und wird auch im 21. Jahrhundert viele weitere Jahrzehnte lang so bleiben.

Gil Voss war kein Anhänger von *Architeuthis*. Er glaubte, dies sei ein schwaches, langsam schwimmendes Geschöpf „mit Armen und Tentakel, die ziemlich schlaff [sind] und leicht vom Körper abgerissen werden könnten." Aber er liebte *Dosidicus*, von dem er in einem 1959 veröffentlichten Artikel mit dem Titel „*Hunting Sea Monsters*" sagte, diese Tiere seien „Herrscher über ihre Domäne, von ganz anderer Art als *Architeuthis*." „Ihre kugelförmigen Körper", schrieb er, „sind schwer und stark, mit leistungsstarken Strahltrichtern und großen Flossen. Ihre Arme und Tentakel sind massig und kräftig; mit ihren Schnäbeln können sie Ruder und Bootshaken glatt durchbeißen sowie Riesenthunfische in Minutenschnelle bis auf die Knochen auffressen."

Im selben Artikel behauptete Voss, dass die bisher nur hypothetisch existierenden riesigen Kalmare aus der Familie der Ommastrephiden „zu den leistungsfähigsten Kampfmaschinen gehören würden, die die Welt der Meere je hervorgebracht hat, und dass es keinerlei Grund zu der Annahme gibt, dass sie nicht existieren könnten." In *National Geographic* schreibt er 1967 in einer Abhandlung über Kalmare im Allgemeinen („*Squids: Jet-Powered Torpedos of the Deep*"): „Nur wenige Meerestiere besitzen so faszinierende Züge oder strahlen so sehr die Schönheit von Juwelen aus wie diese durchsichtigen Mollusken. ... Mit Ausnahme einiger Sportfische zählen die Cephalopoden, deren Verhalten beinahe von aktiver Intelligenz zeugt, zu den flottesten Schwimmern des Meeres."

Weil Riesenkalmare so faszinierende Geschöpfe sind, stehen sie im Mittelpunkt des Interesses einer treuen Anhängerschaft von Spezialisten, die einen wesentlichen Teil ihrer beruflichen Karriere der Erforschung von *Architeuthis* gewidmet haben. Von Anfang an gab es jedoch nicht sehr viele Exemplare, mit denen sie arbeiten konnten. Als Japetus Steenstrup die Gattung einführte, der er auch seinen Namen gab, geschah dies auf der Grundlage eines Kiefersatzes und einiger historischer Aufzeichnungen, die dreihundert Jahre zuvor veröffentlicht worden waren. Steenstrup stand in Verbindung mit A. W. Verrill aus Yale, der von dem Zustrom der Riesenkalmare an die Küsten Neufundlands profitierte. Verrill beschrieb und katalogisierte sie mit einer leidenschaftlichen Begeisterung, die an Besessenheit grenzte. Frederick Aldrich wurde 1927 in New Jersey geboren, ein Jahr nach Verrills Tod. Er erwarb seinen Doktortitel bei Rutgers, arbeitete an der *Academy of Natural Sciences* in Philadelphia, und blieb von 1961

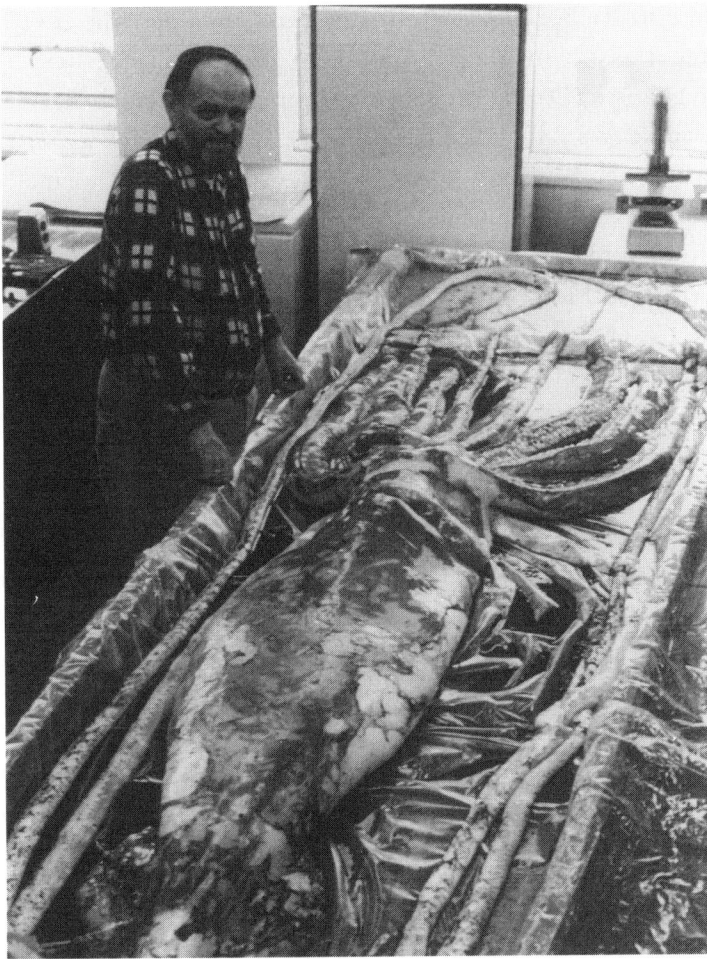

Frederick Aldrich in seinem Labor an der Memorial University in Neufundland mit einem der 15 Kadaver von Riesenkalmaren, die er untersucht hat.

an bis zu seinem Tod im Jahre 1991 an der *Memorial University of Newfoundland*. Er reklamierte für sich, mehr Riesenkalmare untersucht zu haben als irgendein Anderer vor ihm.

Glen Loates ist ein kanadischer Künstler, der sich auf das Zeichnen von Tieren spezialisiert hat; seine wahrscheinlich bekanntesten Werke sind äußerst detailgetreue Bilder nordamerikanischer Säugetiere und Vögel. Wann immer es möglich ist, arbeitet er nach lebenden Modellen, aber obwohl Riesenkalmare ihn zeit seines Lebens fasziniert haben, ist es ihm bislang noch nicht gelungen, sie an Ort und Stelle lebend zu skizzieren. Loates freundete sich mit Frederick Aldrich an und reiste von seinem Wohnort in der Nähe von Toronto nach Neufundland, um sich Aldrichs konservierte Exemplare anzusehen. Diese zeichnete er sorgfältig und verfeinerte dabei seine Kenntnisse von den kleinsten anatomischen Einzelheiten der Riesenkalmare, bis sie ihm vollkommen vertraut waren. Dann schuf er eine Reihe von Zeichnungen und Gemälden, die *Architeuthis* in Aktion zeigten, meist beim Kampf mit einem Pottwal – sicherlich die genauesten und aufregendsten Darstellungen, die je von diesem Ungeheuer angefertigt wurden. Frederick Aldrich stellte Glen Loates Bilder im *Journal of Cephalopod Biology* mit folgenden Worten vor: „Seine Begeisterung für Riesenkalmare begann schon in seiner Kinderzeit, nachdem er das erste Mal ‚20.000 Meilen unter dem Meer' von Jules Verne gelesen hat. Im Alter von 16 Jahren versuchte er zum ersten Mal, den Architeuthiden in Farbe auf die Leinwand zu bannen. In seinem Heim bei Toronto hat er eine Bibliothek über Kopffüßer zusammengetragen, auf die mancher Kalmarforscher stolz sein könnte."

1974 sagte Aldrich in einem Interview für die Los Angeles Times : „Ich muss mir einen lebenden Riesen beschaffen ... Wir werden Lichter und außerdem einen Korb voll klein geschnittener Haistücke als Köder benutzen, einen riesigen Köder. Taucher werden das Tier dann in das Boot bringen." 15 Jahre später nahmen Loates und Aldrich gemeinsam mit der Haiforscherin Eugenie Clark und dem *National Geographic*-Fotografen Emory Kristof am Beebe-Projekt teil; Ziel dieses Unternehmens war es, Riesenkalmare mit Hilfe eines Tauchbootes aufzuspüren. Die ersten Tauchgänge der Pisces VI fanden vor Bermuda statt, in einer Region, die nicht gerade für Riesenkalmare bekannt ist. (Die einzigen Berichte, nach denen *Architeuthis* in Bermuda-Gewässern gesichtet worden sein soll, stammten von Leuten, die auf Monster aus waren.) Als die Suche dort ergebnislos blieb, wurde die Expedition nach Bonavista Bay in Neufundland verlagert, wo Fred Aldrich sich ihr anschloss. 1990 ließ sich Aldrich voller Erwartung, sein Lieblingstier zu Gesicht zu bekommen, mit dem Tauchboot in eine Tiefe von 250 Metern hinab; doch kein einziger Riesenkalmar war zu sehen. In der Hoffnung, einen Riesenkalmar damit anlocken zu können, ließen sie einen gigantischen, hellrot gestrichenen und mit zahlreichen Haken bestückten Kalmarköder herab; doch auch das funktionierte nicht. Trotz seines lebenslangen Einsatzes für *Architeuthis* starb Fred Aldrich, ohne je einen lebenden Riesenkalmar gesehen zu haben.

Natürlich gibt es Kalmarforscher, die sich nur flüchtig mit *Architeuthis* befasst haben. Falls aber mal eines (oder mehrere) dieser Tiere am heimatlichen Strand oder im eigenen Labor auftauchen sollte, wird wahrscheinlich jeder auf der Stelle zu einem Anhänger von ihm werden. Zu denen, die Beschreibungen von (immer schon toten) Riesenkalmaren veröffentlicht haben, gehören: Eric Hochberg aus Kalifornien, Kir Nesis aus Moskau, Jean Cadenat aus Frankreich, Nancy Frost aus Kanada, G. C. Robson aus England, Martina Roelveld aus Kapstadt, R. K. Dell und Steve O'Shea aus Neuseeland, David Heppell und Peter Boyle aus Schottland, Joyce Allan, Wolfgang Zeidler, Mark Norman und C. C. Lu aus Australien, France Staub aus Mauritius sowie eine Vielzahl skandinavischer Wissenschaftler, die häufig unfreiwillig zu Hütern eines riesigen, schlaffen, nach Ammoniak stinkenden Kadavers wurden, der in der Regel keine Augen mehr hatte.

Heutige Wissenschaftler profitieren von der Arbeit ihrer Vorgänger: Steenstrup war der Erste, der sich für *Architeuthis* einsetzte. Obwohl er seine Texte in einem Stil schrieb, den selbst seine eigenen Biographen als „in charakteristischer Weise umständlich und häufig weitschweifig" bezeichnen, ist seine Begeisterung für die gigantischen Mollusken unverkennbar. Ohne A. E. Verrills umfangreiche Publikationen und präzise Beschreibungen hätte Frederick Aldrich nicht die Basis für seine Untersuchungen der neufundländischen Kalmare erarbeiten können, und Clyde Roper, der 1997 die Expedition nach Neuseeland leitete, hätte wesentlich weniger Informationen über die Geschichte und das Verhalten von *Architeuthis* zur Verfügung gehabt. Der 1937 geborene Roper, ein Student von Gil Voss, ist heute Kustos der Abteilung für wirbellose Tiere in *Smithsonian National Museum of Natural History*. Wie seine Vorgänger ist auch er ein überzeugtes Mitglied der Fangemeinde von *Architeuthis*. Alle diese Männer verfolgten eigentlich andere Interessen (Roper ist der einzige gelernte Kalmarforscher; er schrieb seine Doktorarbeit über *Bathyteuthis*, eine antarktische Spezies); Japetus Steenstrup, der nie einen Universitätsgrad hatte, besaß ein vielseitiges Wissen und veröffentlichte 239 Artikel zu Themen aus der Paläontologie, Archäologie, Geschichte und Zoologie. Bei all den Profis und Amateuren, die nur den Wunsch haben, hinter das Geheimnis der fantastischsten und rätselhaftesten Raubtiere des Ozeans zu kommen, war es der sagenhafte *Architeuthis*, der – gigantisch, lauernd, schwebend, mit starrem Blick, selber aber den Blicken entzogen – ihre Phantasie mit dem ständigen Wirrwarr seiner kräftigen Tentakel fesselte.

Lange nachdem ich dieses Manuskript fertig gestellt und bereits meinem Verleger übergeben hatte, erhielt ich einen Brief von einem Mann, der mich in einer Fernsehsendung gesehen hatte. In dieser hatte ich behauptet, keiner hätte je einen lebenden Riesenkalmar zu Gesicht bekommen. „Das stimmt nicht!", meinte darin Dennis Braun, heute Betriebsanalytiker in einer großen, für die Verteidigung tätigen Auftragsfirma:

Kurz bevor ich nach Vietnam ging, im Februar oder März 1969, nahm ich als 19-jähriger Stabsunteroffizier der Marine an einer Übung eines Sturmangriffs von Landungstruppen auf Vieques Island nahe Puerto Rico teil. Wir hatten auf einem der Strände der Insel ein Lager errichtet und bereits etwa zwei Wochen dort zugebracht. Wir bereiteten uns gerade darauf vor, (mit der USS *Francis Marion*) nach Morehead City in North Carolina zurückzukehren, als zwei meiner Kameraden von der Marineinfanterie und ich im Wasser längsseits unseres vor Anker liegenden Schiffes etwas ganz Außergewöhnliches erblickten.

Als wir angefangen hatten, uns auf die Einschiffung vorzubereiten, waren wir an Bord des Schiffes zurückgekehrt, weil wir große Mengen an Ausrüstung zu verladen hatten. Es musste einiges getan werden, um diese Sachen in den Frachträumen des Schiffes zu sichern, nachdem sie von dem hin- und herfahrenden Landungsboot an Bord gehievt worden waren. Dabei gab es immer wieder Pausen, sodass wir an Deck eine Menge Leerlauf hatten; die Matrosen wussten das und hatten ihre eigene Angelausrüstung dabei; und wir beobachteten sie beim Fischen.

Weil der Sandboden dort hell ist und rund um das Schiff keinerlei Wasserpflanzen wachsen und die Sicht behindern, ist das Wasser in dieser Gegend sehr klar. Daher konnte man direkt bis auf den Grund blicken. Es war wie in einem Schwimmbad. Das Wetter war sonnig und angenehm, das Wasser sehr ruhig. Die Matrosen interessierten sich vor allem für die großen Gelbschwanzmakrelen, die in Schwärmen von 20 oder 30 um das Schiff herumstrichen.

Wir sahen Haie sowie verschiedene andere Fische, und es war ungefähr in der Mittagszeit des zweiten oder dritten Tages, als ich mit zwei Freunden backbord an der Reling lehnte. Wir schauten in Richtung Süden nach Vieques Island, das etwa eine halbe Meile entfernt war. Plötzlich kam einer von der anderen Seite des Schiffes herüber und rief lauthals etwas wie: „He, ihr solltet mal sehen, was für einen großen Barrakuda dieser Kerl da gerade am Haken hat!" Natürlich rannten fast alle auf die andere Seite hinüber, um sich diesen Kampf anzusehen. Meine Freunde und ich waren in unser Gespräch vertieft und weil wir dachten, wir hätten auf jeden Fall noch genug Zeit, um alles zu sehen, waren wir einen Augenblick lang zurückgeblieben, um die Unterhaltung fortzusetzen – da wanderte mein Blick, mit dem ich das Sonnenlicht, das oben auf dem Wasser tanzte und flirrte, fixiert hatte, nach unten und fiel auf etwas, das dort auf dem Meeresgrund in der Nähe des Schiffes lag. Was ich da sah, war wirklich erstaunlich!! Auf dem sandigen Boden gut zu erkennen, ruhte sich ein riesiger Kalmar aus! Wir drei waren völlig verblüfft, als wir auf das Ding starrten.

Offensichtlich hatte er einfach nur beschlossen, längs unseres Schiffes ein bisschen zu faulenzen. Er lag parallel zum Schiff, aber noch in der Sonne, sodass man ihn dort auf dem Sand deutlich erkennen konnte – sogar seine Augen. Sein Kopf befand sich zu unserer Linken, seine leicht fächerförmig ausgebreiteten Tentakel erstreckten sich zu unserer Rechten. Länge und Umfang des Tieres waren wirklich außergewöhnlich. Ich kann nur schätzen, welche Ausmaße er wirklich gehabt haben mag, aber er war VIEL größer als der tote Kalmar, der in dem Fernsehfilm gezeigt wurde. Er lag einfach ruhig ganz nahe am Schiff, vielleicht sechs oder neun Meter entfernt, direkt vor uns. Wenn ich gerade nach unten geguckt hätte, um meinen Blick über seinen gesamten Körper von meiner Position über dem Wasser (etwa 9 Meter hoch) aus schweifen zu lassen, hätte ich meine Augen schätzungsweise mindestens 30 Grad nach links und 30 Grad nach rechts drehen müssen.

Sein Durchmesser schien mir so riesig zu sein, dass ich es wohl nicht geschafft hätte, meine Arme ganz um ihn zu legen (nicht dass ich das wirklich gewollt hätte!), sondern höchstens halb herumgekommen wäre. Ich habe wenig Zweifel, dass er, wenn er wirklich gewollt hätte, wahrscheinlich schon allein auf Grund seiner Größe und seines Gewichts ein Sportfischerboot nach unten hätte ziehen können! Seine Färbung ähnelte ziemlich genau dem, was man bei einem Kalmar erwarten würde; er war bräunlich, dunkler als der ihn umgebende Sand, aber es war beinahe so, als hätte er etwas von dieser helleren Farbe angenommen.

Es gab nicht den geringsten Zweifel, was das für ein Tier war. Das Wasser muss zwar mindestens 15 Meter tief gewesen sein, damit das Schiff dort überhaupt liegen konnte, es war jedoch sehr klar; von unserer Position an Deck aus – die sich, wiederum nur geschätzt, vielleicht 9 Meter über der Wasseroberfläche befand – hatten wir einen günstigen Aussichtspunkt. Wenn ich die geschätzte Distanz zu mir und die oben beschriebenen Winkel zugrunde lege, hatte das Tier meines Erachtens wohl eine Länge von mindestens 30 Metern.

Er lag einfach nur so bewegungslos da, ja schien zu uns hoch zu blicken, als wir uns über ihn und darüber unterhielten, was wir tun sollten. Ich erinnere mich an den Vorschlag, vielleicht doch auf die Brücke hoch zu gehen und es jemandem zu melden. Ach nein, argumentierten wir in unserer Naivität, dort wusste man es wahrscheinlich schon längst wegen des Sonargeräts und der anderen – welchen auch immer – Sensoren, mit denen das Schiff ausgerüstet war. Uns war nicht klar, dass das Sonar wahrscheinlich überhaupt nicht eingeschaltet war, solange das Schiff vor Anker lag. Außerdem – als junge Marineinfanteristen waren wir in jeder erdenklichen Weise eingeschüchtert, durch sich nähernde Offiziere, durch alles Mögliche, was viel geringfügiger war als das hier!

Insgesamt, würde ich sagen, haben wir den Kalmar 10 Minuten oder länger beobachtet. Sein Umriss und seine Merkmale waren nicht zu verkennen. Wir hatten außerdem genügend Zeit, um ihn ganz genau zu mustern, und konnten unsere Beobachtungen in Ruhe vergleichen, ohne allzu viel unsere Phantasie ins Spiel bringen zu müssen.

Ich weiß, dass manche Leute das, von dem ich behaupte, es gesehen zu haben, als dahintreibenden Seetang, Wolkenschatten oder Ähnliches abtun wollen. Ich versichere Ihnen jedoch, wenn Sie einen absolut detailgetreuen Gummikalmar von drei Meter Länge im tiefen Teil eines Schwimmbads versenken würden, dann wäre er genau so klar und deutlich zu erkennen wie der, den wir gesehen haben. Es gab keine anderen auffälligen Strukturen um ihn herum, und Disney hätte es nicht besser hingekriegt, ihn so wirklichkeitsgetreu aussehen zu lassen.

Vieques Island liegt direkt südlich des Puerto-Rico-Grabens, der mit 8400 Metern der tiefste Teil des atlantischen Ozeans ist. Weder in Puerto Rico noch in Kuba, Hispaniola oder irgendeiner anderen der Inseln, die entlang dieser ausgedehnten Spalte liegen, ist bisher jemals ein Riesenkalmar dokumentiert worden. Von den Bahamas, die beinahe 1000 Meilen entfernt sich, stammen zwei Kadaver, die beide auf der Meeresoberfläche treibend gefunden wurden: den einen holte Steenstrups Kapitän Hygom im Jahre 1855 aus dem Wasser, der andere wurde 1948 zu Gil Voss gebracht.

Ich unterhielt mich mit Dennis Braun, der von der wissenschaftlichen Kontroverse über den Riesenkalmar wirklich überhaupt keine Ahnung hatte. Tatsächlich hatte er, obwohl es ein sehr großes Tier war, keinerlei Grund zu der Annahme, das Lebewesen, das er gesehen hatte, hätte in irgendeiner Weise ungewöhnlich sein können. Nach 1969, so berichtete er mir, hat er seine Geschichte schon vielen Leuten erzählt, aber offensichtlich sprach er nie mit jemandem, der von Riesenkalmaren genügend Ahnung hatte, um ihm mitzuteilen, dass dies eine höchst ungewöhnliche, vielleicht sogar einmalige Erfahrung war.

Falls Brauns Bericht wahr ist (und es sich wirklich um *Architeuthis* gehandelt hat), dann erhält das Geheimnis um den Riesenkalmar eine neue Dimension. Bisher habe ich Geschichten, in denen Riesenkalmare gesichtet wurden, die nicht unter die bekannte und akzeptierte Maximallänge von 17 Metern fielen, stets für unwahr gehalten. Was aber, wenn Bernard Heuvelmans oder Arne Grønningsaeter, Fred Aldrich oder J. D. Starkey Recht hätten und es wirklich da draußen Riesenkalmare gibt, die 30 Meter lang sind? Und was ist mit Arthur C. Clarkes Behauptung, wahrscheinlich seien die gestrandeten Exemplare nicht unbedingt auch die größten? (Ich bin allerdings nur bereit, noch diese 30 Meter langen Tiere zu akzeptieren. Ein Monster von 45 oder 60 Metern Länge könnte nur unter äußersten Schwierigkeiten ausreichend Nahrung finden, um sich am Leben zu erhalten, und gehört – meiner Meinung nach – nach wie vor in das Reich der Phantasie.)

Habe ich übereilt gehandelt, als ich die nicht vermessenen Giganten abgelehnt habe, und war ich zu wenig bereit, die Behauptung, dass „keiner je einen lebenden Riesenkalmar gesehen hat" in Frage zu stellen? Was, wenn Dennis Brauns Geschichte wahr wäre? Als ich schrieb, Riesenkalmare würden wahrscheinlich keine Schwärme bilden, kannte ich noch nicht die Geschichte, die 1998 in der Januar-Ausgabe des in London erscheinenden *Marine Observer* veröffentlicht wurde. Darin beschreibt ein Kapitän namens C. A. McDowall ein Ereignis, das sich folgendermaßen zugetragen hat:

Vor einigen Jahren bekamen wir nachts im Arabischen Meer Besuch von einem großen Schwarm Riesenkalmare – wie ich glaube. Etwa 200 von ihnen tauchten einfach aus der Tiefe auf und schauten uns an. Da gab es junge Tiere von der Größe eines Eimers und erwachsene; die Körper der mächtigsten Tiere waren drei bis vier Meter lang, dazu kamen zwei lange Tentakel von nochmals sechs Metern. Wir ließen die Laderampe herunter, um sie besser sehen zu können, und die Enkeltochter des Kapitäns machte Photos, die aber wahrscheinlich deshalb nichts wurden, weil die Lichter sehr hell waren und die Tiere sich im Schatten befanden. Die Augen waren enorm groß, größer als ein Essteller; das Bemerkenswerteste aber war die Farbe. Oben auf dem Kopf waren die Tiere rot wie ein Ferrari und die weißen Tentakel waren mit roten Flecken übersät, sodass sie rosa aussahen. Wo der rote Rücken auf die weiße Farbe rund um die Augen traf, gab es ein Muster ineinandergreifender Flecken. Die Besatzung versuchte, die Jungtiere zu fangen, aber sie rissen sich los, sobald sie sie am Haken hatten. Interessanterweise konnte ein Tier, das einmal diese Erfahrung gemacht hatte, nicht noch einmal gefangen werden. Sie blieben etwa anderthalb Stunden lang, tauchten dann langsam unter und verschwanden aus unserem Blickfeld. Ich erwähne dies, weil ich schon verschiedentlich gehört habe, dass noch keiner einen Riesenkalmar zu Gesicht bekommen haben soll. Das kann meines Erachtens nicht stimmen ... Hat jemand anders diese Tiere gesehen? Das wäre sehr interessant – vor allem, weil dies ein Gebiet ist, in dem weibliche Pottwale zu finden sind.

Statt mich mit solcher Bestimmtheit an ein geschlossenes System zu klammern, an dessen Einführung ich so hart gearbeitet habe, sollte ich am Ende dieses Buches vielleicht doch für diese Berichte offen sein. Möglicherweise gibt es wirklich größere Riesenkalmare dort draußen und vielleicht hat jemand sie tatsächlich gesehen. Dass man sie nicht ausgemessen hat, ist vielleicht überhaupt nicht so wichtig. Können wir denn jede Darstellung, die nicht unseren etablierten Richtlinien entspricht, einfach unter den Tisch fallen lassen? Ist dieses Buch weniger wahrhaftig, wenn auch solche Geschichten mit aufgenommen werden? Alles in allem, denke ich, ist es besser, diese Geschichten mit dazu zu nehmen, als sie zu ignorieren.

Wir wissen, dass wir sie glauben sollten; dennoch zweifeln wir. Kann es wirklich in der unbekannten Weite der eisigen Tiefen des Meeres ein Lebewesen geben, das 18 Meter lang ist und das starr blickende Augen in der Größe von Esstellern hat? Schon allein, dass *Architeuthis* existiert, bestätigt unsere Ängste und Unzulänglichkeiten; trotz unserer kläglichen Versuche, das Monster zu fangen oder zu verstehen, ist es immer noch da. Was wird passieren, wenn es jemand findet oder ein Photo von ihm macht? Es wird einiges von seinem Geheimnis verlieren, und in gewissem Sinne werden wir ärmer werden, weil wir der Erwartung beraubt sind, wir könnten es finden. Oft genug ist die Verwirklichung eines lang gehegten Traumes hinter der sehnsuchtvollen Erwartung zurückgeblieben. In *„The Log from the Sea of Cortez"* schrieb Steinbeck: „Die Menschen brauchen in ihren persönlichen Ozeanen Seeungeheuer

... Denn der Ozean mit seinen tiefschwarzen Abgründen ist wie die tiefen, dunklen Ebenen unseres Geistes, in denen die Traumbilder entstehen und von dort gelegentlich ans Tageslicht kommen wie der Alte Mann auf dem Meer ... Ein Ozean ohne namenlose Ungeheuer wäre wie ein völlig traumloser Schlaf." So müssen wir einerseits den Riesenkalmar finden, andererseits dürfen wir es aber auch wieder nicht.

Danksagung

Rund um den Globus haben mich viele Leute aus Labors, Museen und Bibliotheken bei meiner Suche nach *Architeuthis* unterstützt. John Arnold, Ron O'Dor, Jennifer Hoar, Bernd Budelmann, Eric Hochberg, Clyde Roper, David Heppell, Martina Roeleveld, Kir Nesis, Uwe Piatkowski, Wolfgang Zeidler und Malcolm Clarke haben bei meiner Einführung in die Biologie der Kalmare allesamt „Beihilfe geleistet". John Arnold hatte sich schon vor der Ankunft des E-Mail-Ansturms in sein Heim und sein Labor in Massachusetts zurückgezogen. Ansonsten habe ich jedoch annähernd jeden mit Fragen im Internet genervt und ich staune immer noch, wie schnell und problemlos die Antworten aus so weit entfernten Orten wie Adelaide, Wellington, Tokio, Kapstadt, Kiel, Kopenhagen, Bergen, Edinburgh, Kaliningrad, Moskau, Santa Barbara, Milwaukee, New Haven und Cambridge, Massachusetts, in New York angekommen sind. Mit Roger Hanlon vom *Marine Biological Laboratory* in Woods Hole habe ich lange produktiv über unsere gemeinsame Leidenschaft, das Verhalten der Cephalopoden, diskutiert. (Außerdem kam es mir sehr gelegen, dass er und John Messenger ein Buch über dieses Thema geschrieben haben.) Fran Hoskin, der auch am MBL arbeitet, erklärte mir geduldig die biochemischen Aspekte der Kalmarenzyme. Colm Lordan aus County Cork beschaffte mir Informationen und Photos von den drei Exemplaren von *Architeuthis*, die 1995 vor Irland gefangen wurden. Als 1997 die aufregenden Neuigkeiten über ein australisches Exemplar bekannt wurden, in dem sich noch Spermatophoren befanden, nahm ich Kontakt zu C. C. Lu und Mark

Norman auf und fragte sie, was ich nicht verstanden hatte. Beide waren sehr geduldig und erklärten mir bereitwillig und in allen Einzelheiten das komplizierte und bizarre Geschlechtsleben der Riesenkalmare.

Meine Freundin Mary Petersen vom Zoologischen Museum der Universität Kopenhagen versorgte mich mit Material über Japetus Steenstrup, das ich zuvor nicht kannte, und verbesserte auf diese Weise meine (immer noch begrenzten) Kenntnisse über die ersten Entdeckungen von *Architeuthis*. Außerdem wachte sie sorgsam darüber, wie ich die verschiedenen dänischen und norwegischen Worte verwendete. Mary machte mich mit Jan Haugum bekannt, der meine unbeholfenen Deutungen der skandinavischen Sprachen gründlich korrigierte und mir Übersetzungen diverser dänischer Wörte schickte, auf die ich sonst im Englischen nicht gekommen wäre. Über Mary kam auch die Verbindung mit Yuri Nekrutenko aus Kiew zustande, der viele russische Artikel für mich übersetzte.

Was die sogar noch problematischeren japanischen Kalmarbezeichnungen angeht, so danke ich John Richard Bower von der Fakultät für Fischerei der Universität Hokkaido, der mich behutsam durch das Dickicht japanischer Etymologie und Phonetik leitete. Mit Peter Benchley hatte ich einige sehr interessante Unterhaltungen über die Natur und das Verhalten der Riesenkalmare, auch wenn wir uns darauf einigten, dass wir unterschiedliche Ansichten darüber haben, ob an den Tentakeln von *Architeuthis* „Klauen" vorhanden sind. Ich danke Glen Loates, der mir großzügigerweise erlaubt hat, seine wunderbaren Bilder des Riesenkalmars in Aktion abzudrucken. Loren Coleman von der Universität von Maine teilt meine Leidenschaft für *Architeuthis*. Obwohl er, wie ich weiss, selbst ein Buch wie dieses schreiben wollte, hat er mir, als ich ihm sagte, ich sei schon dabei zu schreiben, netterweise Einblick in sein Material gewährt.

Da es keine Photos von lebenden Riesenkalmaren gibt, beschloss ich, für dieses Buch Bilder von Modellen zu verwenden, um dem Leser eine Vorstellung davon zu vermitteln, wie dieses Geschöpf aussieht. Ich dachte, die Suche nach Modellen würde keine Probleme bereiten; wahrscheinlich brauchte ich einfach nur beim Museum anrufen und fragen, ob sie mir ein Photo und die Vorgeschichte des Modells zusenden könnten. Stattdessen entwickelte sie sich zu einer komplizierten Detektivgeschichte mit Modellen, die verschwinden, geheimnisvollen Bildhauern, verlorengegangenen Dokumenten und sogar einem abgeschlossenen Hauptbuch, das ein Schlossermeister öffnen musste. Für ihre Hilfe in diesem Fall möchte ich hiermit den „Mitarbeitern des Kalmarendezernats" danken, das mir geholfen hat, die verschiedenen Versionen von *Architeuthis artificialis* aufzuspüren: Nina Cummings, die für Photos zuständige Bibliothekarin des *Field Museums*, leitete die Abteilung des Mittleren Westens, während sich Mary DeJong von der Bibliothek des *American Museum of Natural History* tief in die staubigen Archive vergrub und mit den verlorengegangenen Dokumenten und Photos wieder auftauchte. Jim Atz, ein außergewöhnlicher Forscher und Bibliograph, kam mir, wie schon zuvor bei so vielen Gelegenheiten, erneut zu Hilfe. Meinem Freund (und gelegentlichen Co-Autor) John McCosker danke ich für die Information über den Architeuthiden der *California Academy of Sciences*, der Opfer eines Erdbeben wurde, Clyde Roper und Mike Sweeney für Material über das Tornado-Opfer aus der Smithsonian-Institution. In Edinburgh gewährte mir David Heppell, Kustos der Molluskenabteilung im *National Museum of Scotland*, in seinem eigenen Hinterhof unschätzbare Dienste und verwies mich auch nach Ulster und York. (Außerdem bat er mich, nach Schottland zu kommen, um das Modell von Edinburgh zu zeichnen.) Aus Ulster sandte mir Angela Ross ein Photo und Daten, aus Yorkshire vermittelte die Registratorin Melanie Baldwin die Verbindung zu Paul Howard, der das Modell eigentlich gebaut hat. Dank der umfassenden Beratung des Archivars John Thackray und des Assistenzbibliothekars Paul Cooper erfuhr ich von den Modellen im *British Natural History Museum*. Lodvina Mascarenhas stellte mir freundlicherweise die Photographien zur Verfügung. Bill Muntz von der Monash University, Australien, brachte mich auf die Spur von Frank Buckland. Mary Peterson, die schon mit dem *Kjempeblekksprut* so hilfreich war, organisierte die Photos aus dem Museum in Kopenhagen und half mir, das „Haus der Natur" in Salzburg zu finden. Als ich es schließlich ausfindig gemacht hatte, schickte mir Dr. Norbert Winding die Photographien, und Claudia Kraehmer sorgte für die notwendigen Übersetzungen. Endre Willassen vom Museum in Bergen steuerte zu einem der zwei norwegischen Modelle Informationen und Photos bei, Torleif Holthe aus Trondheim tat dasselbe für das andere. Susan Otto und Floyd Easterman vom *Milwaukee Public Museum* halfen mir bei ihren und anderen Modellen. Die *Ivy League* [Eliteuniversitäten in den USA] ist vertreten durch Ken Yellis, Michael Anderson, Eric Lazo-Wasem und Barbara Narendra von Yale sowie Jim McCarthy und Eva Jonas vom *Museum of Comparative Zoology* in Harvard. Eric Hochberg vom *Museum of Natural History* in Santa Barbara lieferte die Details und die Bilder des dortigen Modells, Carl Gage erklärte, wie er es hergestellt hatte. Im Zoo von St. Louis gab mir Liz Forrestal Reinus die nötigen Informationen; Bob und Gail Cassilly danke ich für die Bilder, die sie von diesem Modell gemacht haben. Es gibt jetzt auch ein Modell eines Riesenkalmars in Neufundland; dies habe ich durch Lillian Simmons vom *Compass* erfahren, die auch den Photographen besorgt hat. Ich hatte an C. C. Lu in Melbourne geschrieben und ihn nach Modellen in Australien gefragt; er antwortete jedoch aus Paris. Nachdem er sich frühzeitig am *Museum of Victoria* hatte pensionieren lassen, war er nun in Frankreich, um dort die Cephalopoden-Sammlungen zu studieren; er brachte mich in Verbindung mit Renata Boucher-Rodoni, die wiederum Jean-Philippe Maréchal veranlasste, mir die Daten und Bilder des Pariser *calmar géant* zu senden. Als ich dachte, ich hätte jetzt alle Modelle beisammen, erfuhr ich, dass es noch ein weiteres im Ozeanographischen Museum von Monaco gibt; Mauricette Hintzy erzählte mir gerade noch rechtzeitig davon, Christian Carpine beschaffte mir dann die Hintergrundinformationen. Für die Geschichte und die Korrespondenz von *Ward's Natural Science Establishment* (sowie Photographien der Modelle, bevor sie verkauft wurden) geht ein besonderer Dank an Karl Kabelac von den *Special Collections* an der *Rush Rhees Library* der Universität von Rochester.

Bernard Heuvelmans, der Nestor der Kryptozoologie, schrieb 1958 ein Buch über *„le kraken et le poulpe colossal"*, in dem er viele Themen besprach, die auch in diesem Buch behandelt werden. Einige Teile dieses Buches erschienen 1965 unter dem Titel *„In the Wake of the Sea-Serpents"* in gekürzter Form auf englisch, die ungekürzte englische Übersetzung war jedoch nicht vor 1996 fertig. Der Übersetzer Paul LeBlond gab mir Anfang 1997 eine noch nicht veröffentlichte Version. Ich bewundere Heuvelmans' Gelehrsamkeit und Hingabe an das Thema; allerdings stimme ich in vielen Punkten nicht mit ihm überein. Dafür bitte ich ihn in allem Respekt um Nachsicht.

Für ihre Hilfe und Ratschläge – ganz zu schweigen von ihrer Unterstützung und Freundschaft – bin ich Nina Root, der Bibliothekarin des *American Museum of Natural History*, stets zu Dank verpflichtet.

Beinahe sämtliche Dokumente liegen mir als Ausdruck vor, angefangen von dem Artikel des Reverend Moses Harvey aus dem Jahre 1899, in dem er beschreibt, wie er den ersten Riesenkalmar in Neufundland gefunden hat, bis zu Otto Nordgårds (norwegischer) Erläuterung der Cephalopoden, die 1923 im Trondheimsfjord gesehen wurden, sowie Dr. Schwediawers Kommentaren zu *Ambergrise*, die 1783 veröffentlich wurden. Es gibt jedoch eine neue Informationsquelle im Land, eigentlich in den Telefonleitungen: die E-Mail. Natürlich drucke ich angesichts meiner bekannten Neigungen und Vorlieben alles aus und speichere alle meine E-Mail-Nachrichten. Trotzdem bin ich nun auf ein völlig neues Problem gestoßen: Wie soll ich die Informationen zitieren, die lediglich persönliche Mitteilung oder – noch schwieriger – Meldungen sind, wie sie von Serverstationen wie Deepsea, Eurosquid oder Mollusca verschickt werden? Bei Letzteren handelt es sich um Gruppen, die über Spezialthemen diskutieren – in diesem Fall über Kalmare und Kraken, und da speziell Tiefseeformen. Diese bieten die Möglichkeit, gleichzeitig an ein Dutzend oder Hunderte von Leuten eine

Nachricht zu schicken (etwa: „Weiß jemand etwas über den 47 Fuß langen *Archi-teuthis*, der 1957 Gilbert Voss übergeben wurde?") und beinahe sofort Antworten zu erhalten. (Die Antwort – sie kam von Nancy Voss von der Universität von Miami, an der das Exemplar vermutlich eingelagert worden war – lautete, dass lediglich ein Arm erhalten sei.) Auch Dennis Braun erzählte mir zunächst über E-Mail von dem Riesen, den er vor Vieques Island gesehen hatte. Ich sprach jedoch später telefonisch mit ihm, um ihn dazu zu bewegen, die Erzählung in eine „zuverlässigere" Form zu bringen.

In diesen Fällen, in denen ich nützliche Informationen über eine Website oder als E-Mail erhalten habe, habe ich versucht, den Verfasser auf traditionelle Weise zu zitieren. Sinn einer Bibliographie ist es jedoch, dass der Leser einen Verweis selber überprüfen oder ein bestimmtes Werk zu Rate ziehen kann. Wie kann jemand aber Botschaften wieder auffinden, die mir vor zwei Jahren aus Tansania oder Japan zugesandt wurden? Ich habe versucht, solche Informationen so sinnvoll und korrekt wie möglich zu berücksichtigen; trotzdem haben sich möglicherweise einige verirrte, nicht belegbare Angaben in mein Manuskript eingeschlichen. Ich übernehme die volle Verantwortung für sämtliche Irrtümer, die in diesem Buch auftauchen – egal, ob sie aus dem Internet stammen oder sonst woher kommen.

Auf Steve O'Shea vom *New Zealand's National Institute of Water and Atmospheric Research* (NIWA) stieß ich zuerst im Internet. Als er aber im Juni 1998 das *Architeuthis*-Exemplar von Auckland nach New York begleitete, tauschten wir manche nützliche Informationen aus. Er las und kommentierte schon mein Manuskript, als es sich noch im Anfangsstadium befand. Auch Clyde Roper las das gesamte Manuskript, machte viele Vorschläge und Korrekturen, was mich hoffentlich vor den größten Peinlichkeiten bewahrt hat.

Es kommt nicht oft vor, dass sich ein Autor selbst zitiert. Aufmerksame Leser werden jedoch bemerken, dass Teile dieses Buches manchmal sogar wörtlich bereits in meinem 1995 veröffentlichten Buch „*Monsters of the Sea*" erschienen sind. Jenes Buch entstand damals im Wesentlichen auf Grund meiner Faszination für den Riesenkalmar, und weil ich den Eindruck hatte, einige Dinge darin schon so perfekt, wie es mir eben möglich ist, gesagt zu haben, habe ich sie hier nur noch einmal wiederholt.

Bryan Oettel beobachtete nervös, wie das Manuskript wuchs und wuchs und immer komplizierter wurde. Er zuckte zusammen, als ich für noch verwickeltere taxonomische Interpretationen und längere Zitatauszüge plädierte. Viele Schriftsteller betrachten ihre Verleger als Feinde, die wegstreichen wollen, was sie mit Herzblut geschrieben haben, und alle Autoren sind der festen Überzeugung, dass ihr Text viel zu wertvoll ist, um schnöden kommerziellen Zielvorgaben wie Länge oder Verkaufspreis zum Opfer zu fallen. Bryan hatte jedoch wirklich Interesse an diesem Buch (und an diesem Autor); wäre er nicht so aufmerksam gewesen, wäre dieses Buch doppelt so lang und nur halb so gut zu lesen.

Wieder einmal war Stephanie da und sah geduldig zu, wie ich diesen schwer zu fassenden Geschöpfen (für gewöhnlich in Bibliotheken oder im Internet) rund um den Globus nachjagte und versuchte, die Mysterien der Architeuthiden begreiflich zu machen. Es gibt nicht viele Leute, die glücklich wären, wenn man ihnen ein Buch über Kalmare widmen würde. Aber wegen ihrer Treue und Hilfe habe ich Stephanie dieses Buch gewidmet.

Daten der Riesenkalmare, die nachweislich gesichtet wurden oder gestrandet sind

Da bei einigen Exemplaren Tentakel verloren gegangen sind oder beschädigt waren, sind in manchen Angaben zur Gesamtlänge die Tentakel enthalten, bei anderen dagegen nicht. (In einem Fall wurde *nur* ein Tentakel gefunden.) Weil die Fangarme oft beschädigt werden, ist die Abmessung der Mantellänge wesentlich zuverlässiger; sie wird hier mit ML abgekürzt. In einigen Fällen habe ich die Originalbeschreibung nicht eingesehen, sondern musste eine Sekundärquelle benutzen.

Jahr	Fundort	Grösse (Meter)	Autor
1545	Malmö, Dänemark	2,5	Steenstrup (1854)[1]
1639	Thingøre Sand, Island	unbekannt	Steenstrup (1849)
1673	Dingle Bay, Irland	5,8	More (1875)
1770	Jütland, Dänemark	unbekannt	Muus (1959)
1785	Grand Banks, Neufundland	unbekannt	Thomas (1795)
1790	Arnarnesvik, Island	11,9	Steenstrup (1849)
1798	Dänemark	unbekannt	Packard (1873)

Jahr	Fundort	Grösse (Meter)	Autor
1802	vor Tasmanien	1,8-2,1	Peron (1807)
1817	Atlantischer Ozean	180 kg	Quoy & Gaimard (1824)
1853	Raabjerg, Dänemark	(nur der Schnabel)	Steenstrup (1857)
1855	Bahamas (Kapitän Hygom)	unbekannt	Steenstrup (1857)
1855	Aalbækstrand, Dänemark	unbekannt	Muus (1959)
1860	Hillswick, Schottland	7	Jeffreys (1869)
1861	*Alecton*, kanarische Inseln	6,1-7,3	Bouyer (1861)
1862	Nordatlantik	unbekannt	Crosse & Fischer (1862)
1870	Waimarama, Neuseeland	4,6 +	Kirk (1880)
1870	Lamaline, Neufundland	12,2	Verrill (1879)
1871	Lamaline, Neufundland	14,3	Verrill (1879)
1871	Grand Banks, Neufundland	4,6 +	Packard (1873)
1871	Wellington, Neuseeland	4,9	Dell (1952)
1872	Bonavista Bay, Neufundland	14	Verrill (1879)
1872	Coomb's Cove, Neufundland	15,8	Verrill (1879)
1873	Portugal Cove, Neufundland	13,4	Harvey (1874)
1873	Logy Bay, Neufundland	9,8	Murray (1874)
unbekannt	Labrador	15,8	Verrill (1879)
1874	Fortune Bay, Neufundland	11	Verrill (1879)
1874	Buøy, Norwegen	unbekannt	Grieg (1933)
1874	*Strathowen & Pearl* (Indischer Ozean)	unbekannt	Lane (1974)
1875	Connemara, Irland	9,1 Tentakel	More (1875)
1875	St. Paul Island, Indischer Ozean	unbekannt	Velain (1877)
unbekannt	Cape Sable, Neufundland	1,1	Verrill (1879)
1876	Hammer Cove, Neufundland	unbekannt	Verrill (1879)
1876	Cape Campbell, Neuseeland	6,1	Kirk (1880)
1877	Lance Cove, Neufundland	13,4	Verrill (1879)
1877	Catalina, Neufundland	12	Verrill (1879)
1878	Thimble Tickle, Neufundland	16,8	Verrill (1879)

Daten der Riesenkalmare, die nachweislich gesichtet wurden oder gestrandet sind

Jahr	Fundort	Grösse (Meter)	Autor
1878	Three Arms, Neufundland	9,5	Verrill (1879)
1878	James's Cove, Neufundland	12,2 (?)	Verrill (1879)
1879	Brigus, Neufundland	2,4 Arme	Verrill (1879)
1879	Lyall Bay, Neuseeland	(nur der Schnabel)	Kirk (1880)
1880	Tokio, Fischmarkt	unbekannt	Hilgendorf (1880)
1880	Island Bay, Neuseeland	16,8	Kirk (1882)
1880	Tønsvik, Norwegen	unbekannt	Grieg (1933)
1880	Kvaenangen, Norwegen	unbekannt	Grieg (1933)
1880	Co. Clare, Irland	unbekannt	Ritchie (1918)
1880	Grand Banks, Neufundland	1,7 Tentakel (Jungtier)	Verrill (1880)
1881	Portugal Cove, Neufundland	6,4	Verrill (1882)
1886	Cape Campbell, Neuseeland	unbekannt	Robson (1887)
1887	Lyall Bay, Neuseeland	17,4	Kirk (1888)
1895	Tokyo Bay	3,8	Mitsukuri & Ikeda (1895)
1896	Hevnefjord, Norwegen	9,8	Brinkmann (1916)
1896	Hevnefjord, Norwegen	9,8	Nordgård (1928)
1898	nördlich der Bahamas	unbekannt	Steenstrup (1898)
1902	*Michael Sars* (vor den Faroer-Inseln)	2,8	Murray & Hjort (1912)
1903	Mjofjördur, Island	Tentakel	Murray & Hjort (1912)
1909	Truro, Massachussetts	5,2 +	Blake (1909)
1911	Senjen, Norwegen	6,2	Grieg (1933)
1911	Monterey Bay, Kalifornien	9,1	Berry (1912)
1912	Monterey Bay, Kalifornien	ca. 227 kg	Berry (1914)
1912	Japan (Fischernetz)	unbekannt	Pfeffer (1912)
1912	Smølen, Norwegen	8,6	Brinkmann (1916)
1914	Belmullet, Irland	8,2 (in einem Pottwal)	Hamilton (1914)
1915	Bergen, Norwegen	7,2	Brinkmann (1916)
1916	Helgeland, Norwegen	unbekannt	Grieg (1933)

Jahr	Fundort	Grösse (Meter)	Autor
1916	Hevnefjord, Norwegen	6,1 Tentakel	Nordgård (1928)
1917	Skateraw, Schottland	unbekannt	Ritchie (1920)
1918	Kilkel, Irland	unbekannt	Hardy (1956)
1918	Tokio, Fischmarkt	unbekannt	Heuvelmans (1965)
1919	Øyvagen, Norwegen	unbekannt	Nordgård (1923)
1920	Hebriden, Schottland	unbekannt	Ritchie (1920)
1922	Caithness, Schottland	unbekannt	Ritchie (1922)
1924	Bluff, Neuseeland	4,9	Dell (1952)
1924	Margate, Natal	unbekannt	Heuvelmans (1965)
1927	Kalveidøy, Norwegen	7,5	Grieg (1933)
1928	vor Grönland (Godthaab Expedition)	nur Kiefer	Muus (1962)
1928	Ranheim, Norwegen	14	Nordgård (1928)
1930	East Lothian, Schottland	3,2 (ohne Tentakel)	Stephen (1961)
1930	Kaikoura, Neuseeland	12,5	Dell (1952)
1930	Miura Halbinsel, Japan	8	Tomilin (1967)
1930-33	Pazifik zwischen Hawaii und Samoa	unbekannt	Grønningsaeter (1946)
1933	Scarborough, Yorkshire	5,3	W. J. Clarke (1933)
1933	Dildo, Neufundland	unbekannt	Frost (1934)
1935	*Palombe* (Golf von Gascogne)	7,9	Cadenat (1936)
1935	Harbour Main, Neufundland	6,1	Frost (1936)
1937	Arbroath, Schottland	7,5	Stephen (1937)
1937	Petone, Neuseeland	6,7 Tentakel	Dell (1952)
1939	Tromsö, Norwegen	13	Wood (1982)[2]
1945	Pahau Flussmündung, Neuseeland	unbekannt	Dell (1952)
1946	Vike Bay, Norwegen	9,1	Myklebust (1946)
1948	Wingan Inlet, Australien	8,5	Allan (1948)
1949	Bay of Nigg, Schottland	5,9	Rae (1950)

Daten der Riesenkalmare, die nachweislich gesichtet wurden oder gestrandet sind

Jahr	Fundort	Grösse (Meter)	Autor
1949	Shetland, Schottland	(nur der Schnabel)	Stephen (1950)
1949	Hirtshals, Dänemark	1,7	Muus (1959)
1950-55	Golf von Mexiko (Mississippi Delta)	0,6 ML; 2,7 TL	Voss (1956)
1952	Madeira	10,4	Rees & Maul (1956)
1952	Carnoustie, Schottland	unbekannt	Hardy (1956)
1952	Florida Keys	11 ML	Voss (1996)[3]
1954	Ranheim, Norwegen	9,1	Knudsen (1956)
1955	Porto Pim, Azoren	10,5 (in einem Pottwal)	R. Clarke (1955)
1956	Makara, Neuseeland	1,8 ML	Dell (1970)
1957	Aberdeenshire, Schottland	5,6	Stephen (1961)
1958	Bahamas	14,3	Voss (1967)
1958	Nordfjord, Norwegen	2,9	Kjennerud (1958)
1961	Madeira	0,057 ML (Jungtier)	Roper & Young (1972)
1961	King's Cove, Neufundland	„klein"	Aldrich (1968)
1963	vor Chile	0,045 ML (Jungtier)	Roper & Young (1972)
1964	Conche, Neufundland	8,8	Aldrich (1991)
1964	Chapel Arm, Neufundland	1,2 ML	Aldrich (1991)
1965	Lance Cove, Neufundland	4,9 Tentakel	Aldrich (1991)
1965	Springdale, Neufundland	6	Aldrich (1991)
1966	Sweet Bay, Neufundland	1,4 ML	Aldrich (1991)
1966	Wild Cove, Neufundland	1 ML	Aldrich (1991)
1966	Eddies Cove, Neufundland	schlechter Zustand	Aldrich (1991)
1969	östlich von Lake Worth, Fla.	unbekannt	Voss (1996)[3]
1970	San Juan, Puerto Rico	unbekannt	Voss (1996)[3]
1970	vor St. Pierre, Neufundland	unbekannt	Aldrich (1991)
1971	Sunnyside, Neufundland	1,75 ML	Aldrich (1991)
1972	vor Durban	unbekannt (in einem Pottwal)	Roeleveld & Lipinski (1991)

Jahr	Fundort	Grösse (Meter)	Autor
1972	vor Südafrika	unbekannt (in einem Blauhai)	Nigmatullin (1976)
1974	vor Südafrika (Schleppnetz)	unbekannt	Pérez-Gándaras & Guerra (1989)
1974	Green Point, Südafrika	4,5	Roeleveld & Lipinski (19919
1975	Bonavista, Neufundland	1,3 ML	Aldrich (1991)
1975	Trondheimsfjord, Norwegen	8 TL	Holthe (1975)
1976	vor Südafrika	10,5	Pérez-Gándaras & Guerra (1978)
1977	Firth of Forth (Schottland)	unbekannt	Heppell (1977)
1977	Lance Cove, Neufundland	unbekannt	Aldrich (1991)
1978	Fort Lauderdale, Fla.	0,2 ML	Toll & Hess (1981)
1978	Cheynes Beach, Westaustralien	unbekannt	Sea Frontiers
1979	St. Brendan's, Neufundland	1,5 ML	Aldrich (1991)
1979	spanischer Trawler, Neufundland	9,5 TL	Stephen, persönliche Mitteilung (1997)
1980	Südkalifornien	nur ein Tentakel	Robison (1989)
1980	Südafrika	0,8 ML	Pérez-Gándaras & Guerra (1989)
1980	vor Oregon (Schleppnetz)	1,6 ML	Nesis et al. (1985)
1980	vor Kalifornien (Schleppnetz)	0,8 ML	Nesis et al. (1985)
1980	Plum Island, Massachusetts	9,1	Roper (1982)
1980-81	östlicher Nordpazifik (Schleppnetze)	17 Exemplare	Nesis et al. (1985)
1981	Hare Bay, Neufundland	9,1	Aldrich (1991)
1981	Orange-Flussmündung (Südafrika)	0,8	Nesis et al. (1985)
1981	vor Sydney	0,1ML	Lu (1986)
1981	Vavilov Ridge (vor Zaire) (Schleppnetz)	1 ML	Nesis et al. (1985)
1982	Bergen, Norwegen	10	Brix (1983)
1982	Sandy Cove, Neufundland	1,65 ML	Aldrich (1991)

Daten der Riesenkalmare, die nachweislich gesichtet wurden oder gestrandet sind

Jahr	Fundort	Grösse (Meter)	Autor
1982	Sydney, Australien	0,42 ML	Jackson et al. (1991)
1982	Niigata Prefecture, Japanisches Meer	4,0	Honma et al. (1983)
1983-88	Gewässer vor Neuseeland	24 Exemplare	Gauldie, West & Förch (1994)
1984	vor Namibia	1,22 ML	Pérez-Gándaras & Guerra (1989)
1984	Aberdeen, Schottland	4,2	Boyle (1984)
1986	Aberdeen, Schottland	4,3	Boyle (1986)
1986	Orange-Flussmündung (Südafrika)	4,7	Roeleveld & Lipinski (1991)
1987	vor Südafrika	0,8 ML	Pérez-Gándaras & Guerra (1989)
1989	vor Brasilien	1,5 ML	Arfelli et al. (1991)
1989	vor Namibia	6,75	Villanueva & Sánchez (1993)
1991	Soetwater, Südafrika (vor Kapstadt)	4,0	Natal Mercury (1996)
1991	Cape Point (vor Kapstadt)	1,4 ML	Roeleveld (1996)
1992	Kommetjie (Südafrika)	nur der Kopf	Roeleveld (1996)
1992	Cape Columbine (Südafrika)	1,77 ML	Roeleveld (1996)
1993	Mauritius	4,5 ML	Roeleveld (1996)
1995	Südaustralien	9,2	Zeidler (1996)
1995	Südwesten von Irland	3 Exemplare	Lordan (1997)
1996	vor Tasmanien	9,75	Norman & Lu (1997)
1996	vor Tasmanien	7,3	Norman & Lu (1997)
1996	vor Tasmanien	2,4 ML	Norman & Lu (1997)
1996	Chatham Rise, Neuseeland	7,9	O'Shea (1996)
1996	Chatham Rise, Neuseeland	4,0	O'Shea (1996)
1996	Neuseeland	6,7-7,9	O'Shea (1996)
1996	Tottori, Japan	4,4 TL	Japan Times (1996)

Anmerkungen

[1] Vor 1648 gehörte der südlichste Teil Schwedens, die Region Schonen, zu Dänemark. Daher war die Stadt Malmö dänisch, als das Tier dort im Jahre 1545 gefunden wurde. Muus (1959) schreibt, dass „der älteste dänische Fund aus dem Jahre 1545 stammt, als ein Exemplar in der Nähe von Malmö gefangen wurde. Nach zeitgenössischen Beschreibungen und den dazugehörigen Holzschnitten scheint das Tier als „soemunk" angesehen worden zu sein. Japetus Steenstrup hielt 1854 einen Vortrag, in dem er stark vermutete, dass der „soemunk" ein *Architeuthis* gewesen war.

[2] In *„The Guiness Book of Animal Facts and Feats"* schreibt Gerald Wood: „Der größte bisher bekannte *Architeuthis* wurde am 10. Oktober 1939 nahe Tromsö von Fischern getötet. Er maß über 13 Meter und hatte 8,7 Meter lange Tentakel." Als Quelle für diese Zahlen wird „Karl Basilier, persönliche Mitteilung" genannt. Außer dieser Mitteilung von Herrn Basilier an Herrn Wood scheint es für dieses Exemplar keinerlei Zeugnis zu geben.

[3] Im August 1996 sandte mir Nancy Voss die komplette Liste von „vollständig oder teilweise erhaltenen *Architeuthis*-Exemplaren, die im *Marine Invertebrate Museum* der *Rosenstiel School of Marine and Atmospheric Sciences* (RSMAS) aufgelistet wurden." Drei von ihnen tauchen nirgendwo in der veröffentlichten Literatur auf; sie werden hier nur aufgeführt, weil in der Sammlung des Museums ein teilweise erhaltenes Exemplar vorhanden ist.

Abbildungsnachweise

Index